日本近世社会の形成と変容の諸相

青木美智男＝編

ゆまに書房

はじめに

いまの日本近世史研究の研究状況を、一九四五年の敗戦直後から六〇年代に活躍した近世史研究の先達たちは、どう思われるだろうか。そんな感想を直接聞ける方は、もう数少なくなってしまったが、問題関心の相違に、おそらく隔世の感を抱かれるにちがいない。その違いとはなにか。

日本が戦争を起こし敗戦した社会的要因は、日本社会の半封建制にある。だから戦争を再び繰り返さないためには、日本社会を民主化する必要がある、とＧＨＱは国民に訴えた。民主主義、当時の日本人には耳慣れない言葉だった。大正デモクラシーも忘れ去られてしまったからである。

民主主義に対置された封建制、それは悪である。具体的に示してあげようとルース・ベネテクトの『菊と刀』が爆発的な反響を呼んだ。そしてその「悪しき封建制」をどう克服するかが、国民的な課題になった。しかしアジアの一角を占める日本は、自らの手で民主化できる力がない。モデルとして登場するのが、イギリス・フランスの近代化の過程である。大塚史学の独壇場だった。

そのとき、封建制のそもそもの出発は何時の時代だと問われれば、それは「暗黒の近世社会」＝江戸時代である。こうして江戸時代が、俄然注目されるようになった。そして「封建遺制」を探すための村落調査が始まった。「山村の構造」という視点には、少なくとも遅れた農村というイメージが強く働いていた。

しかし、日本には自らの手で民主主義の道を切り開いてきた伝統がある、と別の視点から歴史を見つめようとする民族的な歴史学研究者たちが声をあげた。それは皇国史観の超国家主義的な民族主義ではない。百姓一揆―自由民権運動―大正デモクラシーという時の国家権力に抵抗し、封建制や絶対主義からの解放を求めてきた歴史像を描き、敗戦で絶望してしまった国民に、自らの手で民主化を求めてきた歴史が存在することを論証し勇気を与えようとした。

こうして近世の村の研究は、歴史を動かす観点から本格化した。どんな小さな村の歴史にも世界史の基本法則は貫徹するといわれた。世界史の基本法則とは何か。マルクスのいう原始共産制―奴隷制―封建制―資本制、そして社会主義への道をたどる人類史の流れだといわれた。しかも社会構成体の変質と階級闘争によって時代は転換するという法則性である。

村に入ろう。足で古文書を探して歩いた。そして次々と村に眠っていた村方文書が公開された。こうして封建村落の具体像が提示された。そしてその変容の姿がリアルに示されるに至る。たとえば非合法的な百姓一揆だけでなく、合法的な訴願運動が日常的に存在することが訴訟文書から明らかになり、国訴と呼ばれる広域な運動が、特権商人らの流通独占を動揺させるなどというあらたな発見は、虐げられ無知蒙昧という従来の百姓像を一変させた。また、村方文書は、近世の農業生産や産物の流通をめぐる文書を豊富に含んでいた。そこから問屋制家内工業から工場制手工業への歩みや、農民的な商品流通の展開、さらには地域的市場の存在を確認でき、自前で資本主義社会を形成しえる歴史像を描けるほどになってきた。

村人や村の研究が深化すれば、当然村人や村を抑圧している国家権力の存在形態の解明に力を入れだすのは自然である。こうして幕政・藩政史が近世史研究の一大潮流となるのも時間の問題であった。

しかしあくまでも、幕藩制国家は封建的であり、それは強烈な統制力をもって人民に迫って来る。そこからの解放こそが民主主義＝近代化への道の第一歩であるという視点は変わらなかった。封建制は悪であるという視点は長く堅持されてきたし、多くの研究者が、中世社会に比較して「暗黒の近世」というイメージをいまでも持たれている。

こんな歴史潮流から四〇年、いまどうなっているのだろうか。江戸、江戸時代研究は満開である。二〇〇六年一一月三日に行われた江戸文化歴史検定（江戸東京博物館・小学館主催）には、約一万人もの受験者が応募したという。一二月一五日、紀伊國屋ホールで「『私の江戸』の見つけ方」（小学館・柏書房・紀伊國屋書店主催）というシンポジウムがあった。会場は満員。「私の江戸」、もうそこには「封建制」＝「悪」などというイメージはまったくない。私は司会をしていて、江戸、江戸時代が、自分たちの心によりどころになり、古き良き時代となっているように思った。その江戸ブームはこれからも続くであろう。

もうモデルは入らない。欧米から学ぶ必要はなくなった。そして社会主義体制が大きく変質し、未来を示す時代像では無くなった。いまこそが福祉国家として最高の時代に生きていると思っている。こんな時、一番身近な時代、しかも二〇〇年以上も戦争をしていない時代として江戸時代がクローズアップする。そして政治・経済・文化が集積する都市が華やいで見える。とくに一〇〇万都市大江戸は、政治や文化の発信地として注目の的となる。まさに「明るい近世」、心地よい江戸像が描かれようとしているのである。

いまはもう近世社会を特定の観点から分析しようというような研究状況にはない。誰もがそれぞれの問題関心で切り込み、新しい歴史像を描いて見せる時代であるが、それでもなにがしかの共通性がある。それはこの間、多くの研究者が論証した史実が、いずれも「明るい近世」をイメージする素材を提供しているという点で共通性を持っているということだろう。それが多くの方々に影響して生まれた思想状況だと思う。

はたしてこれで良いのだろうか。戦後目標にした日本社会の民主化は本当に達成されたのだろうか。とてもそう思えるような政治や社会の状況ではない。そのような問題を日本近世社会に結びつけてもう一度問い直す必要はないだろうか。そんな時、一九六〇年代から二〇〇〇年代までの日本近世史研究の蓄積は、時代、テーマ、中央、地方ともにすごいものがあり、あらたな研究課題の模索に大きく寄与することになるだろう。

そしていまあえて共有できる視点といえば、それは地域史的観点からのアプローチであろう。地域の主人公は、そこに住む住民である。地域史的観点というのは、住民の目線から歴史像を描くことを意味する。それはそこに住むのが権力者の集団であれ、農民家族が大半の地域であっても変わらない。そこには高齢者も子どもも、障害者も住んでいる。これまでの歴史像は、働ける者＝健常者を中心に描かれてきた。しかし地域史的観点は住民すべて包み込んだ視点で歴史像を描くことになろう。これまでにない生き生きとした豊かな歴史像を再現できるのではないかと思えてならないからである。

本論集は、私が専修大学に赴任後に指導してきた大学院生諸君の研究成果である。院生の研究課題には、基本的に介入してはならないと思っている。それゆえ研究課題はさまざまであり共通性はない。しかし解明しようとしたテーマは、それぞれ重要であり、しかも内容が豊かである。新たな江戸時代像が構築されるとき必ずやベースになるであろう研究だと確信している。

本書は、出版事情のきびしいおり、またまたゆまに書房にお世話になることになった。いつもながらのご厚情に感謝したい。

二〇〇七年二月一〇日

住み慣れた研究室にて

青木　美智男

目次

カバー図版　「紙漉重宝記」『近世歴史資料集成第Ⅱ期第Ⅲ巻　日本産業史資料3』　科学書院

寛永三年八月二九日の遠州茶会をめぐって

―大御所筆頭年寄土井利勝を招いた背景を中心に―

深谷信子

はじめに

小堀遠州（小堀遠江守政一、天正七〈一五七九〉年～正保四〈一六四七〉年）の茶風を明らかにしようとするとき、彼が茶会に招いた客が誰であり、どのような茶会が催されたのかが一つの判断材料になるだろう。その点で、小堀宗慶編『小堀遠州茶会記集成』(1)（以後『茶会記集成』と略す）に収録されている茶会に招かれた客たちを分析することが重要な意味を持つと思う。それゆえ私は、遠州が開いたすべての茶会について客の分析から、彼の茶風を明らかにする必要があると思っている。本論文はその一環である。

遠州の茶会は、『茶会記集成』に載る慶長期の第二回目の茶会以後、二十五年余りの空白がある。この間、遠州は元和九（一六二三）年、畿内で枢要な役割を持つ伏見奉行となり、新造なった新伏見奉行屋敷に移って茶の湯を再開したといわれている。つまり『茶会記集成』の第三回（寛永二・三年八月二十六日朝）がそれである。それゆえ第三回をはじめとする寛永三年の茶会は、遠州の茶を考えるうえできわめて重要な茶会であるといえるだろう。

本稿では、寛永三年に催された、大御所徳川秀忠の筆頭年寄土井利勝を招いた第六回（寛永三年）八月二十九日朝の茶会を取り上げ、遠州が利勝らを招いた目的について考察してみたいと思う。なぜなら遠州は、畿内の幕僚としても、古田織部の茶を継承している茶匠としても、この時期の茶会に招いた客の中で、土井利勝を最も畏敬していたと思われるからである。また第六回前後の茶会を、遠州が催したすべての茶会の中に位置づけることによって、「綺麗さび」と言われている遠州茶会の性格の一端と、その政治的背景に迫ることができると考えるからである。

そこで本稿では、遠州の茶人としての人物像、幕僚としての役割、当時の幕府の畿内支配状況、茶会に招かれた土井利勝と相伴した客の幕府内での役割、客と遠州との関係、茶会に使用された茶室と茶道具などの分析を通して、遠州茶会の本質に迫ってみたいと思う。

一　遠州の人物像と二条城行幸での政治的役割

（一）　茶人としての遠州、幕僚としての遠州

周知のように遠州は、千利休七哲の一人で二代将軍徳川秀忠の茶道師範であった古田織部の弟子として、織部の工夫した武家茶を継承して「大名茶」を完成し、三代将軍家光の茶道師範となったといわれている人物である。

その織部の茶については、『慶長見聞録案紙』(2)の慶長十五年九月二十九日条に、

一此比、数奇之随一、古田織部駿府江戸江参向、　将軍様御茶之湯御稽古被遊、依之上下奔走之、

とあるように、秀忠が「数奇之随一」の織部を茶の湯師範として重用したことから、彼の茶の湯のスタイルが武家に広まることになった。織部の工夫した「数寄の御成」と「数寄屋御成」は、秀忠に取り上げられ、御成を受ける大名邸の御成様式として盛んに用いられた。遠州の『茶会記集成』をみると、寛永十五年以降、織部の建築様式の数寄屋・鎖の間・書院等にさらに工夫を加え、そこに遠州独得の美意識で茶道具・文房具・香道具・古典文学の巻物類を飾り付けた茶会が現われることがわかる。遠州の創造した新たな数寄の空間は、室町将軍家の唐物荘厳に倣いながら、わびの美や和風文化を採り入れた新しい武家様式を創り出し、その後の茶の湯・和風建築・庭園・室礼に大きな影響を与えることになった。[3]

次に幕僚としての遠州の経歴[4]を簡潔に紹介しておこう。小堀遠州は名を小堀政一といい、慶長九年（一六〇四）に父新介の跡を継いで備中の国奉行になる。以後備中に派遣した家臣や手代を使って現地を詳細に把握しつつ、幕府年寄衆の指示を受けて年貢の徴収や特産の鉄等を供給していた。慶長十三年、駿府城火災の復興にかかわり普請奉行となり、この年、従五位下遠江守に任ぜられ、以後遠州と呼ばれるようになった。

元和元（一六一五）年、大坂夏の陣終結後、遠州は郡代（代官奉行とも称される）となり、当時畿内において、遠州のほかに、喜多見（北見）五郎左衛門勝忠・五味金右衛門豊直が郡代として史料上確認されている。[5]郡代は慶長・元和期の畿内のように、所領が錯綜しているという地域にあって過渡的な職制として存在し、政一は元和三年、河内国奉行に任じられつつも郡代を兼ねていた。彼らは畿内の広域な農村の管掌、譜代・外様大名の転封や給付による知行の引渡し、紛争の検断などに、幕府の年寄や勘定奉行にも相当する強力な権限を与えられてい

た。たとえば元和元年、金地院崇伝と大坂城主・松平下総守忠明（家康の孫、十万石）との紛争があったが、それを裁許したのは当時の郡代遠州と喜多見、そして伏見奉行の山田清大夫であった[6]。郡代の権限は、畿内においては小領主的存在であった崇伝や忠明らより上にあったことが分るだろう。

元和五年（一六一九）、将軍秀忠は畿内支配の大改革を目指して大軍を率いて上洛してきた。当然秀忠の年寄である土井利勝も上洛した。そのさい利勝の伏見屋敷で茶会が催された。それは次のような茶会だった。

己未（元和五）九月六日朝
一　於伏見土井大炊様へ、御咄間ニテ、
　　松平下総守様　松平右衛門殿
　　板倉周防守様　伊丹喜之介殿
　　小堀遠江守様　久好
　　中坊左近殿
　　臺子ニ而、茶堂小遠州、
　　（仕立は略す）
（『松屋会記』[7]）

亭主は土井利勝、招かれたのは、勘定頭松平右衛門太夫正綱と伊丹喜之介康勝、家康の孫で大坂城主の松平下総守忠明、京都所司代の板倉重宗、奈良奉行の中坊左近秀政、そして畿内の郡代と河内国奉行を兼ね、伏見城・

女院御所の作事に重用されていた遠州、そこに奈良転轄郷の塗師・松屋久好が同座していた。また織部の切腹から四年後、遠州は土井利勝から、将軍年寄の茶堂として臺子点前を行う武家茶の第一人者として認識されていたことが読み取れる。

それゆえこの茶会は、上洛してきた幕府においてもっとも権威ある幕閣と、畿内支配の枢要な地位にある幕僚が重要事項の打合せを目的とした茶会であり、しかも遠州は茶人としてだけでなく、幕府の畿内支配の重要な存在として土井利勝に重用されていたことが確認できよう。

幕府はこの時から畿内支配体制の転換を図る。即ち大坂を直轄化し、大坂城主松平忠明を大和郡山に転封させ、大坂城に城代（内藤信正）と在番を置き、畿内西国支配の軍事拠点とした。また和子入内など行き詰まった朝廷対策に梃子入れするためもあって、民政の拠点京都所司代を板倉勝重から重宗に替え、東西の大坂町奉行（島田直時・久貝正俊）には国奉行同様の性格を持たせた。その上で幕府は秀吉の築いた大坂城を凌ぐ城郭の建設と直轄地大坂の改革に着手したのである。

この後遠州は元和八年（一六二二）に近江國奉行となり、近江全般の統轄的な地位に就く。そして翌元和九年十二月には、畿内の重職の一つである伏見奉行を拝命した。

（二）　二条城行幸の政治的背景とその準備

徳川家康は慶長五年（一六〇〇）、関ヶ原の役で勝利したものの畿内にはわずかな在京領しか持たず、その基盤は脆弱であった。統一政権を構築するためには畿内以西に強力な支配を確立することが急務であった。畿内は給人関係が複雑に錯綜し、伝統的な勢力が根強く存在した。そのため政治的指揮を執ったのは老練な大御所家康である。家康は死の床にあって、「東国の諸大名は譜代の族なれば。心おかる、事もなし。西國鎮護のため神像を西に面して安置し。汝祭主たるべし。」と遺言する[8]ほど、最後まで畿内西国への警戒を緩めなかった。

大御所と将軍が大軍を供奉させて度々上洛したのもそのためであった。全国から大軍を終結させて威圧を加え、法度を出し畿内に政治的影響力を持つ朝廷・公家・寺社勢力を統制し、金銀・所領を宛行って融和をはかり、上洛中に外様・譜代大名への領地替えを申し渡すなど、さまざまな角度から統制を強化し支配地域を西漸させていった。

元和六年（一六二〇）、秀忠の娘・和子が後水尾天皇の女御として入内する。これは家康以来の念願であった。同九年十一月皇女一宮が誕生して、和子が中宮に冊立される見通しが立った。このように幕府と朝廷が融和する条件が整ったのを受け、秀忠は後水尾天皇の二条城行幸を計画し、寛永元年正月から実行に移した。

この二条城行幸は「行幸」と言いつつも、実際は天皇家と徳川家の婚姻関係と朝幕の主従関係を確認する儀式という政治的な内容をもっていた。こうした朝幕関係の融和状況の中で、将軍が大軍を率いて上洛し、二条城行幸行事を執行する目的は、全大名と家臣を京に集めて徳川氏への臣従関係を一層確かなものとすることと、和子入内・女一宮の誕生といった融和の流れのなかで、長く続いた幕府と朝廷との軋轢に止めをさすことにあり、またその政治的大デモンストレーションによって、公家をはじめとする反徳川勢力に威圧を加えることにあった[9]といわれている。

そこで本論に入る前に二条城行幸に関する幕府側の執行過程を簡略に述べておこう。幕府は筆頭年寄土井利勝と酒井忠世に行幸奉行を命じた。そして畿内の幕僚や大名達へ連署奉書で準備を督励した。京都には金地院崇伝・板倉重宗を初めとして、遠州たち畿内幕僚や大工頭中井家が率いる職人集団等を総動員した。また尾張・紀州徳川家をはじめ、井伊直孝など十九名の大名を二条城経営に参画させ、畿内の代官達には街道を固めさせて、上洛に供奉する軍勢を迎え、天皇を供応する準備を怠りなく務めさせていった。

（三）　二条城作事と遠州

遠州と喜多見勝忠・五味豊直など畿内の郡代は、徳川氏の上洛に備えて宿所の設営や畿内の幕府関係の作事を行うために任命されたといわれている[10]。そうであれば二条城行幸行事は、幕僚としての遠州がその政治的力量がもっとも問われる政治的イベントであり、じっさい遠州はそのために幾つもの役割を担った。遠州と二条城の作事及び二条城行幸行事との関わりについて、平井聖「天守と城郭」[11]、森蘊『小堀遠州』[12]等の研究をもとに述べてみよう。

行幸行事における遠州の役割の第一が、二条城作事奉行達の統轄的な役割である。二条城は関ヶ原の役の翌年に築城されたが、戦時以外は将軍上洛時の居所として使用され、朝廷・公家に対する示威の象徴ともなっていた。元和九年の将軍上洛の折には、二条城には御座所・大広間・二之間があり、大広間の前面に庭園が完成されていた。遠州は元和九年時点に建てられた施設については増改築を行い、内部の意匠や障壁画を造り直した。

遠州が常にも増して全力を注いだ作事は、行幸してくる天皇一行に相応しい構造と意匠を採り入れた御座所の新造であった。大広間南方の舞台と楽屋、行幸御殿、中宮御所等の一群である。この折の遠州の作事は、建築史上・庭園史上に不滅の名を留めるものばかりであった。それは行幸のあと、行幸御殿群が仙洞御所や女院御所に移築されていることをもって証明することができよう。

なかでも遠州が最も苦心した点は、北方の大広間側から観賞する様に布置されていた池辺の中嶋・庭石・樹木などを、南方の行幸御殿からの眺めとしても最高のものとする作庭方法である。遠州は南岸に近い部分の主要な石垣を南向きに置き変え、それに対応した。

遠州はさらに拡大した城地に本丸を構築し、これまでの天守を取り除き、新たな五重の天守を築いた。これは堀の水面から天守の五階の床まで一二六尺余り(三八メートル余)あり、天守からの眺望は、後水尾天皇が「俄」に「御望」になり、四方遠景を数刻御覧になったというほど絶景だったといわれる。天皇がこの経験をされたことは、後に洛中洛外を遠望する比叡山の麓に、修学院離宮を造立する遠因になったのではなかろうか。

一方、二の丸御殿は飾り金具や欄間の彫刻などに精緻の限りの技巧を施し、大広間の書院・違棚・調台構を備え、上段之間は二重折上げ格天井が拵えられ、上段に座す将軍を荘厳していた。将軍御座所の障壁画は、室町将軍以来、信長・秀吉等の儀礼の空間を荘厳してきた狩野探幽が率いる御用絵師の狩野家が任せられていた。探幽は、寛永二年六月から二条城二の丸御殿の障壁画に着手した。最高の公式儀礼の場である大広間と式台之間は金碧に常盤の松を連続させ、探幽が鋭い眼光の鷹を描き、御殿の玄関にあたる遠侍は真丞が担当してやはり金碧に竹と虎を描いた。これらの空間では、長押の上まで同じ画題を延長させ、画の前の人物を大画面が圧倒する演出が初めて試みられていた。車寄から遠侍・式台之間・大広間へと向かう客が、金地に描かれた巨大な虎と松の障壁画の前を通り、鷹が見下ろす大広間に入り平伏していると、荘厳された上段の間に将軍が現れる。

このように遠州の作事の目的は、将軍の権威を視覚的に高めることにあった。一方大広間に続く内向きの黒書院と白書院の障壁画は、他の狩野家の絵師達により、主に山水や草花などが穏やかな淡彩と墨で描かれていた。

遠州が大役を果たし得たのは、この間、幕府の命ずる禁裏関係や城郭の作事に数多く携わってきた豊富な経験がベースにあったことはいうまでもなかろう。遠州はこのほかに、上洛してくる武士達の宿所の設営、そして天皇一行を饗応する膳部道具類の調進などにあたった。遠州はこれを金銀で誂え、のちに天皇より賞賛を得ることになる(13)。そして行幸当日、家光の参内に馬上百六十八騎の一人として供奉し、行幸してきた天皇を御馳走衆の井伊直孝・板倉重宗とともに饗応した。このうちのどれ一つをとってもゆるがせにできない大仕事であった。

しかし何より公武和融のために上洛した幕閣や、公武の枢要な人物達と畿内代官との綿密な最後の打合せなど、行幸を成功裏に導いた伏見奉行として、遠州の存在を際立たせたことはまちがいないが、それを彼の政治的手腕のみに求めることはやや軽率であろう。そこにもう一つ茶人としての遠州の力量を付加しておかなければならないだろう。

二　秀忠の筆頭年寄・土井利勝を中心とした茶会

『茶会記集成』寛永三年八月二九日の条は、次のようなものである。

廿九日之朝

御客　土井大炊殿
　　　松平衛門殿
　　　伊丹喜之助殿
　　　正（笑）雲

床ニ
一　墨跡法雲どうじゅん両筆
一　棚下之重ニと、や茶碗、中ニ瀬戸之小茶入有
脇ニ　羽箒置合而

手水之間ニ

一　墨跡取而香地《柑子》口之花入　さゝん花　朝顔入

一　三島之水さし置合而柄杓地敷居脇　風炉崎《ママ》之敷居ニよせ懸　脇

ニ右之茶入有

以上

右の内容から、招いた客は行幸行事の総責任者・土井利勝、勘定奉行の松平衛門と伊丹喜之助、江戸城の茶道頭（中野笑雲）である。元和五年の上洛のさい、利勝が催した茶会で相伴している松平と伊丹も招かれていることが分かるだろう。(14)

ではこの茶会は、どんな状況のなかで催されたのだろうか。『徳川実紀』等の記述から利勝の行動を追ってみよう。

大御所秀忠が計画した二条城行幸の準備は、上洛してきた総責任者の土井利勝を中心として着々と運ばれていた。その利勝は、五月二十八日秀忠と江戸を発ち、一足早く上洛し、六月十四日から十九日まで二条城、板倉邸、豪商・後藤の邸で、武家伝奏の三条西實条・中院通村、井上正就・永井尚政・板倉重宗・金地院崇伝と参会し、「行幸法度」と日取りを決定した。六月二十日秀忠が上洛してきて二条城に入った。それから畿内の公家衆や親王・門跡・寺社衆と秀忠・諸大名との対面が続く。七月十三日・十四日には板倉・崇伝達と武家方の行幸時の礼式を協議した。十七日、両伝奏と行幸当日の打合せをおこない、二十一日は内裏より行幸準備の労をねぎらわれ、八月十九日、参内して従四位下に叙任された。

利勝は行幸の二ヶ月以上前から上洛して二条城東側に隣接する屋敷で、戦時体制なみに京都に集結していた約三十万の軍勢の指揮をとっていたのだった。その最中の寛永三年八月二十九日朝、遠州から茶会の招きを受け屋敷を出た。それは翌月六日に二条城行幸を控え、超過密なスケジュールの合間をぬい、松平右衛門大夫正綱・伊丹播磨守康勝・中野笑雲をともなって遠州の屋敷を訪れたことになる。

では招かれた正客土井利勝と相伴の客達は、どんな人物だったのだろうか。その一人一人について経歴、幕府内での役割、遠州や茶の湯との関わりを明らかにし、遠州が彼らを招いた背景を考察してみよう。

イ．土井大炊（土井大炊頭利勝）

利勝はこの年五四歳。下総十四万二百石の大名で、秀忠の誕生と同時に付属されて以来の寵臣である。慶長十五年（一六一〇）、秀忠の年寄になり、秀忠の上洛毎に供奉し、家康の法事、東福門院入内等には秀忠の名代を勤めた。

秀忠の年寄たちは家康の側近達・いわゆる出頭人とは違う経歴を持っていた。(15) 将軍職が秀忠から家光へ世襲によって譲られ、幕府政治機構が整備されていく前史として「譜代の閲歴をもち幕府の職制を経由して将来の幕政運営の衝にあたることを約束された封建官僚大名の予備軍」、つまり秀忠・家光の政権を組織的に支える者として、将軍が幼少のころから側近として育てられたエリート官僚たちで、利勝もその一人である。

元和九年（一六二三）に家光が将軍宣下を受けたが、寛永二年の領地朱印状を秀忠が発給していること、寛永三年二条城行幸時、秀忠の軍勢の規模が家光の二倍以上であったことなどにより、秀忠が大御所として実質上行政・軍事の権力を掌握していたと言ってよい。元和九年以後の両御所体制の年寄衆は、大御所（西の丸）秀忠付が、土井利勝・井上正就・永井尚政・森川重俊らであり、将軍（本丸）家光付が、酒井忠世・酒井忠勝・内藤忠重・稲葉正勝であった。これらの年寄衆は四人ずつで協議し、大名などへの年寄連署奉書は土井利勝・永井尚政、酒井忠世・酒井忠勝の連署で下されるのが一般的であった。秀忠は大御所として実際の政治権力を掌握し、熟練した手腕を要する畿内以西の支配にも自ら指揮をとっていた。その最高実力者で二条城行幸の指揮をとる大御所秀忠の筆頭年寄が土井大炊頭利勝であった。

ここで利勝と遠州の関係をみておこう。元和五年秀忠が大坂大改革を画した上洛に利勝は供奉してきた。その折の茶会が冒頭の『松屋会記』の記事である。当時遠州はすでに畿内における枢要な幕僚であるとともに、幕府の作事・武家茶人の第一人者として利勝に認識されていたことが分かる。

では寛永三年の時点での遠州と利勝の関係はどのようなものであろうか、『大工頭中井家文書』[16]の寛永二年十一月二十九日条には、

「一二五六　江戸幕府老中連署奉書（折紙）」

以上、

去廿一日両通之御状令披見候

一　廿一日吉辰ニ付而御殿主棟上被仕、垂木之返被打申之由尤之儀候、御櫓多聞者何も下葺被仕、寒気之時分候之間瓦葺被相待之由蒙仰候趣具達　上聞候、

一　御殿主并御矢倉共しふんの事承候、銅瓦之所者銅ニて可被仕候、又瓦葺之御殿者不残瓦ニ

てしふん被申付尤候、
一　御殿主并御殿共□之儀、蒙仰候瓦ニて常より大ニちとならせ候て被申付可然候、恐惶謹言、

十一月廿九日

永（永井）信濃
　尚政（花押）
井（井上）主計
　正就（花押）
土（土井）大炊
　利勝（花押）

小堀遠江守殿
中井大和殿

という老中連署奉書が掲載されている。秀忠の年寄達が二条城作事奉行である遠州と大工頭中井大和守正侶に宛てたものだが、遠州たちが二条城殿（天カ）主の棟上の様子、鴟吻《しふん》の材料等について聞合わせたところ、「具達上聞候」とあるように、秀忠の意向が年寄衆の連署奉書を通して遠州たちに届けられている。この連署奉書から二条城行幸は秀忠が計画したのであり、利勝が年寄の筆頭であることが分かるだけでなく、畿内幕僚たちにとって利勝との関係が行動を大きく左右していることを物語ってくれる。

言うまでもないが、利勝は将軍家の「御成」についても、その権勢は絶大であった。将軍家の「御成」[17]は、将軍家と大名との主従関係を、もし子女が婚姻を結んでいればその婚姻関係も確認するという、大名達にとって重

大な行事である。秀忠の茶道師範であった古田織部が武家饗応の形式を工夫し、御成次第、御成門・数寄屋門・数寄屋・鎖之間・書院・広間などの造作、露地の造り、各座敷の室礼、茶道具、膳部などを創造していた。外様大名への「御成」は、当時将軍秀忠の筆頭年寄の本多正信が取り仕切り、秀忠の好む「数寄屋御成」を、正信の指図通りに準備をすると莫大な費用が掛かったと言われている。[18] 正信は「御成」の許可から「御成」の内容まで全てに采配を振るい、大名邸の台所以下屋敷内を隈無く見廻り、「御成」先の財力を消耗させるとともに武具の蔵等も検索したという。これらが外様大名への「御成」の重要な目的の一つだったとも考えられる。

このように家康存命中に本多正信が持っていた絶大な権勢は、土井利勝にすべて引き継がれた。利勝所持の茶道具は、近世に入って記録された名物茶器類の書き上げである「玩貨名物記」[19]には、利勝所蔵として、牧谿筆「洞庭秋月」、定家小倉色紙「大江山」、漢作唐物茶入「油屋肩衝」、茶壺「延命」、唐物小壺「弦付」、織部所持「霰釜」、花入「大そろり」と七点記されている。以上のうち、この時期に所蔵していた茶道具のほとんどは、秀忠が好んだ織部の目利きのものか、利休以来の名物ばかりであった。なぜ利勝は数多い名物を所持していたのだろうか。ちなみに『台徳院殿御実紀　巻十三』[20]慶長十五年八月三日条には、次のような話が記録されている。紹介しよう。

〇三日土井大大炊頭利勝を駿府につかはされ。政務の得失を議したまふ。大御所紹鷗肩衝と名付し茶入を賜ひ。汝関東に帰りなば。茶を進らすべしと仰下さる。（寛永系図には。汝関東にて御側近くつかふまつればとて。諸侯を會集する事あるべきぞとて。御茶入を給ふとしるす。然れども家忠日記等の諸書には。皆本文のごとくあればこれに従ふ）

と、家康は駿府に参上した利勝に対して、茶に精進することや、秀忠に仕えるなら当然諸大名との会集もあることだろうからと、「紹鷗肩衝」の茶入を下賜したというのである。利勝はおそらくこうした教えを守り、秀忠の側近として茶会を通じて大名達との交流を深め、同時に茶道具収集にも強い関心を示したからではなかろうか。

ロ．松平衛門（松平右衛門大夫正綱）

正綱は、天正四年（一五七六）生まれ、この年五十一歳。関東代官頭伊奈家家老の大河内金兵衛秀綱の二男で、父秀綱は、織部の横死を予言した人物でもある。正綱は、家康の命で十二歳のときに長沢松平家の養子になる。慶長八年（一六〇三）に従五位下右衛門佐（のちに右衛門大夫）に叙任し、家康の近習の出頭人となり、勘定頭を兼ねる。行幸の前年に加増され、相模国甘縄二万二百石余を賜る。これよりさき書院番・小姓番組頭も兼ねた。正綱は家康違例のさい、本多正純・板倉重昌・秀元泰朝と共に枕頭に招かれ遺言を聞いた。すなわち『本光国師日記』(21)元和二年卯月四日条の、

御體をハ久能へ納、。御葬禮をハ増上寺ニて申付。御位牌をハ三川之大樹寺ニ立。一周忌も過候て以後。日光に小キ堂をたて。勧請し候へ。八州之鎮守に可被成との　御意候。

というものである。正綱は家康が他界したあと遺言を守り、久能山へ埋葬し、元和三年廟を日光山へ移葬すると

き供奉する。行幸行事の後寛永五年、秀忠の日光社参にも供奉し、秋元泰朝と家康を東照社に祀ることに尽力した。日光山火災、宮号宣下、日光宮造営、その祭礼法会などに奉行として働き、生涯に二十四回往復する。現在東照宮に秋元泰朝と務めた造営奉行を示す石碑がある。そして、寛永二年から没年まで正綱が植えた二十万本余の杉が、日光道中・日光例幣使街道・会津街道に「日光杉並木」として残り、正綱の家康への尊崇の深さを伝えている。

『小堀政一関係文書』(22)「四三」・「四四」・「四五」・「五一」・「五五」・「一三四」には、勘定頭としての正綱の名前が登場する。そのうちの「五一」寛永八年八月二十日条は、遠州が伏見奉行になってからの文書で、正綱以下勘定頭衆が、「午（寛永七）年米」三ケ一値段での売却を遠州に申し付けている。遠州は、正綱たち勘定頭衆からの指示を近江國支配下の代官衆に触れ、その指示が完遂されることを命ぜられていた。

行幸行事における勘定頭の役割を考察してみると、行幸行事に関する幕府の負担した膨大な経費は、全て正綱たち勘定方が管掌していたと推測される。九月七・八日、秀忠・家光から天皇一行への贈物は、銀の合計だけでも総額十九万両（金換算）であった。他に二条城の造替費用、大名の上洛費用の補助、何万もの家臣を供奉させ、約五ヶ月間戦時並に京都に駐留させる費用、公家寺社に対する贈物と領地宛行など、幕府の威勢を張る行事には経済的な裏付けが必要であった。正綱たちは、それらを賄う経費の捻出に金銀山・鉱山奉行や農村を管掌する代官達に、引負などを厳しく穿鑿していた。その厳しさは『江戸幕府代官履歴辞典』(23)の「後職」の欄に「罷免」が他の役職よりも多いことからも推測される。

正綱が務めていた番の組頭とは、秀忠の身辺を警衛する長のことである。正綱は上洛中その責任者であった。江戸を発つとき、書院番士二十三人、小姓組番士二十二人、小十人組八人、他に鉄砲同心・持筒同心を率いていた。正綱が供奉させた番士は井上正就・永井尚政・青山幸成・板倉重昌・秋元泰朝の六名中最も多人数であった。行幸当日の正綱は、姫君（のちの明正天皇）と女房の御馳走衆も務めた。正綱は、吏僚としても武人としても幕府から重要視されていたのである。

正綱の茶の湯であるが、正綱は慶長五年に秀忠から「清拙の画讃」、「牛乗祖師」の掛幅を賜っている。嫡男・正信は慶安三年（一六五〇）に父の遺物「大慧の墨跡」と「寺西の茶壺」を献じた。『岐阜県立美術館図録』(24)には、「（時期不明）九月三日付、松右様宛古田織部書状」が掲載されているが、内容は織部が目利きした墨跡を正綱に斡旋している書状と思われる。織部は「ほりたしかと存候」と金拾枚で薦めている。このことから正綱は、慶長年間に将軍の茶道指南古田織部と茶道具についての交流があったことが分かる。また前出の「玩貨名物記」には、正綱が大名物漢作唐物肩衝茶入「松山《しょうざん》」、唐物小壺「丸壺」を所持していた旨が記載されている。以上の点から正綱は茶の湯に相当堪能であったことはまちがいなかろう。

ハ．伊丹喜之助（伊丹播磨守康勝）

伊丹は天正三年生まれの五二歳。天正十四年（十二歳）から秀忠の近習となり、のちに納戸頭になる。関ヶ原の役後、伯耆代官を命ぜられ勘定頭をも兼ねる。寛永元年、家光に付属され、同年従五位下播磨守に叙任した。康勝は遠州と同様に武功ではなく、少年期から主に行政的能力を以て忠勤を励んできた人物であり、遠州が国奉行を務めていた備中の隣国伯耆国の代官で、遠州とは慶長期から顔なじみだったのである。

前の『佐治家文書』に、康勝の名前は元和三年から寛永三年までは五回登場する。そのうち「四三」・「四四」・「四五」号での役割は松平正綱と同じであるが、「三一」号・「三七」号にみる伊丹はもっと遠州と近い関係に感じられる。

「三一」号元和三年九月朔日条を掲出してみよう。

（略）

一小田之さねやす、まえかと（前廉）よりめ（目）をかけ、手代申付候処ニ、唯今算用以下遅々、沙汰限ニて候、急度可申付候、此者（伊丹康勝）之儀ハ、我等数年手代申付候間、余の百性ニ相替り候間、何角申候而算用不仕候ハヽ、備中殿（池田長幸）へ此方より喜之助殿状を取、差越可申候、我等方よりも書状遣し候、喜介（下倉）てまへも急度催促可仕候、

（略）

（元和三年）九月晦日　遠江（小堀政一）（花押）

小堀権左衛門とのへ

元和三年、遠州は備中で指示通りに働かない手代に対し、国家老・小堀権左衛門をして督励せしめたり、当地の大名・池田長幸や伊丹に働き掛けを頼んだり種々の手段を講じていたことが伺える。

遠州にとって伊丹は、この場合のように都合の良いこともあるが、家中の内部事情などが、将軍やその側近に漏れてしまうかも知れないという、気を許せぬ存在でもあった。伊丹は土井利勝の側近であり、利勝と大名との

折衝役を果たしていたことが、山本博文『江戸城の宮廷政治』[25]において指摘されている。それによれば、伊丹は当時土井の「右腕的存在」であったという。伊丹は行幸当日、天皇と女房の饗応使を務める。九月十三日晩、第十六回茶会にもう一度正客として遠州茶会に招かれていることからみても、遠州にとってかなり重要な存在であったといえるだろう。

二．正雲（中野笑雲）

初代笑雲は慶長六年（一六〇一）、織部を先容として家康に出仕し茶道頭となった。『寛政譜』に、時期は明記されていないが秀忠の上洛・日光山詣に供奉した旨の記述があることから、行幸のために上洛した可能性がある。笑雲は、わび茶の象徴である珠光[26]の「投頭巾茶入」を家康に献じた。この茶入は、家康・秀忠・家光と継承されたという。元和二年、秀忠から五十石を賜り、翌年牧溪筆「驢馬」の図一軸を、同九年には織部が献じた伊賀水指も拝領した。

笑雲と遠州は織部の同門の茶人である。しかし笑雲は織部切腹後も、それを命じた秀忠に近侍していた。それゆえ笑雲は茶人として遠州屋敷で催される彼の茶会に強い関心を示したことだろうし、遠州もまた笑雲の評価が心にかかったことだろう。

以上、茶会に同座した客一人一人の経歴・幕府内での役割・古田織部との関わり・所蔵する名物茶道具などについて述べてきたが、この茶会の主要な客たちは、土井は当然ながら、相伴の二人も行幸行事において主要な役割を果たし、しかも家康臨終の枕頭に召されて遺言を聞き、現に大御所秀忠に近侍している重臣たちであった。つまり遠州は秀忠・家光が政権の中枢に存在する人物達を茶会に招いたことになる。彼らは遠州をはじめ畿内支配を委任されている幕僚達を、連署奉書によって遠隔操作できる立場にいた。公的な場では話せないことを話す、これこそが茶会が持つ政治性であるとすれば、遠州は、おそらく公的には直接面談がかなわないこれらの人物たちと、表向きでは討議できない問題を細部に渉って詰めたとみるのが自然であろう。

そして同時に注目すべき点として、遠州がこの茶会を通して土井を初めとする秀忠側近に、師織部とは違う新たな道具組と客組の茶会であることを具体的にアピールしようとしたと思われる点である。客たちは古田織部の茶を今も好んでいる秀忠の側近であり、織部が活躍していた頃は、織部と同座し織部の茶と深く関わっていた人物ばかりである。

行幸行事前後二十七回の茶会の客たちを見渡しても、正客土井利勝を招いたこの茶会は、行幸行事に責任をもつ伏見奉行として、また利休・織部の茶を的伝している茶匠として、遠州の持つ全ての力量が試され、室礼から点前の一挙手一投足まで注視される最も緊張した会であったと推測される。

では次にその点に焦点を当ててこの茶会の本質に迫ることにしよう。

三　二条城行幸時の遠州の茶室

二条城行幸関係のスケジュールと上洛に供奉した武士の数は、『徳川実紀』(27)・『奈良奉行所記録』(28)・藤井譲治『徳川家光』(29)によれば、寛永三年（一六二六）五月二八日、二条城行幸のために江戸を発つ大御所秀忠に約二十万の武士たちが供奉し、次いで七月十二日、家光が江戸を発った。軍勢は約十万人である。上洛後の八月十九日、武家官位を賜わる大名・旗本たちが参内した。九月六日は後水尾天皇行幸の当日である。先ず家光と上洛した全ての武士達が二条城から天皇を迎えに参内する。公家をはじめとする畿内諸勢力に、徳川の威勢を示す約三十万人の行列である。参内を終えて家光が二条城に帰り、秀忠とともに天皇一行を四脚門で迎え、内々の儀のあと、御馳走衆と畿内の代官達が饗応したという。

【表―1】は、『茶会記集成』の第三回目（八月二十六日朝）から第二九回目（十一月二十一日朝）までの二七回開かれた遠州茶会に招かれた客の一覧表である。これによると計一〇五人の客が招かれているが、そのうち〇印の客は、『寛政譜』(30)・『徳川実紀』(31)・『奈良奉行所記録』(32)などに、寛永三年の上洛・参内に供奉、官位叙任、天皇一行の饗応などについて記述がある人物たちである。そこから第三回から第二九回までの茶会に招かれた武家と代官の大部分の人物が、行幸行事に関わっていることが判明する。〇印が付されて無い客は、おそらく大名の家臣（大名とともに上洛している者）か、武士以外の身分の者であろう。このことから計二十七回の茶会は、二条城行幸時、つまり寛永三年（一六二六）秋から冬にかけて催されたと考えるのが妥当である。

では遠州はどこで茶会を催したのだろうか。第三回から第二六回（寛永二年・三年九月二十三日朝）までの茶会について、これまでの遠州研究(33)の多くは「寛永二年の新伏見奉行屋敷披露の茶会」と位置づけている。しかし熊倉功夫氏は「小堀遠州の茶会記(34)」において、畿内の要職にある客の行動から疑問を示され、寛永三年の後水尾天皇の二条城行幸時の茶会とも、寛永二年の伏見奉行屋敷の披露茶会の一環とも、そのどちらの可能性もあるとして「寛永二年・寛永三年」と表記されている。

もし仮に通説のように寛永二年の奉行屋敷披露の茶会だとすると、遠州がいかに畿内枢要の伏見奉行だとはい

【表一1】（1）茶会の客と行幸行事

	氏名	諱・他	順	茶会	寛	5/28秀忠	7/12家光	8/19参内	9/6参内	御馳走衆
1	松平筑前守	利常	3	8/26 朝	○			○	○	
2	寿広			〃						
3	不及			〃						
4	横山式部	神谷長治	4	8/26 晩						
5	浅野将監			〃						
6	桜井段助			〃						
7	八幡牛斎			〃						
8	横山山城	長知	5	8/28 朝						
9	松平伯耆			〃						
10	神谷信濃	孝之(守世)		〃						
11	横山右近	興知		〃	○	○			○	○伶人
12	才道仁			〃						
*13	土井大炊	利勝	⑥	8/29 朝	○	○		○	○	○女院・女房
*14	松平右衛門大夫	正綱		〃	○	○			○	○姫君・女房
*15	伊丹喜之助	康勝		〃	○	○				○天皇の女房
*16	正雲	中野笑雲		〃						
17	青山大蔵	少輔幸成	7	9/2 朝	○	○			○	
18	板倉周防	重宗		〃	○				○	○天皇
19	岡田兵部	利良		〃		○				
20	永井信濃	尚政		〃	○	○			○	
21	茶屋四郎次郎	四代道澄カ		〃						
22	酒井雅楽守	忠世	8	9/3 朝	○		○	○	○	○中宮・女房
23	安藤対馬	重長		〃	○		○		○	○陪膳
24	永井信濃	尚政カ		〃	○	○			○	
25	北見五郎左衛門	勝忠		〃	○			○		○國持衆代官
26	本多安房	政重	9	9/3 晩						
27	坂井寿庵			〃						
28	たち花長兵衛			〃						
29	丹波	建部政長カ	10	9/4 朝						
30	神尾刑部	少輔守世		〃	○	○			○中宮	
31	加藤伊織	則勝		〃	○	○				
32	向井将監	忠勝		〃	○					
33	高木九兵衛	筑後守正次		〃	○	○		○	○	
34	佐竹右京大夫	義宣	11	9/5 朝	○			○	○	
35	森川金右衛門	氏信		〃	○		○		○	
36	島田清左衛門	越前守直時		〃						
37	久貝忠三郎	因幡守正俊		〃					○	
38	久世三四郎カ	広當	12	9/5 昼		○				
39	坂辺三十郎カ	広利		〃						
40	本田太郎左衛門	信勝		〃						
41	加藤喜介	正重		〃	○	○				
42	水野監物	忠善	13	9/5 晩	○	○				
43	井上主計	正就		〃	○	○			○	
44	板倉周防	重宗		〃	○				○	○天皇
45	休閑	梅原休閑カ		〃						
46	大久保六右衛門	忠尚	14	9/11 朝	○					
47	佐野主馬	正周		〃						
48	竹村丹後	道清		〃						
49	山川庄兵衛	重賀		〃						
50	五味金右衛門	豊直		〃	○	先に上洛				○中宮の代官
51	浅野采女	長重	15	9/13 朝			○			
52	松(杉)原伯耆	長房		〃					○	○地下の輩
53	淺香左馬			〃						
54	宇治道二			〃						
55	伊丹喜之介	康勝	16	9/13 晩	○	○				○天皇の女房

【表ー1】（2）茶会の客と行幸行事

	氏名	諱・他	順	茶会	寛	5/28秀忠	7/12家光	8/19参内	9/6参内	御馳走衆
56	佐野主馬	正周		〃						
57	小野宗左衛門	貞則		〃						○地下衆代官
58	尾張中納言	徳川義直	17	9/14 朝		5/28名古屋		○	○	
59	竹腰山城	正信		〃	○				○	
60	瀧川豊前	忠征		〃						
61	成瀬隼人	正虎		〃	○	5/28名古屋		○	○	
62	有馬出雲	豊長	18	9/14 晩		○				
63	次沼主殿			〃						
64	秋田河内カ	俊季		〃	○		○		○	
65	松平掃部	(深溝)忠隆		〃	○	○カ	○カ		○	
66	神尾宮内	守勝		〃					○	
67	北見五郎左衛門	勝忠	19	9/15 朝	○			○		○國持衆代官
68	下総	松平忠明		〃	○			○	○出迎え	○門跡衆
69	太田采女	資宗		〃		○			○出迎え	
70	片桐出雲	孝利	20	9/15 晩					○	○地下の輩
71	本多大隅	忠純		〃			○			
72	日根野織部	吉明		〃	○		○		○	
73	中山勘解由	直定	21	9/16 晩	○					
74	花井庄右衛門	吉高		〃	○	○			○御随身	
75	牧野清兵衛	正成		〃	○	○				
76	日下(部)五郎八	宗正カ		〃						
77	渡部平四郎	図書助宗綱		〃	○	○		○		
78	九鬼長門	守隆	22	9/17 晩					○	
79	阿部修理	政澄		〃	○	○				
80	竹中筑後	重信		〃	○	○			○	○伶人
81	松平下総	忠明	23	9/21 晩	○			○	○出迎え	○門跡衆
82	乗光院	常光院カ		〃						
83	数馬	公家カ		〃						
84	近衛	信尋	24	9/22 朝					○御所より	馳走される
85	和泉	藤堂高虎		〃	○	○膳所にて	○膳所にて	○	○	
86	喜斎	三宅亡羊		〃						
87	竹中采女	重義	25	9/22 晩	○		○		○	
88	花(房)弥左衛門	幸次		〃	○	○		○		○伶人の代官
89	楢村孫七郎			〃						○公家衆代官
90	桑山左近	貞晴・宗仙	26	9/23 朝					○	
91	佐久間河内	実勝		〃					○	
92	桑山内匠	貞利		〃.	○				○帯刀	
93	道尤老			〃						
94	江月和尚		27	10/15朝						
95	堀丹後守	直寄		〃		○			○	○諸大名
96	堀三左衛門	直之		〃	○	○				
97	近衛	信尋	28	11/15朝					○御所より	馳走される
98	三宅喜斎	亡羊		〃						
99	金森宗和			〃						
100	木瀬吉十郎			〃						
101	式部卿	松花堂昭乗		〃						
102	島田越前守	直時	29	11/21朝						
103	久貝因幡守	正俊		〃					○	
104	北見若狭守	勝忠		〃	○			○		○國持衆代官
105	末吉孫左衛門	長方		〃						○伶人

＊　順＝『小堀遠州茶会記集成』より作成。　茶会＝茶会の時期。　寛＝『寛政譜』。　5/28秀忠＝江戸発。　7/12家光＝江戸発。
8/19参内＝官位叙任。　9/6参内＝行列に供奉。　御馳走衆＝9/6に天皇一行を接待。

＊　○＝『寛政譜』・『徳川実紀』・『奈良奉行所記録』等に上洛・供奉・接待の記述があるもの。

え、その屋敷披露に前田氏・浅野氏をはじめとする外様の大大名や、尾張徳川家、両御所に仕える年寄衆や旗本達が、重臣を連れて統制の厳しい京都まで続々と出向くであろうか。また遠路の客達への振る舞いは一度もなく、茶室以外の座敷を披露した記録がまったくないことをどう説明すればよいのだろうか。その点からみても、熊倉氏が推測する寛永三年の後水尾天皇の二条城行幸のために上洛してきた有力大名たちを招いた茶会説が妥当だと考える。

そうだとすると第三回から第二六回の茶会は、行幸行事が行われる二条城からできるだけ至近距離で開催されることが重要な条件となるであろう。なぜなら遠州も招かれた客たちも超過密スケジュールの中に置かれているからである。その点で新伏見奉行所屋敷は、あまりにも遠隔である。そこで茶会は何処で催されたかという疑問が浮上する。

まず指摘しておきたいのは、一連の茶会で使用した茶室は、最高五人の客を招く広さがあり、二重棚をもつ台目席であったと推測される点である。この時期の茶会に用いられた茶室は、「柄杓地敷居脇　風炉崎（ママ）之敷居ニよせ懸」と、「柄杓を風炉先窓の障子に掛けて、その下方に茶入あるいは青竹引切を置き合わせる点前[35]」とあり、「棚ニ」や「棚下之重ニ」の表記があることから、二重の釣棚をもち、風炉先窓と地敷居がある台目席であることが分かる。

寛永初期に遠州は、京都周辺に伏見奉行屋敷、長妙寺屋敷、そして三条屋敷（六角越後町屋敷とも呼ばれた）の三つの屋敷を持っていたとおもわれる。その中で伏見にある奉行屋敷は、二条城との距離があまりに遠く、この間を往復する余裕はなかったのではなかろうか。そこで残された長妙寺屋敷と三条屋敷が浮上する。

この二つの屋敷の位置を知る手がかりとして「都記（通称　寛永平安町古図）[36]」がある。「寛永平安町古図」は、その「解説」によれば後水尾天皇の二条城行幸行事に上洛した他国の武士のために作成されたといわれる。しかし「都記」には京都長妙寺の周辺については描かれているが、そこに遠州屋敷という記載はない。「長妙寺」については、後に書かれた「京雀跡追　地」[37]に、

間之町通　高倉通西のすぢを云
○今新在家丁　出水通下町也東側は九條殿裏の御門也、長妙寺跡今は公家衆お屋敷也

とあることから、「今新在家丁」にあったことがわかるのみである。

では三条屋敷はどうだろうか。「都記」には、三条屋敷と思われる場所に「小堀遠江守殿所」とはっきりと書かれている。

遠州は『茶会記集成』によれば、第四七回（寛永五年卯月廿三日之晩）から五九回までの茶会を長妙寺屋敷で催していることが分かる。しかしその茶室には、「上ノ重」・「中ノ重」・「下ノ重」と三重の置棚を置いていた（「解説」[38]）とされ台目席ではないので、ここで茶会が催されたのではないことになる。

残る三条屋敷についてはどうか。当時茶人で有名な大徳寺一五七世、江月宗玩は三条屋敷に招かれ、そこの茶室が気に入り、これを模して後に「密庵」（国宝）を飾る床を持つ龍光院密庵席を造作したと言われる[39]。その密庵席の原型となったと言われる茶室に江月が招かれたのは、第六十回（寛永五年九月八日之朝）で、「三条ノ御囲四帖半台」と記載されている。この茶室は茶道具を飾る棚が複雑で、「戸棚上ノ重」と「下ノ重」に文房具を飾り、「北ノ棚ノ重」・「下ノすかし棚」・「同所書院」に茶道具を飾り付けていた。二条城行幸前後の茶会では、

このような飾り付けは見られない。また一連の茶会では「柄杓地敷居脇　風炉崎之敷居ニよせ懸」ける点前が行われているが、密庵席には地敷居はない。それゆえ「密庵席」の原型となる茶室は、行幸行事後に三条屋敷に新たに作られた可能性が高い。

しかしいずれにしても二条城行幸前後に茶会を催した茶室は、最高五人の客を招く広さがあり、二重棚をもつ台目席であったと推測される。そのような茶室が存在する可能性を持つのは、三条屋敷だったと見るのが妥当であろう。ちなみに、この三条屋敷の道一つ南の堀川通りに面したところに遠州の舅・藤堂高虎の屋敷があり、ここはかつて茶の師・古田織部が住んでいた。元和元年の織部の切腹後、藤堂高虎が将軍家から拝領していた(40)。遠州が三条屋敷を慶長期から使用していたとすると、遠州と織部の屋敷は隣接していたことになり、そうした因縁深い場所であったことも一つの手掛かりを与えてくれることだろう。

次にこうした観点から第三回から第二六回の『茶会記集成』を読み解きながら、遠州の茶の内容を検討してみたいと思う。

四　二条城行幸前後の茶会の茶道具

そこで最初に第六回茶会の記録で茶道具などに関する部分のみを再録しよう。

床ニ
一　墨跡法雲どうじゅん両筆

一　棚下之重ニとゝや茶碗、中ニ瀬戸之小茶入有
　脇ニ　羽箒置合而
　　手水之間ニ
一　墨跡取而香地口之花入　さゝん花　朝顔入
一　三島之水さし置合而柄杓地敷居脇　風炉崎《ママ》之敷居ニよせ懸　脇
　ニ右之茶入有

とある。遠州は、【表―2】にあるように、第六回から第八回まで両御所に近侍する年寄衆を招くのであるが、その初回の土井利勝を招く茶会から掛物を改めた。[41]前日までの徹翁義亨の「虎林」を変えて、「法雲道洵両筆」の墨跡を掛けた。棚の下の重に、利休伝来の「とゝや茶碗」に古瀬戸の小茶入を仕込み、羽箒と置き合わせる。中立の後は、墨跡を外して柑子口の花入に山茶花と朝顔を生ける。三島礼賓手の水指を置付け、柄杓を地敷居脇の風炉先の敷居に掛けて、その脇に小瀬戸茶入を置合わせる。遠州はこのような道具組を整えて土井利勝と相伴の客を請じ入れたのである。

【表―2】は、寛永三年の遠州茶会の道具組を表出したものである。そこでまず第三回から第二六回の茶会の道具類について検討することにしよう。ただ、茶会で使用された茶道具を分析するさい、『茶会記集成』、根津美術館編『小堀遠州の茶会』[42]、五島美術館編『遠州の観た茶入』[43]、『角川茶道大事典』[44]、『原色茶道大辞典』[45]を参照し、その他の史料を使用した場合は、その都度明記したことをお断りしておく。

掛物のうち第三回の「定家之一首之歌」は、「大井川行幸」の歌とされる。[46]後水尾天皇の行幸に因んで掛けた

水　指	建水	蓋置	香箱・香合	羽箒	炭斗	他
三島之水指				有		
三島之水指		引切		有		
三島之水指				有		
三島之水指				有		
三島之水指				有		
三島之水指				有		
三島之水指				有		
三島之水指			桜(梅)之香箱	有		
三島之水指				有		
三島之水指				有		
三島之水指			桜之香箱	有		短檠
三島之水指			桜之香箱	有		
三島之水指				有		
三島之水指				有		鐶
三島之水指		引切		有		
三島之水指				有		
三島之水指		引切	牛の香箱	有		
三島之水指		引切		有		
三島之水指				有		
三島之水指				有		短檠
三島之水指		引切		有		
三島之水指		引切	青地牛之香箱	有		金之しゝの香
三島之水指		引切	花鳥之香箱	有		炉
三島之水指				有		
肥後焼	伊賀焼	引切	染付ナツメノナリ	有	フクベ	もろこし茶壺
肥後焼	伊賀焼		染付	有	フクベ	玳玻山天目
肥前焼(高取焼)	伊賀焼		染付	有	フクベ	

盆に載っていること、「茶通箱」は茶入が茶通箱に入っていることを表す。

【表―2】　寛永三年の遠州茶会における使用茶道具

回	茶会	掛物	茶碗	茶入	花入
3	8/26 朝	墨跡定家一首之歌	と丶や茶碗	瀬戸小茶入　仕	柑子口之花入
4	8/26 晩	徹翁大文字	と丶や茶碗	瀬戸小茶入 仕	柑子口之花入
5	8/28 朝	徹翁大文字	と丶や茶碗	瀬戸小茶入 仕	柑子口之花入
*6	8/29 朝	法雲道洵両筆	と丶や茶碗	瀬戸小茶入 仕	柑子口之花入
7	9/2 朝	法雲道洵両筆	と丶や茶碗	瀬戸小茶入 仕	柑子口之花入
8	9/3 朝	法雲道洵両筆	と丶や茶碗	瀬戸小茶入 仕	柑子口之花入
9	9/3 晩	法雲道洵両筆	と丶や茶碗	瀬戸小茶入 盆	六角之花入
10	9/4 朝	法雲道洵両筆	と丶や茶碗	瀬戸小茶入 盆	柑子口之花入
11	9/5 朝	法雲道洵両筆	と丶や茶碗	瀬戸小茶入 仕	柑子口之花入
12	9/5 昼	法雲道洵両筆	と丶や茶碗	瀬戸小茶入 仕	柑子口之花入
13	9/5 晩	法雲道洵両筆	染付茶碗	瀬戸小茶入	—
14	9/11 朝	法雲道洵両筆	染付茶碗	瀬戸之丸壺 盆	柑子口之花入
15	9/13 朝	徹翁大文字	染付茶碗	瀬戸之小茶入	柑子口之花入
16	9/13 晩	定家初雪の歌	染付茶碗	瀬戸之丸壺 盆	六角の花入
17	9/14 朝	法雲道洵両筆	と丶や茶碗	瀬戸小茶入 仕	柑子口之花入
18	9/14 晩	法雲道洵両筆	染付茶碗	瀬戸小茶入 仕	—
19	9/15 朝	徹翁大文字	染付茶碗	瀬戸之小茶入	柑子口之花入
20	9/15 晩	徹翁大文字	染付茶碗	瀬戸之小茶入 仕	柑子口之花入
21	9/16 晩	徹翁大文字	染付茶碗	瀬戸之小茶入 仕	柑子口之花入
22	9/17 晩	法雲道洵両筆	と丶や茶碗	瀬戸之小茶入 仕	—
23	9/21 晩	定家あはぬよの歌	染付茶碗	瀬戸之大き成肩衝	柑子口之花入
24	9/22 朝	定家あはぬよの歌	と丶や茶碗	瀬戸小肩衝	柑子口之花入
25	9/22 晩	定家あはぬよの歌	染付茶碗	瀬戸之小かたつき	柑子口之花入
26	9/23 朝	定家あはぬよの歌	染付茶碗	瀬戸之小肩衝 仕	柑子口之花入
27	10/15 朝	徹翁大文字	高麗	在中庵	金獅子ノ耳
28	11/15 朝	隆欄(蘭)渓	島物	膳所焼	金之六角
29	11/21 朝	隆欄(蘭)渓	染付茶碗	道休　茶通箱	金ノ龍耳

＊ 出典：『小堀遠州茶会記集成』より作成。
＊ 茶入の「仕」は、茶碗に茶入が仕込んであること、「盆」は茶入が

のであろうか。第一六回の「定家初雪の歌」は、「ふればかくうさのみ増る世をしらで荒たる庭に積る初雪」（『新古今和歌集』）。第二三回から第二六回までの「定家あはぬよの歌」は、「あはぬ夜の　ふるしら雪と積りなば　我さへともにけぬへきものを」（『古今和歌集』）というものである。藤原定家の歌の掛け始めは武野紹鷗であり、遠州は定家に私淑していたといわれる。第四回からの二つの墨跡の作者のうち、徹翁義亨は、南北朝時代に大徳寺の開山・宗峰妙超の遺命を受け、第一世住持となりその基礎を築いた。後奈良天皇から「大祖正眼禅師」号を受け、後の寛永十五年に、後水尾上皇から「天応大現国師」の号を追諡される。墨跡の内容は「虎林」と考えられている。「法雲道洵両筆」の法雲は、閑極《かんき》法雲と言い、南宋時代後期から元時代前期の僧で、虚堂智愚の法を嗣ぎ、虚堂の行状を撰したことで名高い。道洵は、東礀道洵と言い、法雲と同時代の僧といわれる。法雲の師・虚堂智愚の墨跡は、圜悟克勤のものと並び茶の湯の名物として最も珍重されてきた。「法雲道洵両筆」の墨跡は『遠州蔵元帳』に載せられ、根津美術館編『小堀遠州の茶会』に掲載された一点が確認されているが、この茶会で使用された墨跡の内容は不明である。遠州は、法雲が虚堂を嗣いだ名僧であるとして、この墨跡を掛けたのであろう。

棚の「梅之香箱」は材質など分からないが、おそらく堆朱で出来ていたのであろう。「花鳥之香箱」も堆朱とされる。「青地牛之香箱」は、『茶会記集成』によれば、明時代後期の景徳鎮の民窯で焼かれた白磁に、呉須で伏せ牛が描かれた香合という。(47) いずれも唐物とおもわれる。

「と、や茶碗」は、東高麗のものとされ、大名物である。千利休が堺の魚屋で見出したといわれる。利休所持ののち、織部が拝領し、織部は朝鮮の役出陣に際し質に入れた。役後、この茶碗を弟子の遠州が手に入れ、織部を茶会に呼んだ。織部は再会を喜び、入質の折りに手元に残し置いた仕覆を、改めて遠州に譲ったという伝承を持ち、利休・織部・遠州と的伝した茶碗として著名なものである。第十三回から登場する「染付茶碗」は、『茶会記集成』では、明時代後期の景徳鎮の「雲堂手染付茶碗」に比定され、『小堀遠州の茶会』(48)では「紀三井寺」であるとその図が掲載されている。この茶碗も『大正名器鑑』(49)には、利休が香炉から茶碗に転用したこと、遠州が、茶碗の模様に雲堂（雲と楼閣）があり、描かれた人物が観音に似ているのを、その名の由来としている旨を載せている。この茶碗も利休以来の名碗である。

「瀬戸之小茶入」とは、『遠州の観た茶入』(50)に「せとのかたつき（小肩衝）」として掲載され、「元紹鷗の所持にて、茶棚辨當入として用ひたるものなりと云傳ふ」(51)との伝来を持つ「小肩衝」のことであろう。肩衝とはいうものの撫で肩で、釉薬の変化がことのほか美しく、土見せの幅もほど良い調和を見せ、「小肩衝」タイプの典型として著名のものである。

遠州はこの紹鷗伝来の小瀬戸茶入れを利休伝来の「と、や茶碗」に仕込んで棚に飾った。常には茶碗と茶入は別々であるが遠州はしばしばこの点前を行う。また第十四回と十六回に登場する「瀬戸之丸壺」は、古瀬戸茶入「相坂」であると『茶会記集成』では比定されている。

古瀬戸丸壺茶入は、当時無名の茶入であったが、命銘に「逢坂の嵐の風はさむけれど　行衛しらねは侘ひつ、そぬる」という古歌を引いた理由は、遠州が、もはやこれほどの茶入に逢うことはないであろうと思ったためであると言われる。この茶入を唐物の堆黒屈輪紋のついた四方盆に載せて飾った。第二三回に使用されている「瀬戸大き成かたつき」も瀬戸焼であるが、どんな茶入かは不詳である。

後座の「柑子口之花入」は古銅製で、凡河内躬恒の「三千年になるてふ桃の　今年花咲く春にあひにける哉」（『拾遺和歌集』）の歌から遠州が「三千年《みちとせ》」と名付けたといわれ、首が長く左右対称である。第九回から登場する「六角之花入」も古銅製で、口と胴・高台に卍紋の帯があり、胴に小さな耳が付いている。両方とも唐物である（『小堀遠州の茶会』）。

水指は『茶会記集成』に「三島礼賓手芋頭」とある。「礼賓手」とは、器面に「礼賓」の文字が象嵌され、高麗時代に迎賓館の公式の接客用に用いられたものという。『茶会記集成』に記載されている図は、蓋が刷毛目で青磁のつまみがある。左右対称で、芋頭水指は、紹鷗の「南蛮芋頭水指」以来の様式である。

茶杓と建水の記載はない。蓋置が引切なので、茶杓も遠州が竹を削った自作のものを使用したのかも知れない。建水は遠州の陰に隠れて目立たなかったのだろうか。そのかわりに羽箒は炭点前をしないときにも必ず書き留められている。

慶長六（一六〇一）年の第二回の自会以来、二十五年ぶりに再開した上記のような茶道具の取合わせは、利休以後の茶の湯の歴史の流れのなかで、どのような特徴をもつのであろうか。また遠州はどんな目的をもってこのような飾り付けを行ったのだろうか。それを知るために利休が大成したというわび茶が、その弟子の織部へ、そして遠州へと伝えられた様子をみてみよう。

豊臣秀吉の茶頭として活躍した千利休の茶を伝えるものとして『山上宗二記』[52]が著名である。そこには当時唐物が尊重され、なかでも名物として取上げられる茶道具の大きさ・形・釉薬の掛かり具合などの基準が非常に厳格に記されているという。天下人の茶頭の目利きに叶うものが名物となり、その目利きした茶道具が広まっていったのである。しかし利休の晩年の茶道具観は「比《ころ》さえ能く候えば数寄道具に候なり。[53]」と、その基準は追求されず、「ほとんど〝無条件〟ですべてが名物道具になりうる状況」、つまり「それまでの名物観を根底から否定するような」状況になったといわれる。[54] 利休の茶は、狭く光の少ない茶室に、心の通じ合った少人数の客が同座し、亭主が精魂込めて黒い楽茶碗に点てた一服を共に味わうという、求道的な茶であったとおもわれる。利休を継いで徳川秀忠の茶頭になった古田織部の茶室は、窓が多く明るい。[55] 床飾は大形の唐物籠に入れた花を多用し、名僧の墨跡を好みの大きさに切断したり、参禅の師春屋宗園から授かった自らの道号を床に掛けることもあった。高麗茶碗の高台がいくつにも割れていたり、伊賀焼の花入や水指は、小石混じりの土で焼かせ、大きな亀裂が入っているものなどを好んだ。使用された茶道具は、総じて織部の美意識により、形は左右不均衡で、デフォルメされ、伝来の名物でも時には破壊するという「破格の美」を求める茶であった。このような茶は将軍家師範の茶頭に相応しくないと危険視されたのであろう。家康に仕える大河内金兵衛秀綱が「世の宝をそこなふ人也、かけ物もかつこうあしくとて断すて、茶碗・茶入などをも疵なきをうちわりて繕ふておもしろしなといふ人[56]」として、織部の横死を予言している。大坂陣の後、織部は処断された。

この様な織部を師とした遠州は、畿内の枢要な地位にある幕僚として、また織部が工夫した「大名茶」の完成を担う茶匠として、その規範を示さなければならなかった。慶長六年の第二回の自会から、二十五年間の試行錯誤の後、遠州の規範を示す場が、寛永三年の二条城行幸前後に催された一連の茶会だったのではないだろうか。

遠州がそのような意気込みをもって再開した茶会の第三回から第二六回までの茶道具の特徴を総括すれば次のようなことが言えるであろう。

まず遠州は、掛物を必ず掛け、藤原定家、徹翁義亨、虚堂を嗣いだ法雲・道洵という伝統的な評価の定まった人物のものを使用した。これは、時の移ろいを賞翫する花を多用した織部の茶に対し、茶の湯の主題や精神性を表す掛物を使用した遠州の意志をはっきりと示していると思われる。そして花入・香道具・水指は、中国・朝鮮・東南アジアから舶載され、茶人間で評価を得てきたもので、これらは総じて落ち着いた色合いで、左右均衡がとれ、調った印象を与える。茶碗も高麗や中国から渡来してきたが、いずれも利休以来の伝来をもつ名碗で、「ひずみ」や「ゆがみ」が無く、高台の割れもない。

つまりこれまで見てきた茶道具は、茶入以外は紹鷗・利休以来の伝統をもち、名物としての評価を得ていて、左右対称の形で、色彩も落ち着き、織部の「破格の美」とは全く趣を変えて、落ち着いた均整のとれたものであったと言えるだろう。こうして見ると、遠州は徳川政権確立期の大名茶のあり方についての規範の一つを示したと思われる。しかし茶入は古瀬戸の茶入を使用した。これまで大名の茶といえば、唐物茶入の名物を使用するのが一般的であった。だが遠州は、「と、や茶碗　中ニ瀬戸之小茶入有」という、紹鷗が所持していたといわれる著名な古瀬戸の茶入れを利休伝来の茶碗に仕込むという、常とは違う点前を行うことによって、茶碗と茶入を際だたせようとしたのだと思える。遠州がこのような点前を行った目的は、利休伝来の茶碗を強調することによって、自分こそが天下人の茶頭だった利休・織部を嗣ぐべき茶人であることを印象づけようとしたものと思われる。また無名の「瀬戸之丸壺」を本来は唐物茶入を載せるべき、「くろきくり〳〵」の、つまり堆黒に屈輪紋をつけた唐物の盆に載せて飾った。行幸行事以後、遠州は瀬戸焼の茶入を続々と取り上げ、歌銘を付けて広めていったことは、現在「所持」、「遠州命銘」とされる瀬戸焼茶入が八十点近くあることからも知ることができよう(57)。この茶入は、一連の茶会の客からみると、唐物でもなく、名物でもない。しかし、形が珍しく、釉薬が美しく、自分の茶会に使用してみたくなるような茶入だったのではないかと想像される。

もう一つは、自らの美意識で見出した古瀬戸という和物の茶入を、唐物の盆に飾ることによって唐物名物と同等の評価を与えたことを示そうとしたものであろう。このような目的をもって二条城行幸前後の茶会を催したとすれば、その茶をもっとも披露したかった客が、大御所秀忠の筆頭年寄土井利勝だったと言ってよいだろう。

こうしてみると第六回茶会の眼目は、第三回目から使い続けている「利休と、とや」茶碗と紹鷗伝来の「瀬戸之小茶入」にあると言うことになる。なぜなら、「利休と、とや」茶碗を所持している自分こそが、利休・織部を継承する天下人の茶匠であることを示すとともに、元紹鷗所持の「瀬戸之小茶入」という唐物でない茶入を使用した遠州の点前に利勝たちが強い関心を示すとみたからであろう。

遠州は一連の茶会において、織部とは違う美意識で選んだ道具類で飾り付け、その茶が利勝と将軍家に承認を受ければ、茶道師範という立場を不動のものにできると考えた。また元紹鷗所持の「瀬戸之小茶入」という撫肩の釉薬が殊の外美しい和物の茶入を際だたせた。そして「瀬戸之丸壺」茶入を堆黒の唐物盆に載せて初登場させた。これらの古瀬戸の茶入が「将軍指南の遠州の好み」ということになれば、以後この二つの茶入が唐物と同等の名物の如く扱われ、遠州の目利きした茶道具と遠州の名が大名間に一気に浸透することを予感したからだろう。行幸行事前後の茶会の様子を耳にした両御所、殊に秀忠はどう評価したであろうか。遠州がもっとも知りたいと考えていたことであろう。

おわりに

公武和融を目的とした二条城行幸行事は終わった。はたして後水尾天皇を中心とする公家側と徳川幕府は本当に和融できたのであろうか。帰府する直前の十月四日、五日に土井利勝達は、朝廷の女房の風紀に関する厳しい法度を下していた(58)。

行幸行事の翌年の寛永四年に紫衣事件が起こり、間もなく紫衣法度に抗議した遠州と親しい僧達が処罰され、後水尾天皇は譲位を決意する。遠州は、法度を遵守する幕僚として、また大徳寺に帰依する茶匠として、苦境に立たされたことは想像に難くない。

遠州の二条城行幸前後における茶会の試みの評判はどうだったであろうか。その後の遠州の茶会から推測して見ることとしよう。

なお、藤田恒春「小堀政一の居所と行動」[59]によれば、遠州が江戸に出府したのは、慶長期に一度、元和期に一度であったが、寛永三年以後は、寛永六年、同八年から九年、同十年、同十一年から十二年の間に一年近く、同十三年と、約十年の間に五回も江戸に滞在している。江戸滞在中は伏見奉行としての役割の他に、しばしば江戸城に召され、数寄屋の作事や「御囲にて」献茶を仰せつけられていた。

寛永三年の二条城行幸から約十年経った寛永十三年、遠州は、日光参詣の将軍家光に供奉する途次、俄に命じられて、品川林中に御茶屋を建て、五月二十一日家光の御成を迎える。遠州は家光に献茶をし、家光から茶会の功として盃を賜り、清拙正澄の「平心」墨跡を賜る。このことにより、遠州は将軍茶道師範と認められたのである。

寛永三年の二条城行幸の頃、遠州の茶は、畿内や領国に窯を持つ藩主達のいる西国に広まり、茶陶生産の指導を行う「目利き」[60]の第一人者としての権威もあった。しかし東国方面は、元和期に、尾張徳川家までその名は達してはいたが、江戸城の大御所秀忠は室町期以来の名物や、織部遺愛の茶道具を使い続けていたのである。[61]遠州は両御所や、大名・武士達が全国から集結する二条城行幸行事の機会を捉え、秀忠の筆頭年寄土井利勝以下に己の茶を披露した。行幸前後の超過密スケジュールの合間をぬって催した茶会の主要な目的は、遠州が将軍家の茶道師範になり、その茶を東漸させることにあったと推測できる。

以上の点から寛永三年八月二十九日の大御所筆頭年寄土井利勝を正客とした茶会の意味は、遠州にとってきわめて大きなものだったのではなかろうか。

註

（1）小堀宗慶編『小堀遠州茶会記集成』（主婦の友社　一九九六。以後『茶会記集成』と表記する）。同書の熊倉功夫「小堀遠州の茶会記」によると、「この史料は、小堀遠州の茶会記二十三本を翻刻し、編年体に集成したもので、翻刻は松澤克行、編集・熊倉功夫、注釈・小堀宗慶が担当した」とある。

（2）「慶長見聞録案紙」七〇頁（『内閣文庫所蔵史籍叢刊　六五』南和男解題　汲古書院　一九八六）。

（3）中村利則「武家の茶室」（『茶道学大系　六』中村利則編『茶室・露地』淡交社　二〇〇〇）では、「御成」を「御成」・「数寄の御成」・「数寄屋御成」に分け、秀忠の御成の六割が茶事を伴った御成であったと考察されている。

（4）幕僚としての遠州（小堀政一）については、人見彰彦『備中の国奉行　小堀遠州』（山陽新聞　一九八六）、高木昭作『日本近世国家史の研究』（岩波書店　一九九〇）、朝尾直弘『近世封建社会の基礎構造』（御茶ノ水書房　一九八七）、北島正元『江戸幕府の権力構造』（岩波書店　一九七八）、藤井譲治『江戸時代の官僚制』（青木書店　一九九九）、佐治重賢氏所蔵『小堀政一関係文書』（佐治家文書研究会編　思文閣出版　一九九六）、鎌田道隆『近世都市・京都』（角川書店　一九七六）、太田浩司『テクノクラート小堀遠州』（サンライズ出版　二〇〇二）等の研究がある。

（5）『本光国師日記　第十八』元和元年八月十五日条他（大日本仏教全書第一四〇冊　仏書刊行会編・発行　一九二二）。

（6）註（5）『前掲書』。

(7)「松屋会記」元和五年九月六日条(千宗室『茶道古典全集 九』淡交社 一九七七)。
(8)「台徳院殿御実紀」元和二年四月一六日条(黒板勝美編『新訂増補 国史大系 徳川実紀 第二編』吉川弘文館 一九九〇)。
(9)藤井譲治『徳川家光』五五頁(吉川弘文館 一九九七)。
(10)大宮守友編著『奈良奉行所記録』五一七頁他(清文堂 一九九五)。
(11)平井聖「天守と城郭」(武田恒夫・平井聖編『姫路城と二条城』学習研究社 一九七九)。
(12)森蘊・恒成一訓『小堀遠州』(創元社 一九七四)。
(13)註(8)『前掲書』「大猷院殿御実紀」寛永三年九月六日条。
(14)「松平衛門」は、土井・伊丹と相伴することが多く、伊丹と同役の「松平右衛門大夫正綱」に比定した。
(15)土井利勝以下客の経歴と茶に関しては、『寛政重修諸家譜』(以後『寛政譜』と表記する。続郡書類従完成会発行 一九九六)、註(8)『前掲書』、「玩貨名物記」(千宗室編『茶道古典全集 第十二巻 補遺二』淡交新社 一九六二)、『原色茶道大辞典』(淡交社 一九八九)、『角川茶道大事典』(角川書店 二〇〇二)を参照し、他はその都度記すことにする。なお当時の幕府の支配機構、年寄・老中制については、北島正元『江戸幕府の権力構造』(岩波書店 一九九〇)、藤井譲治『江戸幕府老中制形成過程の研究』(校倉書房 一九九〇)、横田冬彦『天下泰平』(講談社 二〇〇二)等の研究を参照した。
(16)高橋正彦編『大工頭中井家文書』(慶応通信 一九八三)。同書ではこの史料の年代を確定していないが、藤井譲治『江戸幕府老中制形成過程の研究』三三六頁(校倉書房 一九九〇)では寛永二年のものと推定されている。
(17)将軍家の御成については、註(3)『前掲書』、矢部誠一郎「徳川秀忠と数寄屋御成の成立」(『茶湯』三号、木芽文庫 一九七〇)、佐藤豊三「将軍の御成について 六」(『金鯱叢書 第四輯』徳川黎明会 一九七七)を参考にした。
(18) 例えば、関ヶ原の役で、石田方に味方した上杉家に、慶長十五年将軍秀忠の御成が決定した。その時、国元の家老直江兼続が江戸の家臣に宛てた書状には、慶長十五年七月十三日条、(「上杉編年文書」『大日本史料』十二編九巻　東京帝国大学史料編纂掛編　一九〇五)
一御成之時入候諸道具相求候儀、佐州様得御意、兼日用意可然候、(略)我等其地ニ在候共、佐州様御意次第より外有之間敷候、況や留守之儀候条、万事此方へ相尋候儀無用候、兎にも角にも佐州様御意次第に可相調候、(中略)
一御広間絵之事ニ付而箔之儀、即近日京都へ人を遣候、大方いか程可入候外ハ余り候ても不苦候、つもり可申越す候事、(略)
と、御成に必要な費用は、国元に断らなくても正信の「御意」に従うように、室礼の絵についても、例え後で準備金が余っても、見積額を知らせるようにと、御成にとっての正信の重要性と、多額な出費の覚悟を伝えている。
(19) 註(15)「玩貨名物記」。
(20) 「台徳院殿御実紀　巻十三」(黒板勝美編『新訂増補　国史大系　徳川実紀　第一編』吉川弘文館　一九九〇)。
(21) 註(5)『前掲書』。
(22) 註(4)佐治重賢氏所蔵『小堀政一関係文書』。
(23) 西沢淳男編『江戸幕府代官履歴辞典』(岩田書店　二〇〇一)。
(24) 『岐阜県立美術館開館十五周年記念展図録　織部―いわゆるオリベイズムについて―』(岐阜県立美術館発行一九九七)。
(25) 山本博文『江戸城の宮廷政治』(講談社　一九九六)。

(26) 珠光〈応永三十〈一四二三〉年~文亀二〈一五〇二〉年〉は、室町時代の茶の湯者。わび茶の開祖とされる。
(27) 註(8)『前掲書』。
(28) 註(10)『前掲書』。
(29) 註(9)『前掲書』。
(30) 註(15)『寛政譜』。
(31) 註(8)『前掲書』。
(32) 註(10)『前掲書』。
(33) 森蘊『小堀遠州』二二四頁(吉川弘文館　一九九七)、根津美術館編『小堀遠州の茶会』二三頁(根津美術館発行　一九九六)他。
(34) 熊倉功夫「小堀遠州の茶会記」註(1)小堀宗慶編『茶会記集成』所収。
(35) 註(1)『前掲書』二七頁。
(36) 「都記」(通称　寛永平安町古図)(『慶長昭和京都地図集成』柏書房　一九九四)。
(37) 「京雀跡追　地」三二三頁(野間光辰編『新修　京都叢書　第一巻』臨川書店　一九六七)。
(38) 「解説」註(1)『前掲書』四〇頁。
(39) 中村昌生『茶匠と建築』一二二頁(鹿島研究所出版会　一九七一)。
(40) 「公(藤堂高虎)すでに二条の第を遠江侯へ譲り給へけれハ大府より此度古田織部の第を公へ賜ひける」上野市古文献刊行会編『高山公実録　下』七二九頁(清文堂　一九九八)。
この史料から、これまで遠州の京都三条屋敷は、藤堂高虎から婿の小堀遠州に譲られたとされてきた(註(33)森蘊『小堀遠州』三七頁、最近では雑誌『遠州』二〇〇七年一月号　47頁　大有〈株〉発行)。

しかし上野市古文献刊行会編『公室年譜略　藤堂藩初期史料』元和元年五月十五日条(清文堂　二〇〇二)には、

〇十五日　古田織部正重然逆意アルニ依テ彼宅堀川へ公士卒ヲ向テ重然所持ノ器物ヲ点検シテ官庫ニ収ム此以前京都ノ　公館二條ノ城門ノ外ニ有ケレハ通達宜キトテ遠江頼宣卿ニ進呈セラル是卿ト懇篤タルニ依テナリ故ニ堀川古田カ邸ヲ　公ニ賜フ

私ニ曰此邸ヲ賜フマテハ　公ハ四条菱後藤ト云町人ノ家広カリシ故ニ是ニ仮居シ玉フト云ニ（略）

とあり、この史料から高虎は、二条城門の外にあった藩邸を「遠江頼宣卿」、つまり後の徳川御三家の一・紀州徳川頼宣（慶長十四年から元和五年まで、駿河・遠江五〇万石の藩主）に譲ったため、家康から織部の屋敷を拝領した、それまで藤堂家は、「菱後藤」（金座後藤庄三郎）の屋敷に仮居していたことが分かる。高虎の婿・小堀政一も「遠江守」であり、徳川頼宣も当時「遠江侯」・「遠江頼宣卿」と呼ばれていたため、史料を読み違えた可能性がある。

(41)　註（1）『前掲書』。
(42)　註（33）根津美術館編『小堀遠州の茶会』。
(43)　五島美術館編『遠州の観た茶入』（五島美術館発行　一九九六）。
(44)　註（15）『角川茶道大事典』。
(45)　註（15）『原色茶道大辞典』。
(46)　「定家一首之歌」は、註（1）『茶会記集成』では、藤原定家小色紙「大井川行幸」の歌とされている。歌は「大井河行幸　かめ山のいはねをわくる大井河　ちとせすむへきかけの　見えたる」。
(47)　東京芸術大学美術館教授の竹内順一氏から、「青地台牛香合」は、「白呉須台牛香合」（五島美術館所蔵『五島美術館コレクション　茶道具』五島美術館発行　二〇〇二）ではないかという助言を受けた。最近の研究によると、呉須手の主な産地は、中国福建省の漳州窯の製品と判明し、灰白色の素地に淡い青色を帯びた白釉が掛かり、柔らかい調子を生むという。

（48）註（33）根津美術館編『小堀遠州の茶会』。
（49）高橋義雄編『大正名器鑑　九』二四七頁（寶雲舎発行　一九三七）。
（50）註（43）『前掲書』一五頁。
（51）註（49）高橋義雄編『大正名器鑑　三』一二三頁。
（52）熊倉功夫校注『山上宗二記　付茶話指月集』（岩波書店　二〇〇六）。
（53）註（52）『前掲書』三四頁。
（54）竹内順一「『山上宗二記』記載の茶道具」六二頁（茶の湯懇話会編『山上宗二記研究　一』（財）三徳庵　一九九三）。
（55）千利休から古田織部・小堀遠州の茶の変遷については、「利休・織部・遠州」（『名宝日本の美術　一六』小学館　一九八三）、註（33）根津美術館編『小堀遠州の茶会』等を参照。
（56）『大日本史料』十二編二十一巻、九八頁（東京帝国大学史料編纂掛編　東京帝国大学　一九一九）。
（57）「遠州箱書付歌銘茶入一覧」註（43）『前掲書』一五八頁。
（58）註（8）「台徳院殿御実紀」寛永三年十月四日条。
（59）藤田恒春「小堀政一の居所と行動」六七頁（藤井讓治編『近世前期政治的主要人物の居所と行動』京都大学人文研究所　一九九四）。
（60）佐藤豊三「徳川義直と寛永の文化人」（『金鯱叢書　第二七輯』徳川黎明会発行　思文閣出版　二〇〇一）。
（61）『東武実録（一）』（坂本太郎代表史跡研究会出版　汲古書院発行　一九八一）。

寛政期の下肥値下げ運動と下肥流通

小林　風

はじめに

近世中期以降、下肥は農業生産に欠くことのできない肥料となった。中でも人口が集中する都市や在郷町周辺地域では、安価で大量に確保できることから、自給肥料としてではなく、代価を払って獲得する金肥として流通した。その結果、下肥をはじめとしたさまざまな金肥の投下によって生産された農産物は、都市や在郷町へと供給され、都市と農村の再循環構造が形成された。しかし寛政期（一八世紀末）に至り、江戸・周辺地域間に、下掃除代（下掃除契約金）をめぐる争いが発生した。これは従来まで問題がなかった都市と農村の再循環構造、つまり下肥の流通構造に変化が生じた結果、発生した問題である。

寛政期の下肥値段引下げ運動については、近世の広域的訴願運動のひとつとして広く知られている。この事象にはじめて言及したのは伊藤好一氏であろう(1)。この中で、伊藤氏は近世中期以降発生した購入肥料（下肥・糠・干鰯）値段引下げ運動の分析を通して、近世の農民運動を考えるひとつの素材として、寛政期の下肥値下げ運動を取上げている。そこで同氏はこうした購入肥料値段引き下げをめぐる問題を「近世後期における江戸周辺農村の生産諸力の発展は農民の階級分化をもたらし、領主支配をのりこえた農民の階級的結集を促しつつ、反権力的エネルギーを蓄えていった」、「肥料値下げ訴訟運動とともに、肥料の産地よりの直接仕入れは、肥料流通ルートから江戸問屋を排除して、幕藩制的商業機構を破壊していった」と捉え(2)、農民運動史の一側面を解明する事象として分析をおこなっている。

これに対し熊澤徹氏は、この寛政期の下肥値下げ運動について、さらなる詳細な分析を加え、「下肥取引をめぐる利害対立から、在方百姓と町方の争論として主に展開」したこと、「下肥価格高騰の一方の当事者は在方百姓の中の糶取り・糶上げ人であり、その自主的統制を伴なう運動であること」、「『領』という地域的単位ごとに『惣代』が立てられて運動の中核を担い、また在方百姓の規範として『在方議定』が自主的に作成されたこと」などを指摘し、「村落結合＝『組合村』の役割に留意」し、在方百姓の自治という点に焦点をあてている(3)。

両氏は分析の過程で、下肥の流通構造について言及しており、以後多くの自治体史で採用されてきた。しかし両氏の指摘は、江戸周辺地域における広域的活動という点に捉われるあまり、必ずしも地域性を踏まえたもの、例えば輸送手段による違いや農産物生産の違いなどへの考慮が希薄である。ここでは寛政期の下肥値下げ運動を、伊藤氏の農民運動史的視点や熊澤氏の江戸周辺地域における自治の問題という視点ではなく、流通という視点に基づいて再考してゆきたい。

第一章　下掃除代値下げ願の提出と議定の作成

寛政元年一一月、江戸周辺地域の村々から勘定奉行に対して以下のような訴状が提出された。[4]

〈史料1〉

乍恐以書附奉願上候

武州左之領々惣百姓為惣代、左之者共奉申上候。私共領々百姓共儀、往古は田畑共相応之御取箇被為仰付、御年貢米永御上納仕来り、其節は諸役勤方之儀も格別薄、百姓ども相続も安堵仕候処、夫より段々御年貢米永御定免御切替之度々、御取増被為仰付、其上諸御役勤方嵩之儀は年毎ニ相嵩、百姓共一統困窮相募、往々右之通相増候ては百姓相続は勿論、自ラ退転仕候様相成り、当惑至極ニ奉存候得共、別て御鷹野御用人足勤方之儀大切成重キ御役之儀、此上之勤方如何可仕哉難儀至極ニ奉存候処、一両年以前より、御鷹野御用人足勤方一件は不及申上ニ、其外諸御役勤方之儀至て薄罷成り、百姓共儀当時之姿ニては諸御役勤方之儀聊難義之筋無御座、此段誠ニ以莫太之御憐愍と領々大勢之百姓共挙て難有仕合ニ奉存候。左候得は領々百姓共儀、農業不怠出情仕、諸作入念蒔仕付、水旱損無之無難ニ手掛候得は、御年貢米永御上納仕、其上百姓共儀、当日之軽営安堵ニ可相成処、次第ニ困窮相募り候訳ケ、①此段先年は江戸近在拾里四方米穀ニ不限、都て蒔仕付候諸品、江戸表え持出売買仕候所、其節は江戸表諸向通用も宜敷、日増繁昌仕、②其砌は御屋敷方下掃除之義、少々之御運上金奉差上下掃除仕来候得共、其後右御運上金、御年季御切替之度毎増金被為仰付候類も有之、又は③在方ニて掃除渡世之者共内ニも、私欲之筋存、大勢之難儀ヲ不相弁、糶り上ケるも有之、④先年凡金弐拾両位之御運上金、当時金六七拾両位ニ相成り、⑤右ニ准シ、江戸町々儀も先年立金拾両之場所、当時金三四拾両ニ相成り、⑥其上下肥壱艘荷数先年は六拾五六荷宛有之候処、近年は一艘之荷数漸々五拾壱弐荷ニて、⑦壱艘代金初春より夏土用明ケ迄、金壱両弐分弐朱位より金弐両弐分位迄、土用明キより暮迄、壱艘代金壱両弐朱位より金壱両弐分弐朱位迄格別高直成ル直段、尤右領々之内⑧通舟無之領々は、御屋敷様方・町方共、少々之御運金奉差上、人馬ニて下掃除陸持仕来候処、御運上金・立金共ニ高直ニ相成り引合不申、⑨田方仕入先年は一艘之下肥三反歩程え仕入候所、近年は荷数少キ故弐反歩えも遣足り不申、田方壱反歩小作仕候処、種々手段を以下肥仕入候処、豊作ニ取入候ても、小作年貢米相済候得は、残米肥仕入金価と引合不申、年々内損夥敷有之、畑之義も小作仕候年貢金と取穀引合不申、⑩且当酉年の儀は苗代時節より照続、田方植付之儀一体用水不足故、一向捗取不申、百姓共昼夜出情汲水等ニて当四月下旬より同六月下旬迄漸々仕付相済候所、夫より照続候故、大切之養時節汲水等無之、用水堀々之儀は一体ニ干割候ニ付致方無之、終ニ早魃仕、中稲・晩稲共出穂無之、青立之儘ニて虫付ニ罷成候。百姓共昼夜丹情之甲斐も無之、色々手段を以下肥等仕入置、最早精力も尽果候得共、百姓共義農業渡世第一ニて外稼無之、損金有之段兼て乍存、手馴候事故百姓渡世仕来候義ニ御座候。尤先年は田方下肥仕入之節、壱艘荷数六拾五六荷ニて、壱艘代金三分位より壱両ト銭二三百文位迄ニて仕入、麦作仕入之節も右荷数ニて、一艘代金壱両ト銭八九百文位ニて仕入候ニ付、其節は御年貢米永御上納仕候ても、出情次第相応之作徳も有之、大小之百姓共当日之軽営安堵仕候所、⑪三拾年以前より別て高直ニ罷成候間、下肥之外土地ニ寄油之粕・酒之粕・糠・灰其外干鰯・〆から・海草之類、種々之手段ヲ以買求為試仕入候処、私共領々土地不相応ニ御座候哉、下糞程ニは利方も薄ク御座候。夫迚も右之品々下直ニ御座候得は、年々仕入候ても百姓共勝手合ニも相成候得とも、右之類迚も下肥直段准シ高直故引合不申、猶又野方領村々之義は下糞隆持陸附仕、其上土地悪、灰土同様之地面ニ付、下肥・

糠・灰・馬糞等多分仕入不申候ては、諸作出来不申、且領々共ニ、⑫前々は奉公人下男壱人相抱候給金壱両弐分位、下女壱人相抱候給金三分位ニて相抱候処、当時は下男壱人給金三両三分位より四両弐分位迄、下女壱人給金弐両壱弐分位より三両位迄ニ罷成、以前は銭相場両ニ三貫文位ニ御座候処、近年下直ニて両ニ銭六貫文位ニ相成、百姓方前栽物之儀は銀目売買は不仕、銭相場下直ニ相成候ても、前栽物高直ニも売払不申、先年畑壱反歩前栽物仕付候て、銭三〆文取上候得は、金壱両之通用仕候処、当時は畑弐反歩余も仕付候分売払不申候ては、金壱両之価無之、随て高持百姓共義も奉公人召抱、大作仕候ても引合不申、右銭相場ニ引競見候得は、御年貢金御上納も凡二増倍ニ相成、奉公人給金并下糞等之義は四増倍ニも相成、諸事引合不申候ニ付、地面所持之百姓共儀も多分入作ニ仕、小高持之百姓共之分、下糞高直故自ラ御田地手余りニ相成候場所も出来仕、依て中より下タ之百姓共儀は、右仕入相届兼候て、御大切成御田地自然と不作仕、亡所同前ニ相成候ニ付、彌上及極窮甚難渋仕候。尤先年下糞下直之節は、江戸近在私共領々米穀并瓜・茄子・葱・牛房・菜・大根其外色々之前栽物等夥敷仕付、江戸表え日々持出シ、糶売等ニて売、代替御年貢金并田畑共下糞仕入金之価ニ相成候処、是以引合不申候故、纔宛仕附申候。尤江戸近在之義は遠国と違、諸作無難ニ手掛候て、御年貢米永御上納相済候得は、其年之内作徳米穀之分不残江戸表え積送り売払候ニ付、多分成儀は無之候得共、御府内之潤ニ相成、遠国之米穀は殊ニ寄船支等ニて、壱ヶ年弐ヶ年程過相廻り候ても、是又御府内ニ米穀其外之品物切レ致候事申伝ニも不及承り、既ニ四ケ年以前午年壱ヶ年之洪水ニて大飢饉と相成、百姓共一統及飢饉候処、愈御手当テ米金御拝借被為仰付、夫より引続再夫食御拝借仕度段御願奉申上候処、無程再夫食為石代御金御拝借被為仰付難有奉請取、早速小前人別取調割渡候処、百姓共夫食之雑穀・から麦・粟・稗等之分近在ニ無之、遠方え知縁を求め罷越買取候所、銭百文ニ付から麦壱升、稗壱升三合之直段ニて買調、粮等を入漸助命仕候。全以米穀払庭とは乍申、例年之米直段より格別高直、誠ニ前代見聞ニ及承り奉驚入候。ケ様之時節ニ至り候ては、金銭之位徳は薄、米穀計り威光強相成、百姓共一統艱難之軽営仕候。此等之儀近在之領々引続凶作故之儀、勿論遠国ニ米穀沢山ニ有之候迚も、差急之御用ニは難相立故、為御救と去申年より貯穀取集メ置、水旱損凶作之節可取続旨被為仰付、其上当酉秋出来籾を以、貯穀取集高え御差穀被下置候段、偏ニ御仁慈之御恵と冥加至極難有御儀奉存候。然上は、以来何様之儀有之候共、餓死は仕間鋪と百姓共安心仕候。⑬近年凶作引続候得は、御府内迄之衰微ニ相成、当時之姿ニて近在之百姓共可取続方便無之、右之趣を以、村役人共方え、御願申上呉候様ニ再応願出候ニ付、村役人より申聞候は、難儀之筋至極尤成義、近年之振合ニては其方共如何様骨折相働候ても、田畑下糞仕入は不及力、我等迚も同様百姓之儀故、難義は一同之儀ニ御座候得共、可申上様無之、御公儀様御慈悲之御時節、其無差別、右体之御願筋容易ニは御願難申上恐多御儀ニ付、追て時節を見合御願可申上旨為申聞、差扣候様申宥め候処、⑭何れ共右之儀打捨置候ては、大切成御田地作付仕候ても、下糞仕入相届キ兼、自ラ不作仕候義は眼前之儀、然は御田地亡所同前ニ罷成り、其上百姓共退転仕候より外無之、旁以て難差置旨申之、不得止事私共右領々惣代ニ相立、大勢之百姓共相助呉候様達て相歎キ候ニ付、恐多キ御儀とは奉存候得共、若奉申上候通り之始末ニ付、無是非不顧恐をも私共惣代ニ相立、左ニ御願奉申上候。

前書之趣ヲ以御願奉申上候間、何卒格別之御慈悲を以、⑮江戸御屋敷様方下掃除御運上金、先年之通凡壱艘御運上金平均金壱分位ニ御引下ケ被成下、并江戸町々下掃除立金之儀も右ニ准シ引下ケ候様被為仰付被下置候様奉願上候。左候得は、⑯先規之通り初春より夏土用明迄、壱艘代金三分位より壱両位迄ニ相成、土用明キより暮迄壱艘代金弐分位より三分位迄相成候得は、大勢之百姓相続も安堵仕候間、右之逸々被為訳ケ聞召、願之通御慈悲之御勘弁を以被為仰付被下置候得は、⑰領々百姓共之内、下掃除渡世之者共儀は、向後之取締於在所ニ打寄相談之上取極可申候。然ル上は、諸作蒔仕付等も先年之通り手支無之、手入養等ニ至迄、心之儘ニ相成り、御年貢米永御上納も無恙安堵ニ相成、其上御府内迄之潤ニも罷成、大勢之百姓共当日之飢難相遁、往久敷御田地相続も相成、数万之百姓共相助り、広大之御救と挙て難有仕合奉存候。以上。

寛政元年酉十一月

まず冒頭で、年貢負担や諸役の増加状況にあったが、近年諸役負担が軽減され、そのことによって農業生産に対する労働力集中が図れるにもかかわらず、経営難が続いている現状を訴えた上で、以下さまざまな原因を列挙している。

その中ではじめに、寛政期以前の下肥取引について言及している。それによると、江戸一〇里四方（四〇キロ圏内）の村々は、米穀を始め、さまざまな農産物を江戸で売買していた（傍線部①）。そしてその帰り際、下掃除をして獲得した下肥の内、武家屋敷の下掃除権は、少々の運上金を納めることで獲得することができた。しかしその後徐々に年季切り替え、つまり契約更新のたびごとに、増金を求められるようになった（傍線部②）。一方江戸周辺地域の下掃除に従事する者の中には、下掃除場所をより多く獲得するため、下掃除代を糶り上げる者も出てきた（傍線部③）。そのため従来まで、武家方への運上金は約二〇両位であったものが、現在では約六〇～七〇両位となり（傍線部④）、これに準じて、町方との下掃除契約金（立金）も、一〇両で契約していた場所が、現在では約三〇～四〇両に高騰している（傍線部⑤）とし、下掃除場所を獲得するための契約金（下掃除代）が高騰していることを訴えている。つまり当初は小額の下掃除代（運上金・立金）で獲得できていた下掃除権が、近年高騰していると訴えている。

下掃除代高騰は下肥販売にも影響を与えた。従来まで肥船一艘に積む荷数は六五～六六荷であったが、近年では五一～五二荷となり（傍線部⑥）、肥船一艘分の価格も高騰している（傍線部⑦）。さらに川船輸送ではなく、人馬で輸送している地域では、運上金・立金の高騰はさらに深刻な影響を及ぼしている（傍線部⑧）。下掃除代高騰による肥船積込み数の減少と販売価格の上昇は、下肥の水田反当り投下数を減少させ、小作人は肥料経費の負担増により、十分な収入が得られない状況にある（傍線部⑨）。こうした状況に当年（寛政元年）の日照りという天候不順が追い打ちをかけたとある（傍線部⑩）。

しかし三〇年以前から下肥価格の上昇は始まっており、下肥の他にも糠・干鰯をはじめさまざまな金肥を購入・投下することによって耕作を続けてきたが、出願に参加した地域においては下肥の肥効性が一番高いとともに、他の金肥より安価のため使用してきた、しかし近年下肥以外の金肥の価格も上昇してきており、さらに経営が苦しいとし（傍線部⑪）、下肥価格の下落が農業生産においていかに重要であるかを主張している。あわせて銭相場の下落による奉公人給金の上昇と前栽物（野菜類）販売収入の実質的減少を指摘している（傍線部⑫）。

こうした江戸周辺地域の苦しい農業生産の状況や百姓達の困窮状況は、江戸という大都市を守り、支えるという意味でも大きな問題であると訴えている（傍線部⑬⑭）。

以上のように、さまざまな理由を挙げながら江戸周辺地域の村々は、武家方・町方の下掃除代の引下げを求めた（傍線部⑮）。下掃除代が引き下げられれば、江戸周辺地域における下肥価格も下がるであろう（傍線部⑯）と主張している。

そしてこの要求が受け入れられたならば、今後江戸周辺地域の下掃除人の取締りは、在所内で処理することを約束している（傍線部⑰）。つまり武家方・町方の下掃除代引き下げ要求をおこなう一方で、下掃除代高騰の一

【表1】寛政元年11月の出訴参加村

国名	郡名	領名	村総数	参加村
武蔵国	葛飾郡	東葛西領	52	55
		西葛西領	69	33
		西葛西領新田		29
	足立郡	渕江領	38	46
		舎人領	10	?
	荏原郡	品川領	13	11
		六郷領	34	35
		馬込領	13	15
		世田谷領	30	52
	多摩郡	野方領	54	?

〈出典〉「寛政元年酉年十一月下糞直段引下ケ方御願一件二付議定連印帳」
（横浜市港北区勝田・関恒三郎氏所蔵資料）より作成
※参加村が領内の総村数を超えている部分があるが、参加村数については史料に明記されている数字をそのまま表記した。？は史料に村数の表示なし

因として江戸周辺地域内でも認めていた、下掃除人同士による糶取り行為を江戸周辺地域内で自主的に取締まるという譲歩案を提示したのである。

この値下げ願に参加した地域については、【表1】・【地図1】を参照してほしい。これをみると、江戸を中心にして、江戸川・中川・荒川など河川輸送が発達した江戸東郊・北郊地域と多摩川に至るまでの江戸西郊・南郊地域が参加しており、いずれも江戸に隣接した地域であった。

江戸で排泄された下肥が、どのような経緯で江戸周辺地域へ供給されたのか。従来から下肥の利用は江戸に近いほど利用度が高く、江戸からの距離に比例して利用度は減少していくと考えられていた[5]。この参加地域の分布状況は、それを裏付けるものであろう。

また輸送手段の違いにより、舟運によって大量の下肥を輸送できる江戸東郊・北郊（一部）地域と陸送に頼らざるを得ないその他の地域（主に江戸西郊・南郊地域）とでは、下肥利用に大きな差があることも、従来から言われていた。しかしこの値下げ願に際しては、下肥利用量および流通形態に大きな差がある地域同士

【地図1】寛政元年11月の下肥値下げ願参加地域

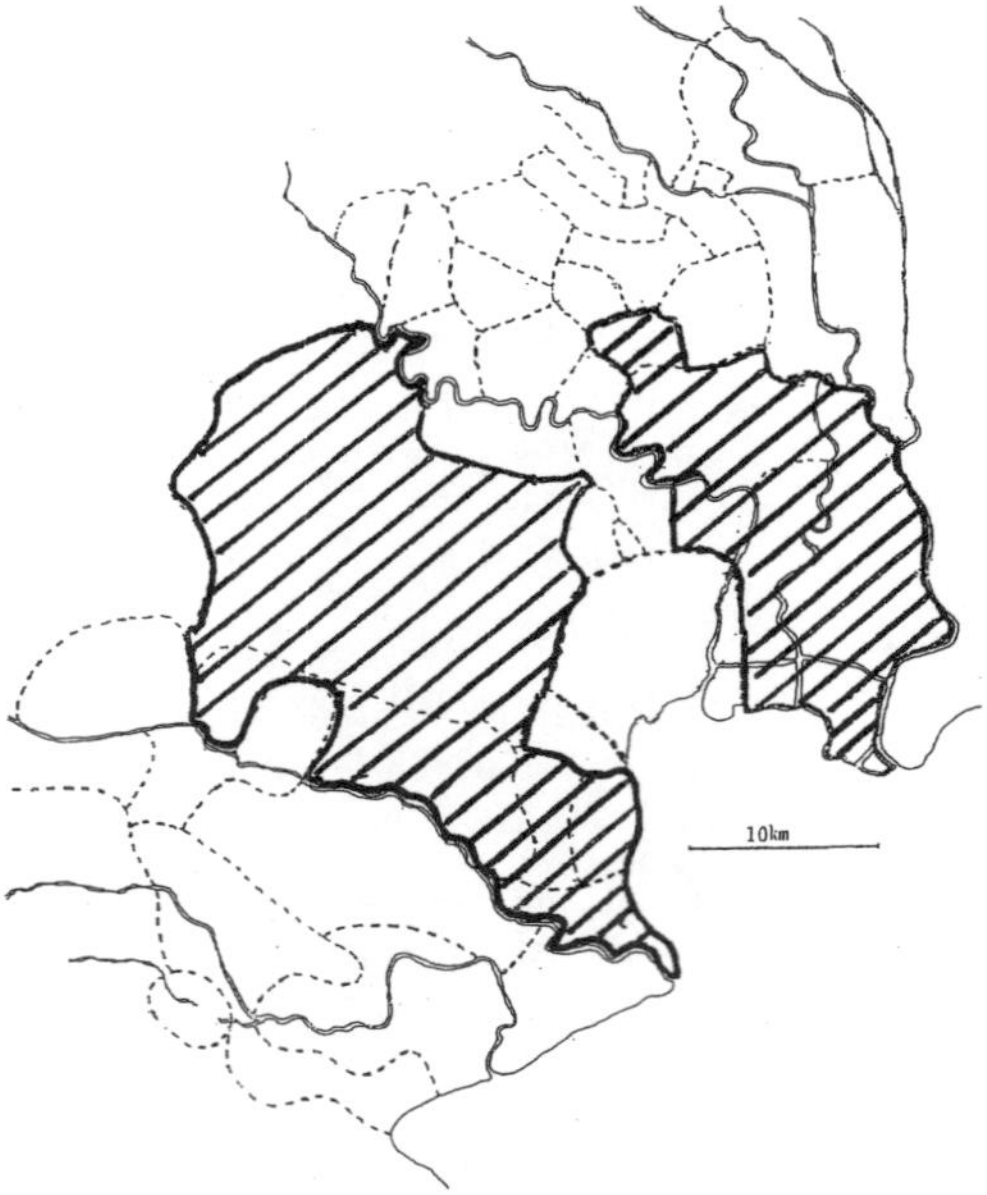

※熊澤徹「江戸の下肥値下げ運動と領々惣代」（『史学雑誌』94−４）に執筆者加筆（斜線部）

が協力して出訴に及んでいる。これは何故であろうか。この疑問については、以後寛政期の下肥値下げ願の経緯をみていく中で解明していきたい。

この直後、出訴に参加した地域では、下掃除に関する取り決め（議定）を作製し、これを遵守しようとする動きをみせる。なおこの議定内容については、後の第三節で分析する。

こうして寛政期の下肥値下げ願は始まったわけであるが、この出訴の翌月、再び勘定奉行へ追訴している。それが以下の史料である[6]。

〈史料2〉

乍恐書付奉申上候

武州左之領々惣代共奉申上候。①近年御当地御屋敷様方・其外町方共下掃除之義、先年と違ひ、下掃除代金倍増ニ相成候御屋敷様方も有之、又は纔之納物等ニて前々之通り不相変下掃除被仰付候類も有之、町方迚も右ニ准シ候処も可有之哉。右体軽品ニて下掃除被仰付候ても、②百姓自分之遣料は格別、渡世仕候者は一統直段糶り上ケ候ニ類シ、時々相場ニ拘り候事ニ付、③元直段之不寄差別ニ、一同高直ニ相成り、百姓必至と困窮之筋は願書ニ奉申上候通り、少も相違不奉申上、然ル処、御吟味之刻奉蒙仰を候は、④下掃除之儀は一体御当地ニて直段高直ニ致候筋ニは無之、畢竟在方之者共次第ニ糶り上候故之義ニて、幾重ニも申合候ハ、下直ニ可相成候。左候ハ、願ニもおよひ申間敷旨被為仰聞、⑤乍去直段引下ケ方之仕方有之候ハ、委細ニ可申上段、逸々御利解之蒙仰を、物代共冥加至極奉恐入候。則領々村々之者共え得と為申聞候処、郡中数万之百姓共、挙て難有仕合ニ奉存候。依ては下糞直段引下ケ方之仕方熟談之趣、乍恐左ニ奉申上候。

一、御当地之方角ニ随ひ、其領中之最寄ニて下掃除仕来り候者之場所え、其村方之者并其領内之者は不及申、他領之者迄手筋を以糶り合候義、以来決て不仕筈、領々申合相調候得共、万一心得違ひ之者も有之、不得止事、手入致シ糶り取候者有之候ハヽ、此度領限り御願ニ罷出候惣代之方え、其段相届ケ候得は、右惣代之者より糶り落シ候者之村方え引合之上、仕来候者方え取戻シ遣シ候筈、今般領々申合候。尤直段引下ケ方之義、以来御屋敷様方、并町方共凡人数百人ニ付、下掃除代金壱ヶ年ニ金壱両位之積りを以相対仕度旨、是又領々百姓一統申合仕候得共、乍恐此段御勘弁奉願上候。

(一)在方ニて下糞商売渡世仕候者共之内ニは、諸作片手業ニて、年中直段甲乙之利徳ニ相拘り候事故、其仲間ニて申合候哉、是迄は打捨置候得共、前文ニ奉申上候通、凡人数百人ニ付、壱ヶ年ニ金壱両程之価ニ相成候ハヽ、右ニ随ひ、以前之通直段引下ケ渡世可仕旨、領々村々商売人え相懸合候ハヽ、自然と下直ニ商売可仕と奉存候得共、右下糞商売之者大勢之事故、仲ニは我意等申募、心得違之義も有之候ては、向後之取締り不宜候様、乍恐奉存候間、此段御慈悲之御勘弁奉願上候。

一、御当地ニ住居致し、下糞商売致し候者は百姓仲間ニ無之故、此度申合等も難相成、勿論下掃除之義は百姓之持前ニ限り候事を、右之者共仲買同様、右商売手広ニ被致候ては、作方之妨ニ相成候間、御由緒等有之候者は格別之事、其外之者義は、何卒御威光を以被為召出、御吟味之上、已来下掃除渡世御差留メ被成下候様奉願上候。

一、今般領々申合相調候村高凡弐拾万石余之場所、大勢之百姓ニ御座候得は、仲ニは町方と我意を申争ひ、双方差支ニも相成候ては此段奉恐入候間、何分御威光を以、御屋敷様方・町方共、以来下掃除代金、凡人数百人ニ付壱ヶ年金壱両位之値ニ直段引下ケ対談仕候様、御触流被為仰付被下置候様奉願上候。尤近在領々之義も、区々ニては乍恐取締り不宜候様奉存候ニ付、一ト通り御触流奉願上、唯前条之趣被為聞召訳ケ、願之通り被為仰付被下置候得は、艱難之百姓共相助り、難有仕合に奉存候。然ル上は百姓仕業之力を得、往々取続候ハヽ、田畑共百姓存寄通、肥仕入も行届キ候得は、自然と諸作実法り方も宜、左候得は御年貢米永御上納仕候ても、以前之通り相応之作徳も有之、大勢之百姓共当日之軽営も安堵ニ相成、殊ニ百姓之義は、外商売と違ひ、壱ヶ年ニ一度之収納ニて、来作ニ取続候義は、不残当作之内ニ孕り居り、諸作肥シ代等生候事ニ御座候得は、近年之義、其年切りニて少々之貯も無之故、諸作蒔仕付之儘ニて、取続キ兼候百姓共多分有之、年増ニ困窮仕候義は、全以下肥シ高直より事発り、聊之水旱ニも元手を失ひ、御公儀様え御歎キ奉申上、御納所筋ニも相拘り候事眼前ニ御座候間、何卒広大之御慈悲を以、数万之百姓共御救被下置候ハヽ、御田地相続も堅固ニ相成、大勢之百姓共相介り難有仕合ニ奉存候。以上。

寛政元年酉十二月

これによると、訴え出た江戸周辺地域では、武家方・町方の下掃除代は、前より倍増されたところもあれば、そうでないところもあり、その状況はまちまちであった（傍線部①）。汲取った下肥を自分で利用する者は別として、下肥の汲取りを商売としている者が値段を糶上げている状況が、仕入値段（下掃除代）に関係なく、下肥価格の高騰につながっているという事実を認めている（傍線部②③）。こうした状況を踏まえ勘定奉行所は、下掃除代高騰の原因が下掃除先である江戸の武家方・町方にあるのではなく、江戸周辺地域の下掃除人同士による糶上げにあるとし、江戸周辺地域内での話合いによって解決すべきである（傍線部④）という態度を示した。

結局江戸周辺地域からの願いは聞届けられなかったわけであるが、ひとつの成果が得られた。それは奉行所から下掃除代引下げに関する方策の上申を許可されたことである（傍線部⑤）。これを受けて、江戸周辺地域内では話し合いの末、下掃除代引下げのための四つの方策を提案している。端的に示すと以下のようになる。

（第一条）下掃除人同士の糶取禁止と、糶取行為発覚の際は元の下掃除人に掃除先を返還すること。さらに下掃除先の人数にもとづいた下掃除契約額の設定

（第二条）前条の下掃除先の人数にもとづいた下掃除契約額の設定に準じた、販売価格値下げの実現

（第三条）一部の者を除き、江戸の下掃除商売人の営業禁止

（第四条）第一条に明記した下掃除先の人数にもとづいた下掃除契約額を基準にした町方との値下げ交渉の御触流し

第一条では、江戸の下掃除先を各領ごとに設定し、領内ならびに他領からの下掃除場所糶取を禁止するとともに、万一糶取行為が発生した場合は、元の下掃除人へ掃除場所を返還することを取り決めている。また下掃除代引下げのため、武家方・町方の下掃除代を一〇〇人に付一年一両位を目安にして引下げ交渉をおこないたいとした。

第二条は、江戸周辺地域内の下肥業者に対する条項で、前条の人数による下掃除代設定が認可されれば、売捌値段引下げにも反映すると思われるが、下肥業者の存在範囲が広いため、奉行所からの通達を求めている。

第三条では、江戸在住の下肥業者は百姓ではなく、また江戸周辺地域内の話し合いにも参加しがたい。下掃除は百姓の仕事であり、獲得した下肥を利用する土地を持たない彼等は仲買同様であり、彼等が手広く商売することは江戸周辺地域の農業生産を妨げるものである。よって従来から下掃除先と契約関係にある者は別として、その他の者には下掃除渡世の差し止めを求める。

第四条は、下掃除先の人数を基準にした下掃除価格によって武家方・町方に対する値段引下げ交渉の御触流を求めた。

以上が、江戸周辺地域から出された下掃除代引下げのための提案である。ここで特徴的なことは、下掃除先の人数にもとづく契約額の設定、つまり下掃除代の定率価格の導入を強く望んでいることである。

下肥は当然人間から排泄されるわけであり、下掃除場所の人数により、排泄量に差が生じるのは当然である。そのため下掃除先の人数を基準にした下掃除代の設定を求める江戸周辺地域からの要求は筋が通っているように思える。

しかし下掃除先にとってはさまざまな不都合が生じる。江戸は人々の移動が激しい。例えば武家方の場合、諸藩では参勤交代によって藩主が在府している場合とそうでない場合とでは、藩邸に居住する人数は大きく異なる。一方町方の場合、火災が多い江戸では、契約期間中に下掃除場所が火災にみまわれ、汲取りができなくなったり、被災した者の中には、そこから移動してしまう事態も生じる。その場合、人数による下掃除代設定では、当然家主の減収につながる。そのため下掃除先にとってこの要求は受け入れられるものではなかった。

また第三条の記述から、江戸近在の百姓が農産物を売りに江戸へ行き、その帰りに下掃除を行い、下肥を田畑に投下するという流通構造だけでなく、江戸の中に下掃除を権利として獲得し、それを仲介ならびに売買する者が存在したことが明らかとなった。江戸の町に住み、耕地を持たない彼らは、獲得した下肥を使用しないため、金肥という売買の対象としかみておらず、彼らが下肥の商品化を助長する存在として、江戸周辺地域では認識されていたことがわかる。

いずれにしても下掃除場所の糶取禁止や下掃除代の定率価格の設定、町方下掃除人の営業差し止めなど、江戸周辺地域は下肥の商品化を促進するような要素を排除していこうとする姿勢を示し、これは以後も強調していく。しかし追訴はさらに続き、同月一六日にも再度、勘定奉行へ出願を行っている(7)。

〈史料3〉

乍恐以書付奉願上候

伊奈摂津守支配所武州左之領々惣代共奉申上候。私共義、近年下糞高直ニて百姓難取続難儀仕候間、右下糞直段引下ケ方之義、①先達テ御願奉申上、猶又追訴を以一統御触流奉願上候処、被為召出、段々御吟味之上、御解被為仰聞候は、御触流之義容易ニは難被為仰付旨被為仰聞、承知奉畏候得共、可相成儀ニ御座候ハヽ、②江戸町方計り御触流奉願上候。右御触流之義、重キ御儀ニ御座候ハヽ、③私共領々村々、以来取締り議定証文相認、連印取揃可奉差上候間、御聞済被成下置、其段御当地町年寄中え、右御聞届ケ之趣被為仰聞被下置候ハヽ、此上取締り等も行届キ申候間、何分ニも御憐愍を以、右願之通り御勘弁之御慈悲挙て奉願上候。以上。

寛政元酉年十二月十六日　　　　武州葛飾郡東葛西領

金町村
名主　勘　蔵印
外惣代不残

御奉行様

十二月十六日御差紙ニ付、久保田佐土守様え罷出候処、御懸り御勘定岡本庄蔵様段々御吟味有之候ニ付、前書之通書付相認メ差上候処、於御前ニ御吟味御聞済之上、当年は余日無之ニ付、来戌正月廿月頃可罷出旨ニて帰村被仰付候。

これによると、先の二つの出願に対する勘定奉行の対応は、江戸周辺地域ならびに江戸の武家方・町方への御触流を認めるには至らなかった（傍線部①）。そこで今回は町方のみの御触流しを求めている（傍線部②）。江戸周辺地域ではその交換条件として、地域内で取締議定証文を作成し、これに連印して提出することを約束し、その旨を町方へ通達することを求めている（傍線部③）。

これによって江戸周辺地域へは以下のような廻状が出された(8)。

〈史料4〉

廻状ヲ以得御意候、近年下糞高直ニ付、右ニ准外肥類迄至而高直故、諸作に仕入候而も百姓渡世引合不申、大切成御田地作付候而も右肥之仕入相届キ兼、自然と不作仕亡所同前ニ罷成、第一御田地相続ニ相拘り候義ニ付、無余儀右下糞直段引下ケ方之義、先月十一日領々惣百姓惣代を以願書を差上候処、右願書被為遊御取上御吟味ニ相成、御理解之御趣意ヲ以議定一札為取替候は、御当地之□□用ニ随ひ、①其最寄領々村々ニ而是迄下掃除仕来候者之場所江、其村方之者ハ不及申、其領内之者并他領之者迄以来手入糴取候義、決而仕間敷旨取極候処、其領内御村々小前百姓之内、右議定文面之趣行届キ不申候哉、心得違之者共多分有之、此節所々町々悉羅合混雑仕候ニ付、尚又右議定文面之趣得と小前ニハ申聞、心得違にて羅合不申様申付可被成候、②且又是迄下掃除仕来候場所ニ、来戌年之取極メ掛合等今以不仕不罷出、勿論下掃除も不仕、町之方ニ寄家主中月々被相待候所、一向不沙汰ニいたし引捨置候者も有之趣及承候、此等之義は不埒ニ付、若其御領内御村々右躰之者も有之候ハヽ、急度御申付、以来右躰之義無之様御取計奉願上候、万一此上心得違之もの茂有之、御当地之差支も有之候てハ大切成御願筋差障りニ相成候ニ付、小前百姓方江不洩様御申達可被下候、此状村附被成刻附ヲ以昼夜共御順達可被成候、以上、

（寛政元年）
酉十二月廿六日

居木橋村
　物代
　　庄左衛門
領家村
　同
　　平兵衛
金村町
　同
　　勘　蔵

稲毛領

御惣代衆中

右之通り羅合之者茂有之、宿引払相成兼惣代相残り廻状差出候ニ付、相廻し□□間、羅合之もの御奉行所様ニおいて御吟味内済仕候趣御承知可被成候、

これによれば、議定を作製したにもかかわらず、それぞれの領々村々において、未だに下掃除先の糶取行為が後を絶たない状況にあり、改めて下掃除先の糶取禁止が確認されている（傍線部①）。また下掃除人の中には、下掃除先との来年の契約もせず、契約期間中の下掃除業務も行わない者が存在したことがわかる（傍線部②）。このように下掃除場所を糶取りによって獲得しようとする者がいる一方で、下掃除権を持っていてもそれを行使しない者も存在したわけである。

この下掃除業務怠慢という問題は、文字通りの意味として受け止められる一方で、下掃除権を所有している者が、実際の汲取り業務には従事せず、下請けに任せる流通構造が存在したという可能性も考えられる。つまり下掃除人の中には、自ら下肥を汲取り、利用する者と、下掃除権を権利として獲得し、実際の汲み取りは下請けに任せ、そのまま下請人に販売したり、またこうして得た下肥を他へ販売する仲買業者のような人々も存在したわけである。

翌寛政二年の正月にも、再び追訴がなされる。(9)

〈史料5〉

乍恐追訴を以奉願上候

武州左之領々惣代共一同奉申上候。近年御当地御屋鋪様方其外町方共下掃除之儀、先年と違ひ掃除代金三増倍ニ相成、右ニ准シ下肥之外干鰯・〆から・糠・灰等ニ至迄高直故、諸作え仕入候ても引合不申、百姓方必

至と困窮相募り、当時之姿ニては御田地相続は勿論、百姓共為取続度旧冬十一月中願書奉願差上候所、右願書被為遊御取上ケ御吟味之上被為仰聞候は、右下肥共直段之義は、御当地ニて高直ニ致候筋ニては無之、在方之もの共利徳ニ相抱り羅上ケ候故如此高直ニ相成候義ニ付、尚又在方之者共得と申合、行届キ候ハヽ、自然と下直ニ可相成と被為仰聞候ニ付、御吟味御日延御願申上、惣代共帰村仕、早速御利解之趣領々百姓共え委細為申聞相互ニ心付、以来糶合之儀は決て不仕筈、領之議定取替セ、村毎小前一統申合連印取揃候上は、旧冬中御屋鋪様方下掃除仕来候者方え、掃除代金引下ケ方之義御願申上候処、被仰聞候は、近在々より下掃除代金引下ケ方之儀願出候由、其方共申立候得共、①今以御触流又は何れ之御沙汰ニても無之候得は、掃除代金引下ケ候筋無之、則是迄之通立金相済置、追て御沙汰も有之候節ハ、右ニ随ひ何れ共致可遣旨被仰聞候御方々様も有之、又は②御屋鋪様方ニ寄、右下掃除代金引下ケ方之御願相済上ニて可願出候、未タ何方よりも御沙汰無之処、右体之儀願出候段甚不埒ニ付、年来下掃除出入御差留メ等ニて、漸御訴訟申上、是迄之立金ニて下掃除仕候者も有之、町方之儀も掃除仕来候者共も、引下ケ方之儀、是迄之立金少々之儀は不足致呉候様相詫候処、一円ニ承引不仕、③町方家主より申候之下掃除代金、何様ニも対談可致候得共、御沙汰無之内ハ掃除代金引下ケ候儀は決て相成不申由申之、取合不仕、然は在方計以来糶合不申筈ニ申合候ても相調、誠以広大之御当地候得は、区々ニて相対ニては掃除代金引下ケ方之義行届キ不申、依之近在大勢之百姓共当惑至極奉存候間、此段御賢察奉願上候。右ニ付、旧冬中追訴を以御当地一統御触流被成下度旨奉願上候処、被為仰聞候は、④一統触流之儀不容易之儀ニ付、難相成旨被為仰聞、勿論下肥ニ不限直段都て米穀之直段ニ至迄、御公儀ニて直段相立候例曾て無之旨被為仰聞、惣代共一同御尤至極奉恐入候。尤相対ニて直段羅上ケ候儀は相違無之、今更掃除代金引下ケ方之儀、如何様ニ相掛合候ても相対ニては取極方出来不仕、右儘打捨置候得は大切成御田地相続難相成、最早百姓共儀も可取続手段無之、殊ニ前書ニ奉申上候通、⑤在々計申合相調候ても、中々以下掃除代金引下ケ不申、強て相掛合候得は、⑥町方家主ニては無筋事を再応相掛合候様申之、仲ニは我意等申募り、迚も取極メ出来不仕、無余義筋故御当地下掃除日数廿日三十日も相休候ハヽ、下掃除代金引下ケ可申と奉存候得共、御屋鋪様方々内ニて少々之納物ニて年中下掃除被仰付候御方々様え相対シ恐多キ御儀、勿論右体大勢申合候儀、万一徒党之筋ニも相成候ては此段奉恐入候御儀ニ付、左様ニも相成不申候。如何可仕哉と一統当惑仕候間、不得止事ヲ御願申上候。何卒格別之御憐愍を以相場直段不相抱、⑦四拾ヶ年以前延享・寛延年中頃之振合ヲ以、掃除代金引下ケ対談可仕旨御触流被成下候様ニ、偏ニ御勘弁奉願上候。尤其砌は江戸在々共下掃除代金増減之不及沙汰、無事ニ相済来候ニ付、其時分之掃除代金引下ケ候ても、御当地ニおゐて左而已難儀筋も有之間敷、在方ニて下掃除渡世之者共儀も其節掃除代金引下ケ、其上株同様ニ相成候得は手勝相成、勿論買入候百姓方ニも其時分直段ニ買入候得は、諸作え仕入も行届キ可申と乍恐も奉存候。⑧是又御当地ニ住居致シ下掃除商売新ニ始メ候ものハ不申上候、是迄右商売仕候者儀、仲買同様ニ右商売手広ニては、甚在之作方之妨ニ相成候間、御当地致住居下掃除渡世仕候者共義、以来右商売御差留メ被成下候様奉願上候。何不ニも右之趣御聞済被成下置、江戸在々共一ト通り御触流不被成下候ては、此上取締り出来不仕、左候得は大勢之百姓共餓死退転之基ニ相成候間、幾重ニも御触流被成下候様奉願上候。右願上通り被為仰付被下置候得は、難難之百姓共作方ニ取続キ、往々御田地ニ相続も安堵ニ相成、其上御年貢米永無恙御上納も相成、数万之百姓共相助、莫大之御救と挙て難有仕合ニ奉存候。以上。

寛政二戌年正月廿四日

これによれば、昨年の冬の出訴後、各武家方に下掃除代の引下げを求めたところ、武家方の対応としては、奉行所からの沙汰がないためこれに応じる必要はないが、もし奉行所からの沙汰があったならばこれに応じるといった態度を示す者もあれば（傍線部①）、奉行所からの沙汰もないのに引下げ交渉をおこなうことに怒り、下掃除を差し止めるという態度を示す者もあった（傍線部②）。町方の場合も武家方同様、奉行所からの沙汰がない限り引下げには応じないとしている（傍線部③）。しかし御触流しについては昨年奉行所から却下されている（傍線部④）。また江戸周辺地域内での申合せ（議定）を町方に対しておこなっても受け入れてもらえない（傍線部⑤）。そのため、中には下掃除代引下げの手段として下掃除業務を停止する（ストライキ）という動きまで示唆している（傍線部⑥）。

こういった状況の中で、江戸周辺地域が要求したのは、延享・寛延年中の下掃除代を基準にして値下げ交渉をするようにとの御触流し（傍線部⑦）と江戸在住の下掃除人（町方下掃除人）の業務差し止め（傍線部⑧）であった。これは最初の追訴（〈史料２〉）をほぼ踏襲する内容であり、江戸周辺地域の要求は依然として、下肥をめぐる問題に商業的要素を排除しようというものであり、下掃除先に対しては下掃除代引下げのためにはストライキという手段も辞さないという、強硬な姿勢をみせている。以後、江戸周辺地域ではこの値下げ願や議定に賛同する地域を拡大して組織力の強化に努めることとなる。

第二章　他地域の下肥値下げ運動への参加

この下肥値下げ運動は江戸周辺地域全体を巻き込んだ大規模運動として一般的に知られているが、最初から大規模な運動であったわけではない。ここでは大規模運動に至るまでの過程を明らかにしたい。

最初に寛政元年一一月の出訴に参加した地域については第一節で示した通りである。この出訴をきっかけに、他の江戸周辺地域でも、これに賛同する動きがみられる。以下の史料は寛政元年一二月、武蔵国橘樹郡稲毛領・川崎領・神奈川領において作製された願書である。(10)

〈史料6〉

乍恐以書付奉願上候

武州橘樹郡稲毛領・川崎領・神奈川領右三ヶ領惣百姓為惣代、左之者共奉申上候、私共領々百姓共儀、以前は田畑共相応之御取箇被為　仰付、其節諸御役勤方之儀は格別薄、大勢之百姓共当月之暮方安堵仕候処、夫より御年貢米永共御定免御切替之度々御取増被為　仰付、其上諸御役勤方之儀は年毎ニ相嵩、百姓一統困窮相募り、往々右之通御座候ハヽ、御田地相続は勿論自百姓退転仕候様罷成、当時姿ニ而は難儀之筋無御座、誠ニ以　御仁慈之御恵と冥加至極難有仕合ニ奉存候、然ル上は当日之経営安堵ニ可相成処、無其儀次第及困窮候訳は、下菌高直ニ而諸作出情仕候而茂中々以引合不申、尤奉公人共儀は、身分不相応ニ騎を成ゆへ却而不身持ニ相成り、暇取候而は身上相続致兼、出奔仕候者間々有之、■々之為ニ茂相成不申、畢竟多分之給金取候より事起り、右躰之始末ニおよひ候段乍恐奉存候、往々当時之姿ニハ誠ニ以退転仕候より無之、①江戸迄在々百姓とも一統歎ヶ敷寄々村々村役人方へ右之趣ヲ以下菌直段引下ケ方之儀御願申上呉候様申出候得共、村役人共方ニ而茂取斗方無之、折ヲ以御頼可申上被為申聞相定メ置候処、然ル処右下菌高直ニ而諸作蒔仕附候而茂、右肥仕入相届兼、百姓一統困窮ニ□□惑仕候ニ付、御屋敷様方・町方共下掃除立金引下ケ、百姓渡世仕候様被為仰付被下置度旨、②東葛西領外拾壱ケ領村々物代之者とも願出候ニ付、私共領中百姓共儀茂、右之趣及承り一同相願呉候様申出候、依之先達而相願候拾弐ヶ領惣代之者へ懸合候処、最早御願ニ罷出候儀ニ付、其段領中限り小前之者共方へ為申聞候処、左候ハ、③拾弐ヶ領村々より申立候趣ヲ以、別段御願申上呉候様、此節日々ニ村役人方へ申出候ニ付、種々相定候へ共、領内之儀ハ外領と違ひ悪水薄兼小雨ニ而も水湛、田畑共年々水腐仕、内損夥敷御座候間、百姓方必至と差障り候儀ニ御座候、尤下菌高直難渋之儀、全以御田地相続之儀、領々一躰之事故、幾重ニモ御願申上呉候様、百姓達而相歎候ニ付、恐多御儀とハ奉存候へ共、大切成御田地相続之儀ニ付、無是非私共惣代奉申上候通、下掃除金古来之通直段引下ケ、此節百姓取続方之儀偏ニ奉願上候、尤右拾弐ヶ領惣代之者被為仰聞候、御利解之趣具ニ奉承知候間、此上右領々一同申合等可仕候間、前文之趣被為聞召、訳ケ何分御憐愍ヲ以御慈悲ヲ以御慈悲ヲ願之通被為仰付被下置候ハ、、大勢申上候百姓共相助無此上御救と難有仕合ニ奉存候、已上

これによると、武蔵国橘樹郡稲毛領・川崎領・神奈川領の村々でも、下肥価格の高騰によって農業経営が困難になる中、下肥値段引下げを願い出てはどうかという動きが百姓の中にあらわれたが、村役人たちはこれに応じなかった（傍線部①）。しかし寛政元年一一月、東葛西領ほか一一か領からの出訴を聞きつけるとこれに参加しようとする動きが起り、東葛西領ほか一一か領の惣代に話を持ちかける。しかしすでに出訴していることと、「領中限り」の問題として参加を断られた（傍線部②）。そこで、翌一二月この三か領は同様の訴えを東葛西領ほか一一か領とは別に出訴することに踏み切ったようである（傍線部③）。

この訴状から、江戸南郊の多摩川を越えた地域においても、寛政元年一一月の出訴に参加した地域同様、下肥価格の高騰により百姓達が困窮している状況があったことがわかる。しかしこの段階ではまだ、下掃除代値下げという同じ目的を持ちながらも協力する関係には至っていない。

そして同地域では同月再度願書が作製され、勘定奉行所に提出された。それが以下の史料である[11]。

〈史料7〉

乍恐書付ヲ以奉願上候

武州橘樹郡稲毛領・川崎領・神奈川領右三ヶ領村々惣代之者奉申上候、下掃除之儀ニ付、先達而東葛西領外拾壱ヶ領村々より願出候趣、私共領中百姓共儀及承、同様御願申上呉候様申出候ニ付奉願上候は、私共領々百姓共儀已前ニ田畑共相応之御取箇被為仰付、諸御役勤方之儀薄御座候処、御年貢米永共御定免御切替之度々御取増被仰付、其上諸御役勤方等被相嵩、百姓一統困窮相募り、往々右之通ニ御座候而は御田地相続は勿論、自百姓退転仕候様ニ罷成可申候処ニ、一両年已前より諸御役勤方之儀、格別薄ク相成、難有仕合ニ奉存候、然上は百姓共当日之経営安堵可相成処、無其儀次第ニ及困窮候儀ハ、近年下肥高直ニ罷成、且又干鰯・〆から払底ニ相成候故、自其外之肥類共至而高直ニ而、諸作蒔仕附等仕候而茂、肥仕入金続而引合不申候ニ付、自然と肥シ仕入相届兼、尚又奉公人給金高金ニ而引合不申、領々百姓共一統困窮難義仕候、依之御屋鋪様方・町方共、下掃除金引下ケ被為仰付被下置度奉願上候、誠奉恐入候儀ニは御座候得共、何卒以　御慈悲御屋敷様かた・町方共、已来下肥直段壱ヶ年三百六拾駄ニ付、代金弐両限り相成候様御触流被成下置候様奉願上候、左候得は領々大勢之百姓共相助難有仕合奉存候、以上、

寛政元酉年十二月

伊奈摂津守支配所
武州橘樹郡稲毛領
三拾五ヶ村惣代
二子村名主　源左衛門
同州同郡川崎領

弐拾五ヶ村惣代
稲荷新田
年寄　四郎兵衛
同州同郡神奈川領
弐拾八ヶ領惣代
綱嶋村
年寄　与四郎

御奉行所様

この訴状も、先に東葛西領ほか一一か領から提出された一一月・一二月の訴状同様、下掃除代の引下げを求めたものであるが、引下げ基準については若干異なる。東葛西領外一一か領からの訴状では、肥船一艘分の値段の引下げ価格について要求をしている。しかしこの訴状の場合は、荷駄の駄数による引下げ価格の基準設定を求めている（傍線部）。これはこの地域の下肥輸送が人馬などの陸送によっておこなわれていたためである。

また設定価格についても、一年間三六〇駄を二両という価格設置をしている。通常下肥を陸送する場合、二斗入の肥桶を使って人力で一荷（二桶）、馬や車で二荷しか輸送できないといわれている(12)。そのため陸送地域では三六〇駄分（肥桶・七二〇荷）の価格を二両にしてほしいと要求したわけである。引下げ価格を単純に江戸東郊地域と比べてみると、この肥船一艘分六〇荷と考えるならば、肥船一二艘分になり、一艘あたり二朱半となり、先に江戸最近隣地域が求めた引下げ価格（二分から一両）よりも、約三〜六倍と大きい引下げ額を要求している。ここにも下肥の取引事情をめぐる地域的差違から生じる要求の違いがみてとれる。

【表2】値下げ願いにおける稲毛領・川崎領・神奈川領参加村

領名	村数	参加村
稲毛領	57	35
川崎領	26	25
神奈川領	40	28

〈出典〉『横浜市港北区勝田・関恒三郎氏所蔵資料』1－8より作成

次に稲毛領・川崎領・神奈川領それぞれの領内において、どれくらいの村々がこの出願に参加したのかをみてみたい。それを示したのが【表2】である。これをみると、川崎領においては領内の村々がほぼ賛同している。しかし稲毛領内では約四割、神奈川領内では約三割の村が出訴に賛同していない。これは下掃除代値下げを強く求める村がある一方で、同じ地域内にはそれを望まない村も存在していたことを示しており、ここからも江戸周辺地域における下肥利用度の多様性がみてとれる。

この武蔵国橘樹郡稲毛領・川崎領・神奈川領の他にも、同時期に下肥値下げ願を行った地域がある。それが以下にあげる地域である[13]。

〈史料8〉

乍恐以書付奉願上候

武州平柳領・峡田領・谷古田領・岩淵領右四ヶ領惣百姓為惣代、左之村々惣代之者共奉申上候、近年下糞高直ニ而諸作江仕入候而は肥金価と引合不申候故、自御田地手余之場所出来仕候様ニ成行、領々百姓共一統歎ヶ敷寄々村役人かた江右之趣ヲ以下糞直段引下ケ方之儀御願申上呉候様申出候得共、村役人共方ニ而茂取斗方無之、折ヲ以御願可申上旨為申聞、相定メ置候得共、下糞高直ニ而諸作蒔仕付候而茂、肥し仕入相届き兼、百姓一統困窮ニ迫り当惑仕候ニ付、御当地御屋敷様方・町方共、下掃除金引下ケ、百姓相続仕候様被為仰付被下置度旨、東葛西領外拾壱ヶ領村々より願出候由、尚又外領々より茂追々御願罷出候趣、私共領中百姓共儀茂、右之趣及承一同相願呉候様申出候、依之私共惣代相立今般御願奉申上候、拾弐ヶ領惣代之者共申上候通、下掃除金古来之通直段引下、此上百姓取続方之儀偏ニ奉願上候間、前文之趣被為聞召、何分御憐愍之御慈悲ヲ以、願之通被為仰付被下置候ハヽ、大勢之百姓御田地相続茂相成、当日之経営茂安堵ニ罷成候得は、久敷難有仕合奉存候、已上

寛政元酉年十二月

伊奈摂津守支配所
武州足立郡平柳領
拾五ヶ村惣代
領家村　年寄　平兵衛
同州葛飾郡谷古田領
拾四ヶ村
同州豊嶋郡峡田領
岩渕領
弐拾四ヶ村
右合三拾八ヶ村惣代
岩渕領西ヶ原村
触継
杉右衛門
年寄　四郎兵衛

これによると、その東葛西領ほか一一か領からの出訴に呼応する形で、稲毛領ほか二か領と同様、平柳領・峡

【表3】値下げ願い参加村

領名	村数	参加村数
平柳領	15	15
谷古田領	31	14
峡田領	55	38
岩淵領		

〈出典〉『横浜市港北区勝田・関恒三郎氏所蔵資料』1－8より作成

田領・谷古田領・岩淵領の村々も出訴に及んだようである（傍線部）。この四か領は主に荒川流域に面した地域（谷古田領は異なるが）であり、その要求するところは、先の二地域と同様である。この地域は陸送地域である先の稲毛領ほか二か領とは異なり、江戸東郊地域同様、荒川による舟運利用が可能なため、下肥の大量輸送・大量消費が考えられる。ところがその参加村数を示した【表3】をみてみると、河川に面していない谷古田領は別にして、荒川に面した岩淵領・峡田領でも、領内の約三割がこの訴えに参加していない。その理由について詳細は不明だが、このように河川輸送が発達していた地域においても、下肥利用度が異なっていたことがうかがえる。

以上のように寛政元年一二月段階では、最初に出訴に及んだ江戸東郊地域の東葛西領ほか一一か領に呼応する形で、新たに江戸南郊地域の稲毛領ほか二か領、江戸北郊地域の平柳領ほか三か領が出訴に及んだ。しかしこの段階ではこれらの地域が協力して下掃除代値下げにあたる体勢ではなかったようである。

しかしその後、議定の制定に伴い、これらの地域は下掃除代の引下げに向けて団結する。そして翌寛政二年には、これまで値下げ願に参加していなかった地域に対しても、参加に応じるよう積極的な働きかけをおこなう。以下の史料がそれを示すものである(14)。

〈史料9〉

乍恐以書付奉願上候

武州豊島郡戸田領外五ヶ領村々惣代同郡志村組頭武兵衛奉申上候。近年打続キ下菌直

段高直ニ罷成候故、諸作え仕入候ても肥し金価と引合不申、自御田地手余之場所出来仕、誠ニ以当時之姿ニては往々百姓共退転仕候様ニ成行、領々一統歎ヶ鋪奉存、右之趣を以寄々百姓共より村役人方え下菌直段引下ケ方之義御願申上呉候様度々申出候得共、不容易成御願と奉存候間差扣罷有候処、去酉十一月中東葛西領外拾九ヶ領村々より、惣代を以追々願出候由左之領百姓共及承、一同御願申上呉候様申出候ニ付、止事不得私惣代ニ相立今般御願申上候。尤先達て御願ニ罷出候領内より申上候通り、難儀之筋は同様之義ニ御座候間、一同御吟味奉願上候。何卒以御憐愍前書之趣被為聞召訳ケ、古来之通下掃除金御引下ケ被成下候ハヽ、大勢之百姓共御田地相続仕、当日之経営も安堵ニ罷成り無此上も御慈悲と難有仕合奉存候。以上。

　　戸田領
一、武州豊島郡　峡田領
　　野方領
　　弐十七ヶ村
　　笹目領
一、同州足立郡　上田谷領
　　浦和領
　　拾壱ヶ村
　　　右合三十八ヶ村惣代
　　　　東叡山御領
　　　　　同州豊島郡峡田領　組頭　武兵衛印

寛政二戌年正月廿六日

これによると、江戸北郊地域の荒川流域にあたる武蔵国戸田領・笹目領・上田谷領・浦和領とすでに領内の一部が参加している峡田領・野方領が、新たにこの運動に加わったことがわかる（傍線部）。これによって、寛政二年正月の時点で、武蔵国二三か領五四一か村が運動に賛同することとなった。これ以後も引き続き、その他の江戸周辺地域に対し、運動への参加を促す動きがみられる(15)（【表4】）。

このように値下げ願への参加ならびに議定への賛同が、江戸周辺地域内で促される中、これに賛同しない村々も存在した。以下に示す史料は、野方領・峡田領・戸田領の惣代が議定に賛同しない村々に対し、議定遵守に応じるよう命じてほしいと奉行所に求めたものである(16)。

〈史料10〉

乍恐以書付奉願上候

一、御当地近在領々惣代之内左之者共奉申上候。先年と違下肥高直故、右ニ准し干鰯・〆から其外之肥し類至て高直ニ付、諸作え仕入候も百姓渡世引合不申、依て小高持之百姓共儀は右肥し仕入行届兼、大切成御田地作附仕候ても自然と不作仕、亡所同前ニ罷成、下地困窮之領、弥上困窮相募り、当時之姿ニては御田地相続は勿論、大勢之百姓共退転仕候より外無之、旁以歎敷奉存候。尤難義之筋は何れ之領々迚も同様之義ニ付、右肥し直段引下ケ方之義、私共惣代ニ相立、旧冬十一月中願書奉差上候処、御吟味之上被為仰付候は、①右下肥直段之義、御当地ニて高直ニ致シ候筋ニは無之、在方之者共利徳ニ相抱羅上ケ候故、如斯ニ高直ニ罷成候間、尚又在方之者共得と申合行届候ハヽ、自下直ニ可相成旨御利解被為仰聞候ニ付、惣代共一同御尤至極奉畏候。則御吟味御日延御願申上、惣代共帰村仕、右御利解之御趣意領々村々小前迄委細為申聞、右御趣意

【表4】値下げ願参加の経緯

年　号	月　日	値下げ願参加地域	備　考
寛政元年	11月	武州葛飾郡東葛西領ほか11か領	他に「東葛西領ほか19か領」とある史料あり
寛政元年	12月	武州橘樹郡稲毛領・川崎領・神奈川領の内、88か村	
寛政元年	12月	武州足立郡平柳領5か村・葛飾郡谷古田領14か村・豊島郡狭田領岩淵領24か村	
寛政2年	1月26日	武州豊島郡戸田領・狭田領・野方領27か村、同州足立郡笹目領・上田谷領・浦和領11か村	
寛政2年	2月5日	武州野方領・狭田領・戸田領13か村への議定参加催促、同年3月に賛同	
寛政2年	2月	下総国葛飾郡行徳領ほか5か領	熊沢論文では、2月の議定案作成の段階で、23か領541か村が参加とある
寛政2年	3月	武州23か領541か村	『類集撰要』・『正保事録』には32か領874か村が参加とある
寛政2年	3月29日	武蔵・下総両国7(6)か領(足立郡赤山領10か村・同郡木崎領2か村・同郡見沼領4か村・同郡見沼新田領11か村・同郡戸田領2か村・同郡南部領6か村・多摩郡府中領11か村、千葉郡5か村)45か村への議定参加催促	内、武州足立郡見沼新田領11か村は参加拒否。他は同年5月までに参加を承諾。熊沢論文では、3月の議定案作成の段階で、32か領884か村が参加とある
寛政2年	5月	武蔵・下総両国37か領1016か村	

〈出典〉『東京市史稿』産業篇第33～34より作成

を②以議定一札為取替候は、御当地近在領村其最寄御屋敷様方并町方共下掃除之義、去酉暮迄掃除仕来候者之場所え、其村方之者は不及申、其領内之者并他領之者迄、以来之義手入糶り合決て仕間敷筈、領々申合相調、議定一札為取替、右之趣追訴を以奉申上、若此上心得違ニて、掃除仕来候者之場所え手入糶り取候者有之候ハ、、其者之村方村役人え其旨相掛合候得は、早速先仕来候者方え相返シ遣候筈、若右場所町方家主ニ馴合、内分ニて相済兼候得は、及出訴候ても取戻シ遣候筈取極、尤百姓方難渋之筋は、御当地近在諸作え下肥仕入候領々は一統之義ニ付、野方領上下練間村、峡田領上下板橋村、上下赤塚村、徳丸本村・脇村、西台村、成増村、戸田領上下青木村、横曽根村、右村方えも最寄領より再応相懸合候処、如何相心得候哉、彼是無筋事を申紛し、右領々之義ハ為取替議定等も不承知之由ニて、右議定ニ洩居候て、旧冬中より当春ニ至り、御当地最寄下掃除場所悉糶取り、領々為取替議定被相渡候様ニ罷成り、二十三ヶ領大勢之百姓共甚及混雑、其上掃除代金引下ケ方之妨ニ相成り候間、③右拾三ヶ村名主・年寄・百姓代被為召出、私共領々一同仕候様被為仰付被下置候様ニ奉願上候。何卒以御慈悲右願之通り被仰付被成下候ハ、難有奉存候。以上。

寛政二年戌二月五日

右弐拾三ヶ領惣代之内

武州多摩郡高円寺村

名主　友右衛門印

同州足立郡領家村

年寄　平兵衛印

同州荏原郡雪ヶ谷村

年寄　幸右衛門印

これによれば、下肥価格の高騰は江戸の下掃除先の問題ではなく、江戸周辺地域内の下掃除人による糴取りにあるとする、奉行所からの回答に対し（傍線部①）、地域内では下掃除人同士による糴取りを禁止するなど、江戸周辺地域内の下掃除人の職務規定を定めた議定を作製し、これを遵守することによって対処しようとした（傍線部②）。そのため議定に賛同しない村々に対しては、村役人に出頭を命じ、これに賛同するようにしてほしい（傍線部③）と願い出ている。

このようにすでに運動に参加している地域の中にも、議定に同意せず糴取行為をおこなう下掃除人が依然存在した。こうした議定に賛同しない村々に対しては、以下のように対処した[17]。

〈史料11〉

差上申一札之事

一、御当地近在領々惣代之内左之者共奉申上。先年と違近年下糞高直ニ付、右ニ准シ外肥類迄高直故、諸作え仕入候ても肥し金価と引合不申難義仕候ニ付、去酉十一月中、右肥直段引下ケ方当御奉行所様え御願申上御吟味ニ御座候処、上下赤塚村、上下練馬村、上下板橋村、成増村、西台むら、徳丸村、脇村、四ツ葉村、右拾壱ヶ村え最寄村々より一同御願可申上旨、否相懸ケ合候得共、承知不仕候ニ付、①領々村々規定ニ洩候ては不行届儀ニ付、無是悲惣代共より御願申上、去月九日双方被召出、御吟味之上御利解被為仰聞候は、②百姓方難義之筋は一統之儀ニ可有之候間、猶又得と懸合、熟談之上一同致候て可然旨被為仰聞、双方共難有奉畏、則御日延御願申上、右拾壱ヶ村惣代之者共早速帰村仕、右利解之趣村々小前え不洩為申聞候処、小前百姓一同難有奉畏候。則双方熟談之上、規定印形仕、下糞直段引下ケ方御願之義、外領々並御願申上候筈ニて、右拾壱ヶ村惣代之義は、志村藤左衛門最寄之義ニ付、願之一札差入相頼申候。然ル上は双方然ル上は、双方共ニ聊無申分和段相調候段、偏ニ御威光と挙て難有仕合ニ奉存候。依之為後証双方連印之一札奉差上候処、依て如件。

寛政二戌年三月

これによれば、議定に賛同しなかった村々に対し、議定は江戸周辺地域全体で守らなければ意味がない（傍線部①）という理由の下、奉行所に訴え出た結果、百姓の難儀は江戸周辺地域全体の問題であるとし、賛同するよう命じられた（傍線部②）。その結果、議定に賛同していなかった村々も結果的に賛同することとなった。

このように議定に賛同しない村々に対しては、奉行所に訴え出てでも仲間に引入れるという姿勢がみえるとともに、奉行所も江戸周辺地域内限定で議定を容認していることがわかる。

こうした動きが続けられる中、寛政二年三月段階で、すでに武蔵・下総両国三二か領八七四か村が値下げ願に参加し、議定へ賛同した。さらにこの段階においても議定に参加しない村々に対しては、以下のようなに対処した。[18]

〈史料12〉

右は武蔵・下総両国三拾弐ヶ領惣代之内、左之者共奉申上候。近年糞代金高直故、右ニ准シ外肥類迄至て高直ニ罷成、百姓渡世引合不申、年増ニ困窮相募、大勢之百姓共難渋仕候ニ付、私共惣代ニ相立、糞代金引下ケ方之儀、旧冬中より追々御願奉申上候処、惣代共被召出被為仰聞候は、糞代金之義は、御当地ニて高直ニ致候筋ニ無之、在方之者共利徳ニ抱り糶上候間、猶又申合行届候ハヽ、下直ニ相成べく旨被仰聞候ニ付、則右御利解之御趣意を以領々村々申合規定為取替候ハ、去十一月中御願申上候より以来、御当地御屋敷様方・町方共、下掃除仕来り候者共場所え、外々より手入糶取り候義は、決て致間敷筈取極、寔以御威光三拾弐ヶ

領八百七拾四ヶ村一同難有仕合ニ奉存候。然ル所、右七ヶ領ニて四拾六ヶ村洩居候得は、作物糞仕入候百姓方難義ハ同様之義ニ御座候間、右議定一同仕候様是迄度々懸合候所、如何相心得候哉、無謂義申暮取合不申迷惑仕候。併此上御願申上候も恐多奉存、差扣罷在候得共、向後取締り方不宜候間、不得止事今般御願奉申上候。何卒以御慈悲を前書名前之者共被召出、御吟味之上、一同仕候様被仰付被下置度奉願上候。右之趣御聞済被下置候得は、此上取締り方宜敷相成り、一統難有仕合ニ奉存候。以上。

平　兵　衛印
友　右　衛　門印
勘　　蔵印
源　左　衛　門印

御　奉　行　所様

戌三月廿九日左之村々書付添て差出ス。

足立郡赤山領
源左衛門新田　藤八新田　長右衛門新田　吉蔵新田　北原村
新兵衛新田　清右衛門新田　久左衛門新田　金右衛門新田　長右衛門新田
藤兵衛新田　久左衛門新田
同　郡木崎領弐ヶ村
大谷口村　大田久保村
同郡見沼領四ヶ村

指間村　片柳村　大門宿　戸塚村
同　郡見沼領新田
行衛
北原新田　東山新田　間宮新田　指間新田　新井新田
西山新田　片柳新田　辻村新田　大崎新田　内野新田
内かた屋新田
同　郡戸田領弐ヶ村
西新井村　里　村
同　郡南部領六ヶ村
大崎村　辻　村　山　村　新井村　御蔵村　中川村
多摩郡府中領拾壱ヶ村
金子村　上石原村　下石原村　国領村　飛田給村　矢ノ口村　小島分村
上給村　上布田村　下布田村　坂浜村
千葉郡
谷津村　久々田村　鷺沼村　藤崎村　田木ノ井村

これによると、未だに六か領・一郡（赤山領・木崎領・見沼領・戸田領・南部領・府中領・千葉郡）四六か村が議定に賛同していないため、先に議定に賛同しなかった野方領・峡田領・戸田領の村々の場合と同様奉行所に出頭し、賛同するよう命じてほしいと再び奉行所に訴え出ている（傍線部）。これに対し赤山領・木崎領・戸田領の村々はこれに同意したことが史料に残されている。[19] その一方で、議定に賛同しない地域は、以下のような文書を提出した。[20]

〈史料13〉

乍恐以書付奉申上候

武州足立郡見沼領新田拾壱ヶ村惣代加田屋新田名主大吉奉申上候。此度糞直段引下ケ之義ニ付被召出、御吟味ニ御座候得共、私共村々之義は、①江戸町方御屋敷下掃除は勿論、買糞等一向不致候ニ付、右懸ケ合之筋無御座候。然ル上は、②万一掃除買糞等仕候ハヽ、何分御咎メ被仰付候は一言可申上様無御座候間、以御慈悲私共帰村被仰付被下置度奉願上候。以上。

前書武州足立郡見沼新田領右拾壱ヶ村之義、得と相懸合候処、③江戸御屋敷様方并町方共下掃除仕来候義ハ勿論、諸作え下糞買入候土地柄之村方ニは無之旨承り届ケ候。④尤已来糞代金御願通引下り候ても一向仕入不申段申上候通り相違無御座候。且私共御願筋之義は、下糞買入候百姓方は数多之義ニ付、大勢之百姓為取続度奉存候故之義ニ御座候処、前文申上候通、以来共下糞不買入趣申上候上は、強て私共方ニて御願申上候筋ニては無之、然ル上は、右拾壱ヶ村御願ニ洩候ても聊申分無御座候。依之奥書奉差上候。以上。

寛政二年戌四月十四日

武蔵下総合三拾弐ヶ領惣代之内

武州葛飾郡金町村

名　主　勘　蔵印

武州多摩郡高円寺村

名主友右衛門印
同州足立郡領家村
年寄平兵衛印

右之通り之書付差上、加田屋新田名主太吉帰村被仰付候事。

御奉行所様

これによると、議定に賛同しなかった地域はその理由として、下掃除ならびに下肥の購入を一切していないことをあげている（傍線部①③）。そのため万一下肥の購入が明らかになった場合は、お咎めを受けることを約束している（傍線部②④）。

このように値下げ願への参加を促すとともに、議定への賛同を拒否する地域に対しては、以後下掃除や下肥の購入・販売に一切かかわらないことを約束した念書を提出させた。

以上、江戸周辺地域内において、議定への賛同を促した結果、寛政二年五月の時点で、賛同地域は武蔵国・下総国三七か領一〇一六か村へと拡大した。これを示したのが、【表5】・【地図2】である。この段階ではじめて一般に認識されているような大規模運動へと発展したわけである。

下肥値下げ要求が拡大する一連の動きの中で、この問題に最初に取り組んだ地域は、当然下肥の利用度が一番高い地域と考えられる。そこで当初参加した地域をみてみると、江戸に隣接した江戸東郊・西郊・南郊地域であり、その後の賛同地域の拡大は江戸を中心に同心円状に拡大していった。これは下肥の利用度が江戸からの距離に比例するとした伊藤氏や渡辺氏の指摘と合致するものであったことがここからわかる。以後これらの地域が団結して、町方家主との下掃除代値下げ交渉に臨むことになる。

【表5】寛政2年5月の下肥値下げ願参加地域

国名	領名	郡名	総村数	参加村数	比率
武蔵	東葛西	葛飾	52	55	100%
	西葛西		69	67	97%
	二郷半		81	80	98%
	谷古田	足立	31	28	90%
	舎人		10	10	100%
	平柳		15	15	100%
	笹目		9	8	24%
	植田谷		25		
	木崎		17	8	47%
	見沼		16	13	65%
	安行		4		
	赤山		24	22	91%
	南部		30	7	23%
	浦和		13	22	61%
	与野		23		
	戸田		11	13	87%
		豊島	4		
	淵江	足立	38	45	100%
		豊島	2	0	
	峡田		36	29	80%
	岩淵		19	18	95%
	麻布		16	16	76%
		荏原	5		
	世田谷		30	58	98%
		多摩	29		
	野方領		54	54	100%
		豊島	40	74	
		新座	34		
	馬込	荏原	13	15	100%
	六郷		34	34	100%
	品川		13	11	85%
	神奈川	都筑	35	8	53%
		橘樹	40	32	
	稲毛		57	54	95%
	小机		25	0	22%
		都筑	7	7	
	府中	多摩	45	42	93%
	柚木		24	7	29%
	八条	埼玉	35	35	100%
下総	小金	葛飾		47	
	行徳			40	
		千葉		8	

〈出典〉『東京市史稿』産業篇第34より作成

※領内村を参加村数が上回る場合があるが、参加村数については史料の数字をそのまま表記した

領内総村数については、岩田浩太郎「関東郡代と『領』―江戸周辺の地域編成の特質―」（『関東近世史研究』第16号　1984年）の第１表　武蔵国の「領」の存在形態　参照

【地図2】寛政２年５月の下肥値下げ願参加地域

※熊澤徹「江戸の下肥値下げ運動と領々惣代」（『史学雑誌』94−４）に執筆者加筆（斜線部）

第三章　下掃除代値下げ願に対する幕府の対応とその経過

寛政二年正月の追訴を受けて、奉行所では町方年番名主に対し意見を求めている。その回答が以下の史料である。[21]

〈史料14〉

寛政二戌年三月廿九日、奈良屋市右衛門殿ニて小口年番え御渡シ之書付二通写

右は下掃除人申立候義ニ付、障有無相尋ニ不及、為心得之町々え追々申渡方其外勘弁書付、差出候様被申聞候事。

伊奈摂津守支配所
武州東葛西領惣代
金町村
名主　勘　蔵印
外三十壱ヶ領
惣代　拾　九　人印

右之者共申立候は、江戸屋敷并町方共下掃除代金追々高直ニ相成、先規見合候ては三増倍余ニ相成候も有之、又は享保之比より引付代金ニて不相替掃除致候も有之候得共、先は格別高直ニ相成候場所多候有之、自畑作物直段えも響キ、村々困窮基ニ相成候故を以、延享・寛延年中之掃除代を目当ニ、引下ケ方之義夫々可及対

談候得共、領々手広キ事故一通りニては取締難行届候間、百姓共申合之規定取極証文差出置、右之趣を以可致相対旨申立、尤規定之趣町々え申渡相願候得共、右規定証文之内、町方之義は屋敷方よりは対談六ヶ敷、若家主共我意申張相談整兼候義も有之候ハヽ、①一同申合、日数二三十日も掃除相休可申旨書載有之候得共、右は畢竟差支を相含、押て対談ニおよひ候筋ニ相当り候義ニ付、御聞届難成候。町方迚も下掃除為差支対談致候義は難相成、何レニも相対を以取極候様被仰渡候。

右之通ニ付、町方為心得被仰渡方勘弁仕可申上旨被仰渡候ニ付、左ニ申上候。

一、掃除人数年取来候は勝手ニ付、新規之者え引替候義堅致間敷、仕来人と相対ニて場所譲渡候義は勝手次第可仕候積之事。

右之通りニ付、町方為心得之被仰渡方勘弁仕可申上旨被仰渡候ニ付、左ニ申上候。

右掃除代金引下ケ候義は、去酉年中掃除人より家主共え及相談、引下ケ候場所も有之由、又は相対減シ方不承知之家主共も有之候旨及承候。是迄之懸合は内々相対事ニて、此度右町方共掃除人共一統申合、右代金引下ケ之義、御武家方・町方共ニ掃除人より対談可仕旨、其御支配え申上候ニ付、已来掃除人より家主共え対談も有之候ハヽ、右之趣ニ候間、其心得ニて相対熟談可仕候旨被仰渡候ハヽ、如何可有御座哉ニ奉存候。

一、掃除人共儀は、家主共差図を請、類焼之節掃除人え申付、仮雪隠等補理或ハ平生雪隠つぼなと損候砌入替等致、又は掃除支候節差支相成候ニ付、勝手次第外之者えも申付、掃除為致候処、右之通②掃除人相極メ、他之者え申付候義不相成候様罷成候ては、右様之節彼是申、是迄之通りニは不致様成行、一統差支迷惑可仕義ニ奉存候。前々よりは掃除代引上迷惑之由申立候得共、直段相増シ引受申度旨申候ニ付、自然と高直ニ相成候義と奉存候。直段之義は、此上相対を以如何様共、掃除人より家主共相対之事ニ御座候処、右直段事寄自分之勝手已而を申立、株式ニ致候手段と奉存候。右体ニ相成候ては、中間方是迄之通りニは相用申間敷候。畢竟引替之義、自由ニ相成候事ニ付、掃除人も其心得ニて宥之候処、勝手ニ引替候義不相成候様罷成候ては、掃除人末々ニ至り嵩取り可申哉、旁以一統差支ニ相成迷惑可仕候旨、此義ハ③何分ニも是迄之通り勝手次第引替候様仕度奉存候。

右御尋ニ付申上候。以上。

戌三月

南北小口年番
名　主　共

まず町方としては、下掃除人によるストライキ行使の条項について異議を唱えている（傍線部①）。また下掃除人の引替えについて認めない（傍線部②）としている。なぜなら下掃除業務が滞った場合、不都合が生じるなどとし、従来どおり町方家主による自由な下掃除人引替えを主張している（傍線部③）。こうした町方名主からの意見に対し、江戸周辺地域は以下のような反応を示す[22]。

〈史料15〉

寛政二戌年五月十五日、奈良屋市右衛門殿御渡書付弐通之写

下掃除人之義ニ付、先達て掃除人申立候書面ニ相増候ヶ条書、并右ニ付御尋之御書面、右弐通之写

町方下掃除人規定之義ニ付、先達て返答之趣猶又御勘定奉行方ニて御吟味有之、別紙申合規定証文内、一ヶ条相増申合可致旨申之、書付差出候由、①右文段之内え同直段ニて他之者掃除引受候義と町方勝手次第相認メ候様被仰渡候処、右之通認メ候は、②下掃除陸付ニ致候場所、船ニて引取候者共より手入、表向は同直段

ニ居置、内証ニて代金相増引請候様成義出来可致哉、左候ては往々不取〆り相成、折角此度相願引下ケ方申談候趣意不相立様罷成候間、右文段認入候義は迷惑仕候旨申立、段々申立候趣無余義相聞候間、別紙規定証文写え相増候ヶ条懸紙いたし来候哉、右ニ付町方差支之筋も無之哉、猶又返答可被申聞候事。

戌五月十五日

懸ケ紙付ケ所合印、相増候ヶ条左之通、

一、是迄御屋敷様・町方共、③下掃除人より引受証文差出候も有之、又は不差出分も有之候得共、以来糞代金引下ケ候ハ、、名主奥印之証文一統為差出候様可致候。然ル上は、御屋敷様方は不及申、町方迚も極メ通無違失様急度相守可申候。尤町方之儀類焼抔之節、仮雪隠等補理候義も有之、又は損節居つぼ伏替候義ハ堀上埋立共手伝いたし、家主難儀不相成様致、或は掃除差支候節、ふりニ勝手次第掃除為致候義も有之候。右体之義は、是迄仕来り之通相心得、諸事無差支様可致段、右証文ニ書加え差出可申候。此度奉願候趣意は、糞代金引下ケ方第一奉願上候義ニて、全以掃除人共株式同様之候共、相願候義ニては決て無之候得共、若心得違株式同様と存、不埒之取計致候歟、④其外極通り相違之義も有之節は、其段村役人え為知来候次第、早速村役人罷越、委細承り糺、掃除人引替、聊無差支様取計可申事。

懸ケ紙付ケ所合印

町方下掃除人規定之義ニ付、先達て返答之趣猶又御勘定御奉行方ニて御吟味有之、別紙申合規定証文之内、一ヶ条相増申合可致旨申之書付差出候て、右文段之内え、同直段ニて他之者掃除引請候義は、町方勝手次第可致旨相認候様被仰渡候処、右之通認メ候は、下掃除陸付ニ致候場所え、船ニて引取候者共より手を入、表向は同直段ニ居置、内証ニて代金相増引請候様成義出来可致哉、左候ては往々不取〆りニ相成、折角此度相願、引下ケ方申談候趣意不相立様罷成候間、右文段認入候義は迷惑之旨申之、段々申立候趣無余義相聞候間、先達て規定証文之写え相増候ヶ条、左之通懸紙いたし来候也。右ニ付町方差支之筋も無之哉、猶又返答可被申聞候事。

一、是迄御屋敷方・町方共、下掃除人より引請証文差出置も有之、又は不差出分も有之候得共、以来糞代金引下ケ候ハヽ、名主奥印之証文一統為差出候様可致候。然ル上ハ、御屋敷様方は不及申、町方迚も極通り違失なき様急度相守可申候。尤町方之儀類焼抔之節、仮り雪隠等補理候義も有之、又は損候節居壺伏替之儀は堀上埋立共致手伝、家主難義不相成様致、或は掃除差支候節、ふりニ勝手次第掃除為致候義も有之候。右体之義は是迄仕来之通相心得、諸事無差支様可致段、右証文ニ書加え差出可申候。此度奉願候趣意は、糞代金引下ケ方専一奉願候儀ニて、全以掃除人共株式同様之義を相願候筋ニても決て無之候得共、若心得違株式同様と存、不埒之取計いたし候歟、其外極通り相違之義も有之節は、其段村役人え為知来り次第、早速村役人罷越、委細承糺、掃除人引替、聊無差支様取計可申事。

右之通御尋ニ御座候。此段他之者え掃除為引請候義、町方勝手次第ニ可致旨規定証文ニ相認候てハ、内証ニて直段相増候ものも可有之候ては、不取〆りニ相成候由申立候得共、右体糶落候義致間敷ため、一統規定証文差上候義と奉存候処、兎角⑤家主共自由ニ引替不相成様致度様子ハ、末ニ至り掃除人共申合、格外直段引下ケ可申哉、左候ては家主共甚難義可仕候。既ニ直段引下ケ之義家主共六ヶ敷申張候ハヽ、掃除人共一統申合、日数二三十日も掃除相休可申抔と申立候程之義ニ御座候間、引替自由ニ不相成候ハヽ、如何様之差支ニ相成候義を申合等致、無体ニ直段引下ケ可申哉、取来家主共義ハ場所柄ニても、町屋敷間口壱間ニ付給金三分位より壱両位迄、場末ニ至りては小間壱間ニ付、金壱分位ニて掃除代金引当ニ仕相勤候義ニ御座候間、右体

⑥掃除人自由ニ引替不相成候ハヽ、掃除人申合、格外直段引下ケ候様相成候ては、少給之家主共難相勤様可相成候哉ニ付、掃除人是迄之通自由ニ引替候様致度、其外右相増候ヶ条之趣ニては、町方差て相障候義も御座有間敷哉ニ奉存候得共、⑦掃除人心得違有之候節は、村役人方え申懸次第、村役人罷越承糺、掃除人引替可申由ニ候得共、右体ニては甚手重ニ罷成、末々ニ至り何様之差支も出来可仕哉、并⑧株式同様ニては決て無之旨申立候得共、既ニ此度新規成義相定、若不埒之者も有之節は、村役人為知来り次第、村役人之差配ニて引替候義候得は、自然と新株式ニ相成候趣と奉存候。何れニも勝手次第ニ引替候義自由ニ相成候様仕来り候通り、手広ニ仕置申度奉存候。右御尋ニ付私共存寄申上候。已上。

戌五月十九日　　　　南北小口年番

名　主　共

これによれば、先の三月の町方名主からの回答に対し、下掃除人の引替えについて、下掃除代を同値段で引き替えることや、引替権は町方家主が有するといった主張については認められないとしている（傍線部①）。なぜなら陸送で下肥を運搬している地域は、舟運で輸送している地域の下掃除人の糶取りにより、表向きでは同値段ながらも、実際には増金による引替えが発生する事態が想定でき、そうなっては議定で取り決めてきたことが無駄になってしまうというのである（傍線部②）。

こういった事態解決のため、新たな条項を提案している。それは下掃除人から名主奥印をした引請証文を提出すること（傍線部③）であり、もし不都合が発生した場合は、その村役人に報告することによって、すぐに対応する（傍線部④）としている。

これに対し町方名主は以下のように反論している。一点目として、町方家主による下掃除人の自由な引替えが認められなければ、末には下掃除人たちが申し合わせ、法外に値段を引き下げる恐れがあるということ（傍線部⑤）。二点目として、家主収入において下掃除代の占める割合が大きいこと（傍線部⑥）。三点目として、下掃除人に不都合が生じた場合、新しい下掃除人に引き替るまでの手続きが面倒であること（傍線部⑦）。四点目として、このような団体交渉がすでに株式同様になっていること（傍線部⑧）などをあげ、あくまでも町方家主による下掃除人の自由な引替えを主張している。

こうした江戸周辺地域と町方との主張が対立する中、奉行所ではあくまで両者相対による解決を望む立場を継続している。

またこうした町方家主が有している下掃除人引替権をも江戸周辺地域が獲得しようとする動きは、結果として認められてはいないが、江戸周辺地域が広く団結したために可能となった要求であった。そのため江戸周辺地域内の強固な団結は、下掃除代引下げ実現のための大きな力となったことがわかる。よって大規模団結体制の強化は、江戸周辺地域にとって大きな問題であった。[23]そのため以後六〜七月にかけて、議定を遵守し、糶取行為の禁止を求める通達を出すよう奉行所に求めている。

〈史料16〉

乍恐以書付奉願上候

一、武州・下総合三拾七ヶ領惣代之者共奉申上候。去酉ノ暮より追々御願奉申上候糞代金引下ケ方御願一件、御吟味相済候趣先達て被仰渡惣代共帰村仕、右御下知相待請候様被仰渡惣代共一同難有奉畏候。然ル処、御当地御屋敷様方并町方共下掃除代金、元来高直ニ相成候は、在方之者共糶り上ケ候故之義ニ付、去酉ノ十一月中、右願書奉差上候より以来之儀は、御屋敷様方・町方共掃除場え外々より手入糶合仕間敷旨領々申合相

調、則①議定一札為取替候義ニ付、決て掃除場糴合之義は有之間敷所、②大勢之事故仲ニは心得違之者共有之、町方所々掃除場夥敷糴合候得共、③領々一統為替候議定文面之趣意を以、村役人并私共一同世話仕、先仕来候者方え是迄ニ多分為相戻、残り少ニ相成候処、④最早当七月より暮迄之掃除代金取極メ之時節ニ至り、此節不得止事町方掃除場悉ク糴合、領々渋駈《ママ》仕、⑤随て惣代共相放兼候様罷成り甚難儀至極仕候。然共右体之義奉申上候段、御賢察之程奉恐入候御儀とは奉存候得共、不顧恐右始末書付を以奉申上候間、何卒御慈悲之御勘弁を以、右之趣被為御聞届置被下置候奉願上候。且又先達て惣代共帰村被仰付候砌り被仰渡候は、御下知相済候節、其方共呼出御差紙之義は、江戸宿馬喰町四丁目伊勢屋久兵衛方え御渡可被下置旨被仰渡奉畏候得共、領々惣代共里数相隔り引放居候得は、差急ニ手廻り兼候ニ付、右御差紙御勘弁之上、前々日ニも、右江戸宿久兵衛方え御差紙御渡被下置候様奉願上候。以上。

寛政二年戌六月廿五日　　　惣代共不残印

御　奉　行　所様

右之通り願書差上候所、御下知相済候迄は相待候様、御用人方より右願書御返シ被成候事。

これによると、議定を取替わしたことにより、糴取行為はなくなるはずであった（傍線部①）。しかし中には議定を守らない者もおり、下掃除場所の糴取りが多く発生した（傍線部②）ものの、議定に基づき、糴取られた多くの下掃除場所を前の下掃除人に差し戻すことができた（傍線部③）。しかし下掃除契約が多く取替される七月になり、糴取りが激化しその対応に苦慮している（傍線部④）。そのため江戸周辺地域では議定を遵守した下掃除行為をおこなうよう通達してほしい（傍線部⑤）と求めている。

この章では江戸周辺地域からの出訴および追訴、ならびに江戸周辺地域内で取替された議定についての町方の主張と、その後の江戸周辺地域の動きをみてきた。ここで両者は下掃除人引替権の所在をめぐり争うが、依然奉行所は両者相対による解決という立場を取り続ける。また江戸周辺地域内では、依然として続く糶取り行為をなくすため、奉行所からの議定遵守の通達と糶取行為によって発生した争いに対する奉行所の介入を求め、議定に基づく下掃除行為の徹底と江戸周辺地域内の団結の強化を図ろうとした。

第四章　議定の改編

ここでは、下肥取引の秩序安定と大規模団結の拠り所となっている議定がどのように改編され、下掃除についての主張が微妙に異なる江戸周辺地域の意見をどのようにまとめてきたのかをみていく。

最初に挙げるのは、第一章でもその存在について触れたが、寛政元年一一月に作成された議定である。[24] これが議定の基本となるため、詳細にみていきたい（なおこの議定を以下「議定Ⓐ」とする）。

〈史料17〉

為取替議定一札之事

江戸近在領々之儀、近年作方肥高直ニ付、諸作仕入候ても肥金価と引合不申、惣百姓及難儀、別て下糞之儀三十ヶ年以前三四増倍も高直ニ相成、其外之肥し類共ニ右ニ准シ高直ニ付、諸作蒔仕付候ても右肥仕入金之価無之、百姓一統困窮相募り、往々右之通りニ御座候ては大切成御田地相続は勿論、其上大勢之百姓可取続方便曾て無之、自ラ退転仕候より外無之甚難渋仕候ニ付、何れ共手段を以右下糞直段引下ケ百姓渡世仕度候間、何分御願申上呉候様達て相歎申候得共、右体之御願筋容易ニ御願難申上旨一同相心得差扣罷成候。然処、此節御年貢米永御上納江戸宿え打寄、右肥高直ニ付百姓難取続旨咄合候処、何れ之領内も一統之儀ニ付、無余義今般下糞直段引下ケ方御願罷出候処、願書御取上ケ御吟味ニ相成、右下糞直段之儀は百姓共糶上候事ニ候間、如何様ニも申合行届キ候ハヽ、自ラ直段下直ニも可相成旨段々御利解被為仰聞、惣代共一同承知奉畏、畢竟御府内又ハ銘々私欲ニ拘り掃除仕来り候を、手筋ヲ以糶り落候類も多分有之、自然と高直ニ相成候得共、一体相対を以致来り候事故、立金高下も有之区々ニ付、惣代共帰村之上、領中限小前百姓方え御利解之趣為申聞此度左之領々相談之上、為申合候は、①年限り又は年季限り下掃除致候者は勿論、御屋敷様方其外町方共、以前通り御人数百人ニ付、壱ヶ年下掃除代金壱両位之積りニ申合候。然ル上は②是迄掃除仕来り候者之場所表え、其領中之者共は不及申、他領之者共下掃除仕来候場所え手入、糶落候者有之候ハヽ、左之領々惣代之者え早速相届ケ、右体之儀聊無之様取計可申候。且又③御屋敷様方其外町方ニ不限、掃除仕来り候場所無謂被取放候歟、又は勝手を以相休候者有之節、身寄は不及申ニ、領中并他領之者え成共跡引請候ハヽ、先請負之者え何れニも引合之上、金高等増減無之跡引受候様、是又相対申合候。④自然壱ヶ領ニても右之議定相背候者有之候ハヽ、左之連印之者一同相懸り違変無之様可致候。⑤若内分ニて難相済出訴ニも及候ハヽ、右一件諸入用之儀は、高割を以左之領々一統助合可申候。且⑥議定忘却為無之、毎年十一月廿日御年貢米永上納之節、馬喰町四町目江戸宿伊勢屋久兵衛方え寄合、猶又取締り方等可申合候。如斯領々一統議定申合候上は、右之趣領限り組合村々小前迄急度申合候事ニ付、於以来ニ違変致間敷候。為後日議定為取替連印致置申所仍如件。

寛政元酉年十一月

前書之通り領々申合候は、御田地相続百姓為取続之御願ニ付、当領之義も組合村々一同致承知候。然上は、

村毎ニ小前銘々申合之趣得と為申聞、連印取置可申候。若領中ニて大切之百姓退転之基ニ相成、殊ニ此節相頼御願差出候惣代中、議定迄も相崩候間、前書文面之趣、村毎ニ急度相守可申候。万一心得違之小前等も有之候ハヽ、左之連印之者引請委細為申聞、何れ共議定文面之趣為相背申間敷候。依之為後証領中村々一同連印致置申処、仍如件

酉　十二月

村々
三判

これをみると、大きく分けて六項目の規定が盛り込まれている。まず一点目は、下掃除代一年分・一〇〇人に付、一両位の水準で申し合わせる（傍線部①）。これは先に挙げた訴状の中でも要求として明記されていたものである。二点目は、下掃除場所の糶取りが発生した場合は、領々惣代へ届け出るとともに、領々惣代の責任で糶取りがないように取り計らう（傍線部②）。三点目は、下掃除先から理由もなく契約を解除された場合や下掃除人が汲取りを行わない事態が発生した場合、新たな下掃除人と契約を結ぶことになるが、その際は前の下掃除人と話し合い、さらに契約金の増減がないようにすること（傍線部③）。四点目は、各領における議定の遵守をうたったもの（傍線部④）。五点目は、各領内では解決できない問題が発生し、出訴に及ぶ場合はその際の費用を領々高割りで負担する（傍線部⑤）。六点目は毎年議定内容を確認するための会合を開く（傍線部⑥）、という内容である。

まずこの議定内容から、それぞれの契約の際に生じるであろう下掃除代の差を少しでも是正しようとする惣代たちの意志がみえる。それは下掃除代の基準価格の設置（傍線部①）や、下掃除人引替の際の下掃除代の増減禁止（傍線部③）にあらわれている。

さらに下掃除場所との契約をめぐり問題が発生した場合、領々惣代を中心にして問題解決を図り（傍線部②）、問題解決のために生じるであろう負担も仲間で分担する（傍線部⑤）など、江戸周辺地域が領々惣代を中心にして強固に団結できるような体制を作ろうとしていたことがわかる。このような強固な団結の拠り所として議定Ⓐは位置づけられており、そのため議定遵守の徹底を図ろうとしている。

また下掃除場所の糶取行為は禁止されているが（傍線部②）、不測の事態が発生した場合は、増金をおこなわないことを条件に、前の下掃除人との話し合いによって下掃除場所を獲得することが認められている（傍線部③）。つまりこの段階では、条件付ながら下掃除権の移譲は認められていたことになる。

こうして作製された議定は翌一二月にかけて各村々に通達され、これを遵守するよう百姓達は連印させられた。そして翌二年正月には議定証文も作成されている[25]。

その後、翌寛政二年二月に再び議定が作製された。その議定は以下のとおりである[26]。

〈史料18〉

差上申議定一札之事

武州左之領々村々名主・年寄・百姓代奉申上候。近年下糞高直ニ付、右ニ准シ外肥類迄格別高直故、諸作え仕入候ても肥シ代金之価て引合不申、年増ニ困窮相募り、当時之姿ニては大切成ル御田地相続は勿論、自百姓退転仕候様相成り、当惑至極ニ奉存候間、下糞代金引下ケ方之儀、旧冬十一月中御願奉申上候処、御吟味之上被仰聞候は、下糞直段之儀は御当地ニて高直ニ致候筋ニは無之、在方之者共利徳拘り、相対ニて糶上ケ候故如斯高直ニ相成候間、猶又在方之者共申合、得と行届キ候ハヽ、自然と下直ニ可相成旨被為仰聞、乍去り下糞直段引下ケ方之仕法有之候ハヽ、委細ニ可申上段被為仰聞、惣代共御尤至極ニ奉存、則御日延奉願上

帰村之上、右御利解之御趣意領々村々小前百姓共え不洩様為申聞候処、一同難有承知得心仕、依て以来御田地相続百姓取続方之義ニ付、下糞直段引下ケ方之仕方、領々村々申合相調議定之趣左ニ奉申上候。

一、御当地之方角ニ随ひ、其最寄領々村々ニて、御屋敷様方并町方共、①是迄下掃除致来り候者之場所え、其村方之者は不及申、其領内之者并他領之者迄、以来之義は手入糶合等決て仕間敷候。②若心得違之者も有之、外々ニて掃除仕来り候者之場所え手入糶り候ハヽ、其村役人方え相懸合候得は、村役人より糶り取人相糺、先仕来り人え為相返可申候。且③御屋敷様方ニ寄御由緒有之由ニて、此節御直ニ下掃除被仰付候類、或は町方家主より親類好身之由を申、直相対ニて掃除可為致旨申類数多有之候得共、右之訳ケ合ニても去十一月中願書奉差上候より以来、新ニ下掃除場所引請候者は、糶り取候者同様ニ有之候間、新ニ掃除場所引請申間敷候。若心得違之者も有之、以来外ニ掃除場手入糶り取、新規之場所引請候者は、右其場所先仕来り人え早速為相返、④其上為過怠銭一五貫文宛差出シ可申筈、尤右過怠銭之義は一件入用之内ニ遣可申候。且又⑤先仕来り人と相対ニて引請候分は、新規ニ引請候共差構無之候。依ては⑥是迄仕来り候者共之義は、以来株同前ニ相成候間、掃除場差支無之様可仕候。⑦若御屋敷様方下掃除仕来人、甚不埒之義も有之、下掃除御出入御差留メ被遊候ハヽ、其仕来人之村役人え御通達被成下候得は、早速右村役人より掃除人引替、少も御差支無之様可仕候事。

一、御屋敷様方并町方共、⑧下掃除代金、四拾ヶ年以前延享・寛延年中頃之振合、尤人数百人ニ付、壱ヶ年ニ掃除代金弐両位之振合ニ、御屋敷様方并町方共ニ懸ケ合取極メ可申候。⑨若右之振合ニ掃除代金引下り不申候ハヽ、諸作え仕入候ても引合不申、無余義筋故、在々一統申合、日数廿三十日も下掃除相休可申候。右之内ニも私共存知寄通り、御相談被下候御屋敷様方、并町方共ニ、手順を以下掃除差支無之様可仕候事。

一、御屋敷様方之内御由緒有之、纔之納物等ニて年中下掃除被仰付候類も有之候得共、元直段之不依差別一統高直ニ売捌候故、買入候百姓共儀ハ、取訳ケ困窮ニ追り甚及難渋候。全以是迄ハ在方ニて下掃除渡世仕候者共之内ニは、第一之農業片手業ニて、年中直段甲乙之利徳ニ相拘り候事故、元直段と糶り上候故、売捌方高直ニ御座候得共、以来之儀は、前条之通り四拾ヶ年以前之振合ニ掃除代金引下ケ候得は、右ニ随ひ船積之場所は、⑩川路壱里より五里六里之内売直段相定メ、⑪田方仕入之節、下糞壱艘代金三分位より壱両位迄之直段ニ売捌、麦作仕入之節壱艘代金弐歩弐朱位より三分位迄ニ売捌、其間ニハ壱艘代金弐分位より弐歩弐朱位ニ売捌候様可仕候。勿論⑫陸附之場所も道法之遠近ニ随ひ、⑬金壱歩ニ三駄半より五駄位迄ニ売捌候様、売買致候者共え村役人より申付候得は、元直段も下直ニ相成候上は、右渡世之者共儀も右之直段ニ売捌候ても相応之利徳も有之、買入候百姓方ニても右直段ニ買入候得は、諸作え仕入も行届キ、御当地ニて右之振合ニ相成候ても、左而已難義之筋ニは有之間敷と奉存、尤四拾ヶ年以前は下糞直段高下沙汰等も無之、御当地在々共無事ニ相済来り候ニ付、其節之形を以領々村々取極メ申候間、以来之義は、売買直段如斯ニ相定メ候上は、百姓方ニても右直段より高直ニは買取申間敷候。若心得違之者も有之、右議定ニ溢れ候義有之候得は、弥上大勢之百姓退転之基ニ相成候間、右之趣堅相守可申候事。

前箇条之通り、領々村々一同申合一決仕、議定一札相認メ、領限り村々連印取揃奉差上候処、被為遊御取上ケ被下置候段、誠ニ以広太之御救と大勢之百姓共争て難有仕合奉存候。然ル上は、向後之取締ニ付、領々村々ニても第一御田地相続百姓取続方之義ニ付、右議定文面之趣忘却無様急度相守可申候。為後証奉差上議定証文、仍て如件。

誰支配所

武州何郡何領
何　村
名　主
年　寄
百姓代

年号月日

御奉行所様

前書之通り領々村々一同申合一決仕、議定一札領限り村々連印取揃奉差上候間、⑭何卒御憐愍以右議定一札被為遊御取上、其上江戸町方三年寄中え四拾ヶ年以前延享・寛延年中頃之振合を以、下掃除代金引下ケ候様御達シ被成下、右三年寄中より御当地町々え、右之通り掃除代金引下ケ相対可仕旨、申通候様被為仰渡被下置候様、偏ニ御勘弁之御慈悲奉願上候。幾重ニも右議定文面之趣逸々被為訳聞召、願之通り被為仰付被下置候得は、町方之義は早速取極メ出来仕、御屋敷様方下掃除代金之義も町方准シ引下ケ方之義仕来り候者共より御願申上候ハヽ、掃除代金御引下ケ可被下置と奉存、左候得は、元直段一統引下ケ候得は諸作え仕入も相届キ、自然と諸作実法方も宜、御年貢米永御上納も無恙安堵ニ相成り、其上大勢極貧之百姓共相助り、誠ニ以御救ニ相成候ニ付、議定文面之趣御窺奉申上候間、格別之御勘定を以御一覧被成下、尚又以来取締りニ相成候議定一札之義ニ付、難被為遊御聞済不文言等も有之候ハヽ、其段私共方え被為仰聞被下置候様奉願上候。何分御一覧之上、議定書付御下ケ被成下候得は、右之通り領限り村々議定連印取揃奉差上候間、此段領々惣代共一同為御窺奉願上候。以上。

寛政二戌年二月

御　奉　行　所様

この寛政二年二月の議定（以後、「議定Ⓑ」と表記する）は、第一条が下掃除人の統制に関する条項、第二条が下掃除代の引下げ交渉に関する条項、第三条が下肥売捌価格に関する条項の三か条で構成されている。

まず第一条に関してみてみると、下掃除人の統制について、議定Ⓐでは糶取りが発生した場合の元下掃除人への掃除先差戻し（議定Ⓐ傍線部②が議定Ⓑ傍線部②と対応）と、下掃除人の職務怠慢による下掃除人引替について、元下掃除人と新規下掃除人との話し合いによる引替えのみ認める（議定Ⓐ傍線部③が議定Ⓑ傍線部⑤と対応）という条項が明記されている。加えて議定Ⓑでは、下掃除場所の糶取り禁止（傍線部①）、寛政元年一一月の出訴以降の新規下掃除場所引請の禁止（傍線部③）、糶取行為をおこなった者に対する罰金賦課（傍線部④）、下掃除業務怠慢の禁止（傍線部⑥）、下掃除業務怠慢に伴い下掃除人の引替という事態が生じた場合、その下掃除人が居住する村の村役人への報告と、村役人から新たに下掃除人を紹介する（傍線部⑦）という項目が追加されている。

議定Ⓑが議定Ⓐよりも内容的に充実している点は、惣代を中心にした下掃除人の下掃除場所糶取行為に対する厳しい取締り姿勢がみうけられる一方で、出訴前までに糶取りなどで獲得した取引関係の維持は認めているため、出訴前までに下肥業者に成長していた者にとっては、彼らの経営安定化にも応える内容になっている。また下掃除権の所在について、下掃除人の不都合によって生じる下掃除人引替の場合でも、従来同様下掃除先の意志を認めず、江戸周辺地域が主導して新たに下掃除人を派遣するといった、下掃除先の意志反映を認めない強い意志がみられる。

議定Ⓑの第二条は、下掃除代引下げ交渉に関する条項であるが、議定Ⓐ傍線部①で人数一〇〇人に付、一年一両位を目安にした下掃除代の設定であったが、議定Ⓑでは人数一〇〇人に付、一年二両位（傍線部⑧）と、議定Ⓐで求めていた額の二倍になっており、多少下掃除先に対する妥協がみられる。しかしこうした妥協案を示す一方で、この提示した水準まで引下らない場合は、ストライキをおこなう（傍線部⑨）ことを示唆しており、依然下掃除先に対する断固とした姿勢もみられる。

最後の第三条は、従来までみられなかった下肥売捌価格について言及している。これによると、河川輸送地域では船一艘分の、また陸送地域では荷駄の数（三・五駄〜五駄）に基づく基準価格を設定し（傍線部⑪・⑬）、これを基準にして河川輸送地域・陸送地域とも、江戸からの距離に基づいた販売価格の設定をするよう取り決めている（傍線部⑩・⑫）。

当時の下肥売捌価格は、単純に江戸からの距離、つまり輸送コストを反映した価格設定になっていたようである。これは当時の下肥流通構造が、江戸の下掃除先から下肥を江戸周辺地域へ輸送する間に、存在したであろう問屋や仲買などを介した流通構造より、江戸の下掃除先と下掃除人＝百姓間との単純な取引関係が多かったことを示すものと考えられる。

こうした販売価格に関する規定は、従来まで下掃除に関係する人々を主な対象としてきたこの値下げ運動において、下肥を購入する人々、つまり消費者をも取り込むことにより、一層の組織力の強化を図ろうとした、惣代たちの姿勢のあらわれではないかと思われる。

そして江戸周辺地域は奉行所に対し、この議定の認可を求めるとともに、町方への通達も求めたのである（傍線部⑭）。

さらに続けて翌三月にも議定を作製している（以後、「議定Ⓒ」と表記する）[27]。

〈史料19〉

差上申議定証文之事

近年糞代金高直ニ相成り、諸作物等直段、肥代と引合不申、百姓共困窮之基ニ相成候義ニ有之、延享・寛延年中之振合ニ糞代金引下ケ候得は、夫々ニ准シ畑作物直段ニも響、百姓相続致安ケ、自然と御年貢納方も捗取候道理ニ付、右代金引下候様一統御触流被成下度旨奉願候処、右は相対之義ニ付、御触流之義は不容易筋之旨、御吟味之趣承知得心仕候。此度領々取締申合候規定之趣、左之通り御座候。

一、下掃除代金之義、御屋敷様方之内、先年は廿両位差出候場所、当時金六七拾両ニ相成候も有之、町方之義も、先年立金拾両之場所、当時三四拾両ニ相成候分も有之、亦は御屋敷様方町方共ニ享保年中より之引付代金ニて掃除致、或は御由緒有之無代ニて僅之品物差出シ掃除仕来候儀有之、区々ニ御座候間、右高直ニ相成候場所之分は、延享・寛延年中之振合ヲ目当ニ致、代金引下ケ方之義相対致し候様可取計事。

一、前々より掃除仕来候者有之場所を、他村より糶り落候義決て致間敷、若心得違糶落候者有之候ハヽ、其村役人え懸合、先掃除之者え差戻、其上過怠として銭五貫文、糶落候者より為差出、右銭は一件入用ニ遣払可申事。

一、御屋敷様方御由緒有之旨を以掃除人御引替被成候類、去酉年十月迄之分は其通りニ致置、同十一月中右一件御願申上候より以来、右体之義被仰聞候共御断申上、新規之者引受候儀無之積り、勿論仕来人と相対ニて譲り渡シ等之儀は格別之事。

附、町方も右ニ准シ家主好身有之候共、新規引請候儀は堅致間敷、是又仕来人と相対ニて譲り渡し等之儀は、勝手次第仕候積り之事。

一、掃除之者不調法之筋有之候歟、又は背御意候類有之候節は、其領村役人え御通達被下次第、早速掃除人引替御差支無之様可取計事。
附り、町方迚も右ニ准し候事。
一、御屋敷様方之内、御由緒有之聊之納物等ニて被下置候分、亦は代金余計差出高直ニ当り候分も、売買直段は無差別高直ニ取引致来候処、以来は船路遠近ニ随ひ、田方仕入之節糞壱艘代金三分より壱両位迄、麦作仕入之節同壱艘弐分弐朱より三分位、其間ニは壱艘代金弐分より弐分弐朱位ニ売捌、陸附分も道法り遠近随ひ、金壱歩ニ付三駄半より五駄半位迄売捌候様可致事。
一、右申合之趣ヲ以御屋敷方并町方共相対可仕候。尤御屋敷様方は格別、町方掃除代金は家主所得ニ相抱り候趣相聞、相対も御屋敷様方よりは六ヶ敷候得共、若シ何ケ度も相懸合、対談相調候様可仕候。町方家主共我意申強、対談相調兼候場所之義も有之候ハヽ、一統申合、日数二三十日も掃除相休可申候。勿論諸向共ニ手順ヲ以下掃除差支候様成儀決て致間敷事。
右之条々領々村々一同申合一決仕候ニ付、領限り村々連印仕、一札差上申処相違無御座候。全旧冬奉願候以来、度々受御吟味御威光ヲ以廿三ヶ領五百四拾壱ヶ村一統申談行届キ、前書之通り議定証文差上候段難有奉存候。然ル上は、右議定之趣永年無違失急度相守可申候。若作法ヲ乱候者有之候ハヽ、其時ニ随ひ厳重ニ取計可申候。依て差上申規定証文如件。

年号月日

誰代官所
誰知行所
何国何郡何領

何村　誰
　　　誰

前条之通、領々村々一同申合相決、以来為取締り、領限り村々規定帳面連印取揃奉差上度候間、何卒格別之御慈悲を以右規定一札被為遊御取上、其上江戸町三年寄中え右之趣被為仰聞、右三年寄中より江戸町々え相達候様、偏ニ御勘弁之御慈悲奉願候。何分右願之通り御聞済被成下候得は、御年貢御上納も捗取、其上数万之百姓共相助り候儀ニ付、前条之趣御窺奉申上候。以上。

戌三月　　　　　　惣代連印
　　　　　　　　　前々之通り

右之通り相認メ差上候処、岡本庄蔵様御受取被置候。

この議定は六か条からなり、その内容も議定Ⓑとほぼ同じである。しかし一部内容が変更された条項や削除された条項がある。

一部内容が変更されたのは、下掃除代引下げ交渉に関して明記した第一条の傍線部である。この部分、議定Ⓑでは第二条に明記されており、掃除先の人数に合わせた額での引下げ基準の設定が提案されているが、議定Ⓒでは具体的な人数や引下げ基準などは設定されていない。下掃除先の人数に基づいた下掃除代の設定は、出訴当初からの要求であったが、ずっと認められなかった。そのため下掃除代引下げ要求を認めてもらうため、具体的な引下げ額の明記をやめたと考えられる一方で、拡大した下掃除代値下げ願賛同への動きを考慮して、流通構造が異なる江戸周辺地域全体の要望を満たすために、あえて具体的な引下げ額を設定せず、下掃除に関して問題が起きていなかったとされる時代の延享・寛延期を漠然とした基準にすることによって、それに対処しようとしたのではないか。

また議定Ⓒでは、議定Ⓑの第一条・傍線部⑥が削除されている。ここには従来まで下掃除をやってきた場所は株同様という表記がある。これは第三章であげた町方からの要望を示す〈史料15〉の中に、下掃除権が江戸周辺地域内での株式同様になる事に対して懸念している記事があり、これに対応したものと思われる。

以上、議定Ⓐから議定Ⓒまでをみてきたわけであるが、共通している点は、まず江戸周辺地域内に対しては、下掃除場所の躍取禁止をはじめとした躍取行為に対する厳しい規制や問題発生時には議定に賛同した地域全体で事に当たるといった、強固な団結姿勢が一貫してみられる。こうして下掃除人たちの下掃除先との契約の現状維持を目指す一方で、下掃除人同士の話し合いによる下掃除場所獲得の認可や事実上出訴前までの下掃除場所獲得を認めるなど、一部下掃除場所獲得のための例外を認めたため、下掃除場所を獲得しようとする者（下肥業者）の要望にも応える内容となっている。

さらに当初下掃除人と下掃除場所を対象にしていた議定が、議定ⒷⒸにおいて初めて販売価格に関し具体的な規定を盛り込んだ点は、下肥を購入している消費者を値下げ運動に参加させることにより、江戸周辺地域内のより強固な協力体制を構築しようとした惣代たちの意志がみてとれる。

そして惣代達の基本姿勢は「下掃除に関する諸権利そのものを在方で独占掌握し、元値段から売捌値段の設定を含む、下肥の仕入－流通にいたる全過程を、在方百姓の自主的な統制下におき、これによって下肥価格の引下げを企図したものであった。[28]」ことがわかる。

第五章　町方家主との下掃除代値下げ交渉

寛政二年一二月、この問題が勘定奉行から町奉行へ移管されるにあたり、町奉行所から江戸周辺地域と町方家主に対し、以下のような通達が出された。(29)

〈史料20〉

寛政二戌年十二月十七日

筑後守殿御白洲ニて年番名主百姓惣代之者え御尋之覚書

伊奈右近将監支配所

武州東葛西領惣代

金町村

名主　勘　蔵

外ニ三拾壱ヶ領

惣代　拾　九　人

惣町中年番名主

壱組壱人ツ、

〆弐拾弐人

右今日一同筑後守様御白洲え被召出、下掃除代金引下ケ之義、右百姓惣代共え御尋之上、年番名主共えも御尋ニ付、直段引下ケ之義は掃除人「家主」相対之義ニ候得共、以来掃除人自由ニ引替候義不相成様罷成候ては、手狭ニ相成差支可申と奉存候旨申上候得は、作物ニも拘り候義は一統ニ拘り候事ニ付、此所え得と致勘弁、①名主共より銘々家主共え得と申聞、何れニも熟談致可然、否取調書付差出候様被仰渡候跡ニて、御年番安藤源助殿、北御番所藤田助十郎殿、御勘定方小出大助殿御立合ニて、猶又②百姓共え得と熟談致候様被仰渡候得は、早々家主共方え対談ニ相廻り可申旨、百姓共申上候得は、勝手次第可致旨被仰渡、年番名主共ニも右之趣相心得候様被仰渡候。右之趣御支配町々家主え被仰聞、③熟談之否は来正月晦日迄弥兵衛方え可被遣候。以上。

戌十二月十九日　　　　　　　　　　　　　年番

この通達によって、江戸周辺地域の下掃除人と町方家主との交渉が承認され（傍線部①②）、その結果を報告するよう命じられた（傍線部③）。この通達によってようやく下掃除代の引下げ交渉がはじまる。江戸周辺地域では交渉にあたり、以下のような規定を作成し、これに基づいて交渉に臨もうとした[30]。

〈史料21〉

近年糞代金高直ニ付、大勢之百姓難儀仕候間、御当地近在武蔵・下総両国合三拾七ヶ領、村数千拾六ヶ村一同仕、惣百姓為取続之下掃除引下ケ方之儀、右領之惣代を以、去酉ノ十一月中願書奉差上候処、惣代共度々被為召出、委ク御糺明之上、当五月中被為仰渡候は、最早願筋吟味は荒増被為聞召届ケ候ニ付、惣代共帰村致、御下知を可待請旨被為、惣代共一同難有奉畏、御下知奉待上候処、其後一向御沙汰無之、押付掃除代金取極之時節に相成り候ニ付、右惣代共江戸宿え寄合相談之上、先月晦日御掛り久世丹後守様え御窺書奉差上候処、右書付被為遊御取上ケ、惣代共江戸宿控被仰付候。然ル所当月十五日朝六ツ時ニ、江戸宿伊勢久兵衛被為召出、被仰渡候は、下掃除代金引下ケ方願一件惣代共、不残明後十七日町御奉行池田筑後守様方え可召

連旨被仰渡候ニ付、当日朝五ツ時、願惣代弐拾壱人町御奉行所様え罷出候処、御当地年番名主弐拾壱人、番外名主壱人一同於御前ニ、一通り願之趣被為遊御吟味、右願筋は相対もの之事故、惣代共より下掃除引請人え委細申聞、心得違無之様家主方え可及対談旨被仰渡、御当地年番名主え被仰渡候は、肥下直ニ相成候得は、米穀は勿論、諸前栽・菜・大根迄も響候事ニ付、町家之者共渡世致安ク相成り候ニ儀ニ付、此段相弁、家主共え申達シ、在方下掃除引受人と対談仕候様被仰渡、則年番名主と惣代共於腰懸ケ所ニ懸合候処、今十八日より廿三日迄日数六日之内、江戸中家主方え右対談之趣可申聞旨ニ付、此上下掃除引請人共心得違ニて、家主え我意不法之儀申懸ケ候ては、対談も不相調、殊ニ御慈悲御趣意相背間、下掃除代金高直故、百姓渡世引合不申難渋之趣相歎キ、直段引下ケ方熟談可仕候事。

一、下掃除引請人、御当地家主中え掃除代金引下ケ方懸合之義、延享・寛延年中引付代金目当ニ致対談可仕候。若シ対談調兼候迚家主え対シ我意不法之儀有之候は、第一御願之妨ニ相成候ニ付、其者壱人之損益ニ拘り、数万之百姓難儀筋ニ不相成様可致候事。

一、先達て議定仕候通り、御当地家主方より追々増合致、在方大勢之百姓難儀も不相弁、利徳而已ニて糶り上ケ候類、又は延享・寛延年中引付代金之通りニて掃除仕来候場所も有之、区々ニ候得共、此度引下ケ方対談之義は、寛延年中引付代金之儘ニて、掃除仕来候場所之分は其通り致置、其外増金致候場所之分計り寛延年中之引付代金を目当ニ致対談可仕旨、是又承知得心仕候事。

一、御当地御屋敷様方・町方共、下掃除致方之儀、去酉ノ十月迄之分は格別、御願申上候より以来之義は、外々ニて下掃除仕来候場所え手入糶り取り候義決て仕間敷旨、願領々村々議定一札為取替候処、在方も大勢之事故心得違之者も有之、不得止事糶合候場所数多有之、其村々之儀は甚不取り〆候ニて、外領外村崩之基ニ相成候事故、其者は急度可申立候得共、此節江戸町懸合最中、右体之儀を出訴致候は、在方一統之不取極メニ相当り、差上置候議定文面ニ不相宛候ニ付、追て御吟味相済候上は、右糶り取候分不残引戻相願候旨被申聞、是又一統承知致候。依ては議定之通り急度相用可申候事。

右之趣願三拾七ヶ領一同申合候間、領限り村々名主白身寄合、得と小前行渡り候様可致候。然ル上は、来ル廿三日より来正月廿日迄之内、家主旨懸合不調者有之候ハヽ、如何之訳ケニ候哉否之義、其村々名主より其領内惣代え可申達候。呉々も家主え対し不調法之懸合不仕、願相立候様小前一統相慎可申候。右申合之趣壱人別ニ被申合、受印御取置可被成候。以上。

寛政二戌年十二月

武蔵下総両国三拾七ヶ領
惣　代　共　印

第一条では、下掃除代引下げの目安として、延享・寛延年中の額を基準にして交渉をおこなうよう取り決める。よって自分勝手な交渉をおこなうことを堅く禁止している。

第二条では、各下掃除人達が延享・寛延年中の額を基準にして、これより高い契約先とのみ引下げ交渉をおこない、延享・寛延年中の水準の場合はそのまま据え置くとしている。つまり各下掃除人の勝手な値下げ交渉を認めず、江戸周辺地域が一律の契約額を獲得しようとするものであり、これによって江戸周辺地域内における下掃除代の均等化と、さらなる団結の強化を図ろうとしたと思われる。

第三条では、値下げ交渉とは関係なく、従来と同様議定に基づいた下掃除と下掃除場所の糶取り禁止を再度確認している。

またさらに次のような規定も作成されている。(31)

〈史料22〉

江戸表掃除代金高直ニ付、直段引下ケ御願之儀、此度町御奉行所様御掛りニ相成、去ル十七日ニ江戸町年番名主衆立合ニて、於御前ニ御吟味之上、下掃除代金高直ニ相成候儀は、在方之者共相対を以糶り上候事ニ付、引下ケ之儀も家主共と懸合、相対調候ハヽ、其段申上、御吟味可奉請勿論、江戸町名共より家主共え懸合之義申達シ置、惣代共よりは下掃除引請人え可申通旨被仰渡、尤御屋敷様之義如何致候哉之旨御尋ニ付、御屋敷様之義は、町方取〆りニ随ひ御勘弁之御願申上候積り相心得居候段申上候。右ニ付、来ル廿四日より来正月十日迄、左之趣ニ懸合、家主得心不得心共、村毎ニ書付を以正月十五日限り其領々惣代え御申越可被成候。

一、諸肥シ物近年高直ニ相成り、別て下掃除之義当時高直ニて、百姓方諸作難取続難儀ニ候間、寛延年中之直段ニ引下ケ申度御願申上候処、町御奉行所様より、家主え懸合否可申上旨被仰渡候間、右之時節之直段ニ引下ケ被下候様家主え可相願勿論、引請人計りニては行届キ申間敷候間、事馴候者差添可被遣候。此度之懸合之儀は、殊之外心遣ニ候間、何分右之通り御取計可被成候事。

一、寛延年中之振合之荒増、人数百人ニ付壱ヶ年金弐両位、壱荷ニ付銭三拾弐文位相場之儀は、振合違も有之候ニ付、当時直段半分ニ引下ケ候ても、右年来ニ可当事。

一、家主え懸合之節、実々難取続趣申之、不法我意等決て不申争、熟談調不調之様子は其村々名主え可申達候事。

一札之事

一、当地小前下掃除人何百拾人之内、寛延年中之振合ニ直段引下ケ、何拾人は懸合相調、残り何拾人は熟談相調不申候間、依之右之段申達候。以上。

右之通り御認メ、来ル正月十五日迄御届ケ可被成候。右書付を以町御奉行様え御答申上、御吟味奉請取候間、御延引被成間敷候。以上。

亥正月

何村
名主誰

前書之趣逸々承知致候。依之名主・年寄・百姓代連印致置処如件。

戌十二月

願惣代

第一条の下掃除代引下げの目安として、寛延年中の額を基準にすることは議定Ⓒと同様であるが、交渉に際し下掃除人本人だけでなく、交渉に馴れた人物の付き添いをつける（傍線部）との文言が新たに加えられた。この交渉付添人については、交渉事に馴れていない下掃除人も下掃除代の引下げを勝ち取ることができるようにという意図が感じられる一方で、下掃除人に勝手な引下げ交渉をさせないという監視員的な役割もあったと思われる(32)。第二条では、寛延年中の額の具体的数字を提示している。この数字は議定Ⓑで要求していた額と同じである。第三条では、無理な値下げ交渉はせず、交渉が不調な場合は村役人へ報告するよう取り決めている。

以上、〈史料21・22〉をみてみると、基本的に下掃除代の値下げ交渉は、下掃除人と町方家主それぞれとの個別交渉の形態をとっているが、実際の値下げ交渉には江戸周辺地域全体が一致団結してこれにあたる姿勢をみせており、そのため個々の下掃除人たちによる勝手な主張および判断によって値下げ交渉をすすめることは厳しく禁止している。

こうして値下げ交渉は始まり、その結果が各地から報告された。現在この交渉結果が確認できているのは、江戸西郊地域の武蔵国豊島郡角筈村（現在の東京都新宿区内）・同国多摩郡押立村（現在の東京都府中市内）と、

【表6】寛政3年正月　角筈村下掃除人の下肥汲取り状況

下掃除人名	下掃除先		下掃除代			汲取り量	汲取り開始年
	町名	家主名	両	分	朱	(1年あたり、単位：荷)	
次郎左衛門	飯田町	善兵衛	8			312	4年前
七郎左衛門	四谷片町	五兵衛		3	2	36	7年前
甚右衛門	麹町6丁目	十助	1	1		60	5年前
茂右衛門	四谷忍町	吉五郎		3		30	15年前
金左衛門	市谷七軒町	勘右衛門				48	10年前
勘十郎	麹町1丁目	小兵衛	1	1	2	60	20年前
小右衛門	成子町	勘五郎		3		48	3年前
仁右衛門	成子町	市右衛門	1			36	3年前
太右衛門		見予宇八		1		20	20年前
銀右衛門		坂春達	1		2	40	13年前

〈出典〉「寛政三年正月下掃除直段引下ケ方小前帳」（「渡辺家文書」P3）より作成

江戸北郊地域の同国新座郡下新倉村（現在の埼玉県和光市内）の事例である（【表6】・【表7】・【表8】）。

この三か村における下掃除人の分布状況をみると、各村に数人の下掃除人が存在していたことがわかる。この表に基づき、まず下掃除代の価格差をみてみたい（【表9】）。まず江戸から一番近く、陸送地域である角筈村の場合、金一朱で得られる下肥の量は、いくつか例外はあるが大体二～三荷である。同じく陸送地域で、江戸からの距離が七里余の押立村の場合も、いくつかの例外を除き、角筈村とは距離的に大きな差があるにもかかわらず、量的な差が少ない。一方河川輸送可能地域に位置し江戸からの距離が四里半余の下新倉村の場合は、五～六荷位が多くみられる。しかし少ない者は二～三荷余と、先の二か村と同じくらいの量であるが、多い者では一五荷となっており、下掃除人によって金一朱で得られる下肥の量には大きな差が生じている。

陸送地域では人馬という輸送手段の限界により、多くの下肥を獲得しても、輸送コストがかかるため、下肥販売のメリットが少ないと考えられる。そのため下掃除先をめぐる争いも少なく、その結果が金一朱あたりの下肥量にさほどの差がみられなかった点にあらわれている。

しかし下肥の輸送手段が舟運である下新倉村では、下肥の大量輸送が

【表7】寛政３年２月　押立村下掃除人の下肥汲取り状況

下掃除人名	下掃除先		下掃除代				汲取り量
	町名	家主名	両	分	朱	銭	（１年あたり、単位：荷）
次郎右衛門	鮫橋	藤五郎		2		500	36
安右衛門	麹町13丁目	定右衛門	2	2	2		96
茂右衛門	四谷裏箪笥町	平吉		3			72
長蔵	四谷大木戸	六右衛門	1				30
善蔵	四谷伝馬町３丁目	才兵衛	1	2			72
長右衛門	麹町11丁目	茂兵衛	4				192

〈出典〉「下掃除直段引下ケ方対談書上ケ帳」（『府中市の近世民政資料集』）より作成

【表8】寛政３年２月　下新倉村下掃除人の下肥汲取り状況

下掃除人名	下掃除先		下掃除代				代納物	汲取り量
	町名	家主名	両	分	朱	銭		(1年あたり、単位:荷)
半平	通新石町	吉右衛門	2					192
平四郎	本郷菊坂田町	長八				1800		24
	本郷丸山菊坂町	由兵衛		1	2			36
	本郷丸山菊坂町	与四郎		1		800		36
孫市	下谷大門町	小兵衛		3	2			72
	福井町	茂兵衛		2				120
	本郷5丁目	小左衛門	1	3				144
伝八	下谷御数奇屋町	幸助		3	2			96
	本銀町4丁目	太七	2					192
幾右衛門	本銀町4丁目	嘉七		3				94
源左衛門	本銀町4丁目	市兵衛	1	1				120
市十郎	本郷元町3丁目	吉右衛門		1	2		大根100本	48
嘉右衛門	本郷春木町3丁目	清助		1			大根300本	60
金右衛門		清蔵				3600		60
惣五郎	本郷4丁目	藤兵衛	2					120
勝五郎	神田皆川町1丁目	七兵衛	1	2	2			140
勘兵衛	明神下御台町	上州屋市五郎	1					120
五兵衛	明神下旅籠丁2丁目	上州屋市左衛門		3				96
定右衛門	明神下御台町	吉右衛門		2				48
藤助	明神下聖堂	佐七	1					84
藤左衛門	下谷長者町	平七		3				60
		善兵衛		3				72
武左衛門	下谷長者町	勘右衛門	1	1				96
八右衛門	駒込片町上組	伊右衛門		3	2			38
七左衛門	吉川町	七兵衛	2					120

〈出典〉『和光市史』資料編二「寛政三年二月　下新倉村下掃除対談掛合書上帳」より作成

【表9】金１朱で得られる下肥の量

村名	下掃除人	荷数
角筈村	次郎左衛門	2.4
	七郎左衛門	2.6
	甚右衛門	3
	茂右衛門	2.5
	金左衛門	2.7
	勘十郎	2.7
	小右衛門	4
	仁右衛門	2.3
	太右衛門	5
	銀右衛門	2.2
押立村	次郎右衛門	4.5＋@
	安右衛門	2.3
	茂右衛門	6
	長蔵	1.9
	善蔵	3
	長右衛門	3
下新倉村	半平	6
	平四郎	6
		9＋@
	孫市	8.6
		15
		5.5
	伝八	6.8
		6
	幾右衛門	7.8
	源左衛門	6
	市十郎	6＋@
	嘉右衛門	15＋@
	金右衛門	
	惣五郎	3.8
	勝五郎	5.4
	勘兵衛	3.8
	五兵衛	8
	定右衛門	6
	藤助	5.3
	藤左衛門	5
		6
	武左衛門	4.8
	八右衛門	2.7
	七左衛門	3.8

〈出典〉【表6〜8】より作成
※@は下掃除代に銭貨を含む事例を示す

可能なため、下掃除人によっては下掃除先を多く獲得し、それを商売とする者も誕生していた。つまり下新倉村では、一口に下掃除人といっても、その性質は大きく異なっていたのである。

次に彼ら下掃除人は村内においてどのような階層の人々であったのか。押立村・下新倉村について、それを知るための史料が残されておらず、下掃除人たちの階層を知ることはできない。しかし角筈村の場合はそれを知ることができる。

【表10】・【表11】は角筈村の階層と下掃除人の持高を示したものである。これをみると、持高一〇石以上の比較的経営が安定していたと思われる家の中に下掃除人がみられる一方で、持高一〇石未満の経営規模が小さい者

【表10】角筈村の階層

持高	人数	下掃除人
20石以上	2	
20石未満～10石以上	15	4
10石未満～5石以上	17	2
5石未満～1石以上	31	3
1石未満	2	1
合計	67	10

〈出典〉「寛政二年四月高割帳」（『渡辺家文書』第四巻）より作成

【表11】下掃除人の持高

名前		持高					
		石	斗	升	合	勺	才
百姓代	小右衛門	12	9	5	9	7	
	銀右衛門	11	1	6	4		
	七郎左衛門	10	8	7	6	6	5
	次郎左衛門	10	3	2	7	6	7
	太右衛門	9	5	6	6	7	
	甚右衛門	6	1	4	9	1	
	金左衛門	4					
	仁右衛門	3	6	8	6	6	7
	勘十郎	2	7	2	9	7	
	茂右衛門		6		4	5	9

〈出典〉「寛政二年四月高割帳」（『渡辺家文書』第四巻）より作成

の中にも下掃除人がみられ、階層における差はみられない。従来から通常経営規模が大きい村役人クラスの家が下掃除権を所有している場合が多いと考えられてきたが、角筈村の場合は百姓代の次郎左衛門が下掃除人である以外、他の村役人は下掃除人ではない。つまりこの時期の江戸西郊地域の下掃除人は、家の経営規模に関係なく、下掃除に参入できたわけである。

　次にこの三か村の交渉結果についてみる。まず角筈村では下掃除先一〇か所の内、町方家主すべてが値下げに応じたら値下げ交渉に応じるとした家主が七人、値下げに応じない者が二人、元々延享年中の値段であるとする家主が一人という状況であった。押立村の場合は、下掃除先六か所の内、町方家主すべてが値下げ

【表12】下掃除代値下げ交渉結果の変遷

交渉結果内容		寛政3年2月		寛政3年10月		寛政4年閏2月	
		人数	割合	人数	割合	人数	割合
①	下掃除代値下げ交渉に応じた家主	7973	40%	14304	72%	9537	49%
②	下掃除代値下げ交渉中の家主	1141	6%				
③	元々下掃除代が下値で交渉を断った家主	868	4%	3909	20%	6392	33%
④	下掃除代の値下げを申入れ、代金を払わず内金で請負わせている家主	887	4%				
⑤	家主に下掃除権がなく、地主が下掃除権を所有している家主	212	1%	112	1%	93	1%未満
⑥	下掃除代値下げ交渉を持ちかけられていない家主	8186	40%				
⑦	従来までの額で下掃除代を納められている家主	69	1%未満				
⑧	親類に無償で汲取らせている家主や自家菜園に使用している家主	1048	5%	1369	7%	2115	11%
⑨	下掃除人を交代させた家主	112	1%未満				
⑩	振り買いの下掃除人に売り渡している家主	86	1%未満	138	1%	1171	6%
⑪	空き地で下掃除人がいない家主	33	1%未満	40	1%未満		

〈出典〉『東京市史稿』産業篇第35・38より作成

に応じたら値下げ交渉に応じるとした家主が五人、現状維持の家主が一人。下新倉村の場合は、下掃除先二五か所の内、半数以上の一三か所で、すでに値下げをおこなっているか、今回の交渉で値下げに応じている。その他は交渉の席にはつくものの、他の家主たちが値下げに応じていない状況を踏まえて、現状維持にとどまり、値下げを勝ち取るまでには至っていない。

このように各地から値下げ交渉の結果が報告される中、町方から交渉結果について報告された。この報告は、寛政三年二月・同年一〇月・同四年閏二月と計三回なされた。それをまとめたのが、【表12】である。

これをみると、まず寛政三年二月

の報告では、惣家主数二〇一一五人の内、交渉に応じて値下げをした家主が七九七三人と約四〇パーセントであり、その他交渉中や元々下値の家主など含めて、何らかの交渉を持ったと考えられる家主は、一一〇八一人で約五五パーセントであった。その他の家主はどうしたのであろうか。約四〇パーセントの家主は交渉すら持ちかけられておらず、現状維持の家主や無代で親類に提供している家主で占められている。この最初の交渉では、値下げに成功したのは約四割に留まる一方で、交渉をおこなわず現状を受け入れている下掃除人も同程度存在したことがわかり、下掃除代の値下げを目的に結集した江戸周辺地域内でも、温度差があったことがわかる。

この交渉状況が同年一〇月の段階でどう変わるのであろうか。この時は前回の交渉とは異なり、交渉中や未交渉といったケースはなく、すべての家主と下掃除人が交渉を持ち、その結果が判明した。値下げをした家主は、一四三〇四人にのぼり、惣家主数の約七二パーセントとなり、その数は大幅に上昇し、値下げ交渉は一応の成功をみた。一方で下掃除代下値にともない現状維持する家主は、八六八人から三九〇九人に、親類などへ無代で汲取らせている家主も一〇四八人から一三六九人と、ともに上昇している。この交渉結果をみる限り、この値下げ交渉は成功したかに思える。

しかし寛政四年閏二月の交渉状況をみるとどうであろうか。値下げに応じた家主は一四三〇四人から九五三七人へと減少し、惣家主数の約四九パーセントと約半分になっている。また元々下掃除代下値を理由に値下げがなされなかった家主は三九〇九人から六三九二人（約三三パーセント）へと増加し、親類などへ無代で汲取らせている家主も一三六九人から二一一五人へと増加している。

これは何を示すのか。考えられるのは、下掃除人に対して実際にはそれほど下値ではないにもかかわらず、契約関係の継続および解約を示唆して、結果報告上は下掃除人同意の上、下掃除代下値のため現状維持と報告する家主がいたのではないかということである。また親類などに無代で汲取らせている家主が増加しているのも同じようなことが考えられる。

これまで取替わした議定の中に、例外として認められている武家方では誼の者を通じて、町方では親類縁者を通じての下掃除場所獲得を許可する条項があったが、実際にはこの条項を糴取行為にあたる場合でも、名目上議定に違反しないことを示す方便として利用していたのではないかと考えられる。つまり実際には、町方家主に下掃除人引替の自由があるため、下掃除を請負う立場にあり、町方家主より弱い立場の下掃除人たちは、契約先である町方家主の主張をある程度容認しなければならないという背景が根底にあり、その結果先の二回の交渉により、増加するはずがない③⑧の家主が増加するという結果をもたらした。そのため最終的に、下掃除代の値下げに応じたのは惣家主の約半分となり、必ずしもその要求を江戸周辺地域全体が達成できたわけではなかったことがわかる。

第六章　町奉行所の裁許と値下げ運動の成果

こうした江戸周辺地域と町方家主との値下げ交渉の結果を受けた後、寛政四年六月に町奉行所から以下のような裁許状が出される。(33)

〈史料23〉

「寛政四子年六月十六日」

御役所手形帳と読合置

武蔵下総両国外
合千拾六ヶ村惣代
武州東葛西領
金町村名主
勘　蔵
外　弐　拾　人

此もの共儀、江戸屋敷并町方共下掃除代金追々高直ニ相成、自ら作物直段えも響、村々困窮之基ニ相成候故を以、代金引下ケ方御触流し之儀、去ル酉年中久保田佐渡守御勘定奉行之節願出、其後諸色懸奉行え受取相糺処、延享寛延年中之掃除代を目当ニ引下之儀、夫々可及対談候得共、段々手広之事故一通りニては取締難行届、百姓共申合之規定取極証文差出置、右之趣を以可致対談旨申之、尤規定之趣町々被申渡有之候様致し度段申立、掃除代之儀は相対之事ニ候得共、諸作物えも響キ候品ニ有之、前栽物等下直ニも相成上ハ、町人共暮方之為メニも相成道理ニ付、肥直段引下方之儀可成丈掃除人共と致相対候様町方え申渡置候処、町中惣家守人数凡壱万九千三百八人之内、九千五百三拾七人是迄下掃除代金壱ヶ年分金銀銭極之分合弐万五千三百九拾八両余之内金三千六百拾九両余、今般直下ケ相対熟談致し候由、其余は前々より下直又は下肥親類等或はふり掃除人え差遣候も有之、此分直下ケ之不及沙汰、并①掃除人不埒等有之取替候砌、村方え相断候等之儀は手重ニて迷惑之旨、町方より申立候間、其趣其方共え申聞候処、直下ケ之儀ニ付申分無之難有旨申之、掃除人引替候節は何分江戸宿迄相断候様致し度、左候得は其方共え早速相通し無差支様可取計旨申立候ニ付、猶又町方え右之趣を以相尋候処、右は孰ニも手重之次第ニ相成、迷惑之旨一同達て申立、一体相対之儀ニ候儘、強て申付候筋ニも無之、此儀は是迄之通相心得、勝手次第掃除人引替候様申渡間、右之節村役人えは不相断筈ニ候。且又②規定証文差出置度旨難申立候と、右は武家町方えも相障趣も有之ニ付、役所え右証文差出置候儀は難聞届、依之差出候右証文案は差戻し候。併下肥直段之儀は田畑えも響候儀故、願之趣を以、一旦御世話も有之直段引下対談相調事ニも有之間、以来等閑ニ不致耕作永続之儀第一ニ相心得、③掃除人共代金相増互ニ場所糴取候等之儀は致間敷旨、如何様ニも百姓共方ニて申合、規定取極村役人等之連印も致し置候様可仕候。若違乱之族も有之、則其趣を以願出候節、規定之趣道理ニ当候ニおゐては、其節仲ケ間申合相背候段之及裁許候儀は勿論之事ニ候。尤④江戸内下掃除家業之者有之候得は、百姓共之障ニも相成ニ付、右は以来差止メ、当年中余業ニ相替候様申渡間其旨可存。

右之趣村々下掃除人共え不洩様可申通旨被仰渡奉畏、尤規定証文案御差戻被成奉受取候。仍如件。

子六月十六日

元伊奈右近将監支配所
武州東葛西領
金町村名主
勘蔵
外二拾壱《ママ》人

年番名主
室町
助右衛門

外　二　拾　壱　人

此もの共儀、武州東葛西領外三拾弐ヶ領惣代金町村勘蔵外二拾人之者共、近年下掃除直段高直ニ相成、自ら作物直段ニも響、村々困窮之基ニ相成趣を以、町々右直段引下ケ之儀願出処、掃除代之儀は元相対之事ニは候得共、高直ニ候得は作物えも相響、且近在前栽物等下直ニも有之上は、町人共之暮方之為メニも相成事ニ候間、可成丈惣家守共掃除人共と直段引下ケ之儀致相対候様可申付旨申渡置処、町中惣家守人数凡壱万九千三百八人之内九千五百三拾七人、是迄下掃除代金壱ヶ年分金銀銭極之分合弐万五千三百九拾八両余之内、金三千六百拾九両余今般直下ケ相対致熟談、其余は前々より下直又は下肥親類等え差遣、或はふり掃除人え申付候も有之、右之方直下ケ之不及沙汰、且又惣代之者願之趣、以来掃除人不埒等有之引替候節、村役人え相断候儀は手重成儀ニて迷惑之由一同申立候旨申出、此義は是迄之通相心得掃除人引替候共、村役人等え相断候ニは不及候。直下之儀は致熟談願人惣代之者も申分無之旨申之上は、以来若掃除人共之内一場所糶合直上ケ等之儀申込候もの有之共、今般御世話も有之、直下ケ熟談相調候事故、此上無謂肥代引上ケ申間敷段、惣家主共え可申渡候。

右之通被仰渡奉畏候。仍如件。

子六月十六日

室町名主
助　右　衛　門印
外　二　拾　壱　人

まず町奉行所は江戸周辺地域に対し、この地域が要求していた四点について申渡している。まず一点目は下掃除人の引替えに関して、町方家主主導ではなく、その旨を江戸宿へ報告してもらい、それによって下掃除に関係する村役人が主導して引替をおこないたいという要求は、町方家主らが手続きの煩雑性と元々下掃除に関する問題は当事者同士の話し合いによって解決するべきであるという理由から、従来通り下掃除引替権は町方家主にあるとし、その要求は認められなかった（傍線部①）。

二点目の議定の公認化であるが、武家方・町方に対し議定に賛同する旨を示した請証文提出の義務化は困難との判断から、これも認められなかった（傍線部②）。

しかし三点目の下掃除場所の糶取禁止規定については、江戸周辺地域内で相談し、取り決めても構わないとし、もし糶取りが発生し、その規定に反する行為があった場合は、裁許の際に道理の範囲内で判断するとしている（傍線部③）。つまり江戸を含めた議定の公認化を勝ち取ることは出来なかったが、江戸周辺地域内での効力はある程度認められたことになる。

最後に江戸に居住する町方下掃除人の処遇については、彼らの活動が百姓達の迷惑になるとし、以後営業を差し止め、商売替えすることとしている（傍線部④）。耕作地を持たないため、自家消費の必要がない町方下掃除人は、完全な転売目的で下肥を獲得している。この点が町奉行所に下肥の商品的価値の促進や下肥値段の高騰をもたらす存在として認識されたためである。この町方下掃除人の排除により、江戸周辺地域が当初から意図していた江戸周辺地域主導による下肥流通の完全掌握が認められたことになり、この点については江戸周辺地域の主張が認められた。

一方町方に対しては、江戸周辺地域に申渡したのと同様、従来通り下掃除人引替権の保持を認めるとともに、下掃除人が糶上げを申し込んできた際には、容易に応じないよう命じている。

この申渡しでは、江戸周辺地域が要求していた下掃除人引替権の獲得や議定の公認化などについては認められず、不満が残る結果であったかもしれない。しかし下肥の商業化を促す町方下掃除人を営業停止に追い込み、[34]江戸周辺地域主導による下肥取引の体制が認められた点については、一定の評価をしていたのではないか。

しかしこのような裁許が町奉行所から下され、問題が解決したかのように思われるが、この裁許状および議定[35]への印形を拒否する村々が現れた。以下がそれを示す史料である。[36]

〈史料24〉

乍恐以書付奉申上候

東葛西領金町村名主勘蔵外両人より、西葛西領新田亀戸村年寄清右衛門え相懸り候出入一件、引合之者被召出候ニ付、双方江戸宿立入内済掛合候処、左之通。

差上申済口証文之事

下掃除直下ケ御願惣代之内、東葛西領金町村名主勘蔵外弐人より西葛西領新田亀戸村年寄清右衛門え相懸り訴上候は、当六月十六日池田筑後守様於御奉行所下掃除代金直下ケ一件御裁許被仰渡候。右御趣意ニ随ひ領々惣代共申合、規定文面相認メ、議定帳面え村毎ニ印形取揃候筈対談仕候処、清右衛門持場村々印形不仕候ニ付、其段同人相手取御訴訟申上、御差紙頂戴相附候処、当日罷出御答奉申上候は、清右衛門儀惣代ニ御座候得は、聊等閑ニ致候筋は無御座、村々印形不仕難義之趣申立候ニ付、則村々被召出御吟味御座候処、江戸宿立入熟談内済仕候訳ケ、左ニ奉申上候。

一、右規定之趣於御奉行所御裁許被仰渡候御趣意ニ随ひ規定仕候ニ付、西葛西領新田迚も同様連印致候上は、訴訟方ニて御願筋無御座候。尤外掃除場所糶取り引請候者有之候ハヽ、其村役人立入、早速為相返可申定ニて双方無申分出入内済仕、然ル上は右一件ニ付重て御願筋毛頭無御座候。為後証之連印済口証文奉差上候処、如件。

ここでは東葛西領の惣代である金町村名主勘蔵が、西葛西領新田組の惣代である亀戸村年寄清右衛門に対し、持ち場の村々から印形が提出されていないことについて出訴し、印形を提出することで内済している。

〈史料25〉(37)

乍恐以書付奉申上候

行徳領市川新田繁右衛門奉申上候。下掃除代金直下ケ之儀、去ル酉年中奉願上候処、江戸町方下掃除代金直下ケ対談相調、当六月十六日池田筑後守様於御奉行所御裁許被仰渡、右之御趣意ニ随ひ向後為取締り規定相認メ、惣代共印形為取替、惣代自分持場村々名主年寄百姓代連印取揃候筈対談仕候処、①私持場村々之義は掃除致候者纔々ニて、多分舟肥買入之場所故右規定文言え書加え申度義有之由申之、規定連印延引ニ及候処、此度願方惣代より私を相手取り御差紙頂戴奉驚入、早速罷出、右之始末願方惣代え懸合候処、②先達て惣代共一同規定為取替、最早領々村々連印も大方取揃候義ニ候得は、今更規定文言難相直旨申之、尤至極ニ付、猶又帰村仕、其段村々え得と申聞、来ル廿日迄規定取揃申度段、願方三人之者共え相掛合候処一同承知ニ付、何卒来ル廿日迄御日延被成下候様奉願上候。若此上ニも右連印難渋仕候村方も有之候ハヽ、其節御願可奉申上候。右之趣御聞済被成下候様双方一同連印を以奉願上候。以上。

寛政四子年九月十四日

また下総国行徳領の村々でも同様の事態が起きており、議定に印形しない理由として、この地域は下掃除人がわずかしかおらず、多くの者が下肥を肥船から購入しており、議定に追加したい文言があるため、印形を先延ばしている（傍線部①）とある。惣代としては、すでに大部分の村々が連印してしまったため、いまさら議定に文言を追加することはできないとしている（傍線部②）。以下がその内済証文である[38]。

〈史料26〉

差上申済口証文之事

下掃除直下ケ惣代之内、東葛西領金町村名主勘蔵外両人より、行徳領惣代市川新田名主繁右衛門え相懸り訴上候は、下掃除直下ケ一件当六月十六日御裁許被仰渡、右御趣意ニ随ひ惣代共申合、以来取締り規定証文仕、村毎印形取揃候処、右繁右衛門持場連印相済不申候ニ付、其段御訴訟奉申上御差紙頂戴相附候処、御吟味以前江戸宿立入内済仕候訳ケ左ニ奉申上候。

一、扱人立入双方得と相糺候処、相手繁右衛門ニては、右規定之義は兼て領内惣代ニ去ル戊年より相立得心仕罷在候得共、右領内村々之内掃除人僅ニて、買入候者共計多ク有之候ニ付、重て掃除人取締り之文面書加え度段申之候村々も有之候間、印形取揃不申旨申之、且又訴訟方ニては領々村毎ニ名主年寄百姓代三判取揃、右之趣掃除人えも相達候上は、則領々為取替候規定文言ニて宜敷旨申之、勿論三拾七ヶ領村数千拾六ヶ村之内最早九百ヶ村余印形も相済候得は、持場村々此節如何様ニ申候共、別段ニ文言等書入候儀難相成旨ニ付、繁右衛門義も惣代之義ニ付、其段持場村々え申聞連印取揃候上は、双方無申分出入内済仕、偏ニ御威光と難有仕合ニ奉存候。然ル上は右一件ニ付重て双方より御願ヶ間敷義無御座候。為後日連印之済口証文差上申所、仍て如件。

右訴訟人共奉申上候下掃除代直下ケ御願一件、当六月十六日池田筑後守様於ニ御奉行所ニ御裁許被仰渡、尤耕作永続之義第一ニ相心得、以来不致等閑ニ、掃除人共互ニ場所糶取候等之義は致間敷旨、百姓方ニて如何様ニも申合、規定取極メ、村役人等之連印致置候様可仕旨被仰渡奉畏、早速惣代共右御趣意随ひ申合規定文

面相認メ、惣代共印形為取替、右議定帳面え銘々持場村々印形取揃候ニ付、西葛西領新田惣代亀戸村清右衛門義も、自分持場村々印形取揃可申と三十四ヶ村之内八ヶ村は印形致候処、残り弐拾六ヶ村之義は種々談合申聞候得共印形不仕候。勿論右村々之義は、別て御当地近辺ニて、右体難渋申候ては一統取〆り之基り相成、私共一同奉恐入候間、不得止事、今般不奉顧恐をも御訴訟奉申上候間、何卒御勘弁之御慈悲を以、右廿六ヶ村之村役人共被為召出、御吟味之上三十七ヶ領一同規定印形致候様被為仰付被下置候様奉願上候。幾重ニも右願之趣被為遊御聞済、願之通被為仰付被下置候得は、大勢困窮之百姓共相助り難有仕合ニ奉存候。以上。

寛政四子年十月

菅沼安十郎御代官所
武州西葛西領新田惣代
亀戸村年寄
訴訟人　清右衛門印
大貫次右衛門御代官所
同州品川領惣代
居木橋村名主
同　庄左衛門印
三河口太忠御代官所
同州東葛西領惣代
金町村名主
同　勘蔵印

御奉行　所様

前書之通御願申上候間、何卒御慈悲を以御添翰被成下奉願上候。以上。

子十月

品川領居木橋村
名主　庄左衛門

大貫治右衛門様
御役所

ここでは、〈史料25〉ではわからなかった追加文言について少し言及している。その追加文言は下掃除人取締りのための文言（傍線部）とある。この地域は先の〈史料25〉でもあったように、下肥の多くを肥船から購入しており、消費者が多い地域である。そのため販売価格の高騰を抑制するような文言の追加を希望していたのではないか。いずれにしても江戸周辺地域全体の要望を満たす一方で、下肥流通の統制・掌握を目的として作成された議定は、最も下肥の商品化が進んでいた地域においては、不十分なものとして認識されていたのである。

以上みてきたように裁許状および議定に印形をしなかったのは、いずれも舟運が発達し、下肥利用が多かったとされる江戸東郊地域の中でも、江戸にごく近い地域であった。残念ながら行徳領の村々がどのような文言を追加したかったのかは、史料が残されておらず不明である。しかしながらこの文面にもあるように、この地域は自ら下肥を汲み取り、利用していたのではなく、下肥を購入していた地域である。つまり今までみてきた議定は、江戸周辺地域に存在する下肥を汲み取る下掃除人の立場を、下掃除先である江戸の武家方・町方から守るとともに、下掃除人達自身を律する内容であるが、消費者である百姓たちの要望が必ずしも反映されたものではなかったのではないか。つまり消費者が一番求める、良質なものをより安く手に入れたいという要望を反映した、例えば下肥の販売価格の高騰を抑えるような文言を追加したかったのではないかとも思われるが、これは推測でしかない。いずれにしても流通構造の違いという枠組みを越え、下掃除代引下げという目的の下、大規模な団結をした江戸周辺地域であったが、下掃除人と下掃除先が一対一の単純な取引関係にあり、下掃除人と下肥消費者が同一であるという構造から、下肥の汲み取りをせず、購入するのみという完全な消費者が誕生していた地域も存在していたというのが寛政期の状況だったのである。

おわりに

以上、寛政期の下肥値下げ運動についてみてきたが、以下のようなことがわかった。大規模団結運動と広く知られるこの運動であるが、江戸周辺地域は下掃除代引下げという同じような要求を持ちながら、当初は各地域個別の運動であった。この背景には江戸からの距離や舟運・陸送といった輸送手段の違いから生じる流通構造の違いがあると思われる。しかし奉行所が下掃除代高騰の要因を下掃除人同士の下掃除場所糶取行為にあると断定してから、江戸周辺地域は下掃除代引下げという大きな目標のために団結し始める。

そして流通構造による違いによって生じる要求の違いを埋め、強固な団結を構築するために議定は作成され、たびたび改編された。その内容は自主規制を目的とした下掃除場所の糶取防止策としてさまざまな条項が明記される一方で、例外条項も明記されており、完全なものとはいえなかった。また江戸周辺地域内の規制だけでなく、下掃除先に対する規制も盛り込まれていた。

こうした議定によって自主取締りをおこない、強固な団結を手に入れた江戸周辺地域は、なかなか要求が認められない中、下掃除代引き下げの対象を町方家主に絞り、下掃除代引き下げ交渉を求めると共に、町方も議定に賛同させ、議定に基づいた下肥取引体制の下に組み込もうとした。つまり江戸周辺地域は在地主導による下肥流通構造の構築を目指したのである。これに対し町方は主に下掃除人引替権の保持を主張して反発し、両者の話し合いは平行線をたどった。

そんな中、町奉行所は本来両者相対によって解決すべき問題であるが、諸物価引き下げ令との関係もあり、両者に対し下掃除代引き下げ交渉をおこなうことを命じている。これによって江戸周辺地域では下掃除代引き下げ交渉のためのマニュアルを作成し、これに基づいて交渉をおこなうことを約束するなど、極めて組織的におこなわれた。そのかいもあって一度は多くの下掃除人が下掃除代引き下げに達成する。しかし再び契約交渉がおこなわれる時期になると、下掃除代引き下げに応じる町方家主は減少したため、必ずしもこの交渉は成功したとはいえない。

これに対し町奉行所は下掃除代引き下げ以外に江戸周辺地域が求めていた議定の公認化や下掃除人引替権の所在、町方下掃除人の営業停止などについて裁許をおこなうが、町方下掃除人の営業停止は認められるが、そのほかについては認められなかった。しかし議定については江戸周辺地域内での有効性を認められたため、以後も議定は下肥取引の基本的なルールとして遵守されることになる。

しかしこの議定は江戸周辺地域対町方という構図の下に作成されたため、下肥を下掃除人から購入している地域にとっては不完全なものであった。通常下肥は百姓が下掃除人として江戸へ出かけて汲み取り自家消費するか、余剰分を販売する程度と考えられていた。下肥は液体のため、大量の下肥を輸送できない陸送地域である江戸西郊・南郊地域はほぼ全員がこのような流通形態をとっていたと考えられる。しかし舟運によって大量輸送が可能な江戸東郊・北郊地域では、百姓＝下掃除人という者も多くいる一方で、多くの下掃除場所を獲得し、下掃除人や船持・船頭を雇い下肥を販売する業者も存在していた。議定は下掃除人の自主規制を計る一方で、例外条項を設けたり、下肥販売価格に関する規制が弱いため、〈史料24～26〉に示した下肥を購入している地域にとって、効果的とは捉えられず、議定印形拒否といった状況を招いたのであった。

そのため以後も下肥の商品化といった問題を背景にして問題が発生し、天保・弘化期の下肥値下げ願へと続くのである。

註

（1）「江戸周辺農村における肥料値下げ運動」（『関東近世史研究』7　一九七五年）
（2）前掲註（1）に同じ
（3）「江戸の下肥値下げ運動と領々惣代」（『史学雑誌』94－4　一九八五年）
（4）『東京市史稿』産業篇　第三十三　四四四～四四八頁
（5）伊藤好一「江戸周辺における肥料市場の展開」一二四～一二五頁（津田秀夫編『近世国家の展開』塙書房　一九八〇年）。渡辺善次郎『都市と農村の間―都市近郊農業史論―』論創社　一九八三年　三〇〇頁
（6）前掲註（4）四四八～四五一頁。同様の史料が『横浜市港北区勝田・関恒三郎氏所蔵資料』1－8にもある。
（7）前掲註（4）四五一～四五二頁
（8）『神奈川県史』資料編7　近世（4）二九八～二九九頁
（9）前掲註（4）四五五～四五七頁
（10）『横浜市港北区勝田・関恒三郎氏所蔵資料』1－8

(11)　前掲註（10）に同じ
(12)　渡辺善次郎『都市と農村の間―都市近郊農業史論―』論創社　一九八三年　三一二頁
(13)　前掲註（10）に同じ
(14)　『東京市史稿』産業篇　第三十四　二四四～二四五頁
(15)　前掲註（14）二四七頁
(16)　前掲註（14）二四六～二四七頁
(17)　前掲註（14）二四八～二四九頁
(18)　前掲註（14）二四九～二五一頁
(19)　前掲註（14）二五三～二五五頁
(20)　前掲註（14）二五一～二五三頁
(21)　前掲註（14）二三四～二三七頁
(22)　前掲註（14）三六〇～三六三頁
(23)　前掲註（14）四四六～四四七頁
(24)　前掲註（4）四五三～四五四頁。この他にも、前掲註（10）や『和光市史』史料編二　近世　五五二～五五四頁に同様の史料がみられる。
(25)　前掲註（4）四五四～四五五頁
(26)　前掲註（14）二四〇～二四四頁
(27)　前掲註（14）二三七～二四〇頁。なお『新宿区史』史料編　一二三～一二四頁にも同様の史料あり。
(28)　前掲註（3）六六頁
(29)　『東京市史稿』産業篇　第三十五　二一〇～二一一頁

（30）前掲註（29）二一一～二一三頁

（31）前掲註（29）二一八～二二〇頁

（32）各下掃除人の勝手な交渉を許さないという態度は〈史料21〉の第二条で、一律の契約額を求めている動きと呼応している。

（33）『東京市史稿』産業篇　第三十八　一九四～一九七頁

（34）江戸に居住し、江戸の町事情に詳しい町方下掃除人は、これによって姿を消したわけではなく、彼らの存在は天保・弘化期に再び問題化する。

（35）寛政四年六月の議定については議定Ⓐ Ⓑの条項を所捨選択したものである。詳細については、拙稿「近世後期江戸周辺地域における下肥流通の変容」（『専修史学』第三八号）内第二章参照。

（36）前掲註（33）五〇七～五〇八頁

（37）前掲註（33）五〇八～五〇九頁

（38）前掲註（33）五〇九～五一一頁

※なお引用史料内の「□」は虫損、「■」判読不能を示す

羽州村山郡における「天保飢饉」

宮﨑　裕希

はじめに

飽食の時代と呼ばれて久しい昨今、どれだけの現代人が「飢饉」という状態を認識することができようか。例えば、マス・メディアを介しながら、海外の飢饉状態を映像として捉え、想像することは可能である。しかし、我が国においては、生死を彷徨う程の問題とはなっていない状態が長年続いており、それを実体験として捉えることは難しい。

日本は、一見食糧の供給バランスが保たれて何不自由ない下で生活しているように思えるが、しかし自給率を見ると大変低いということを認識しなければならない。つまり、日本は輸入頼みであり、またその海外依存率も年々高めている。この現象は、「現代日本において飢饉は発生しない」という神話の如き話を信じ、安心しきっているのではないかと一抹の不安を隠せない。

平成五年（一九九三）に、日本では長雨・冷夏から、米を中心として軒並み農作物が凶作となった。特に深刻であったのは、もともと日本で自給可能である主食の米が大凶作となったことである。当時は、タイやアメリカという海外からの一時的な緊急輸入増でその場をしのいだが、この出来事は日本国中を騒がしめ、日本の食糧事情問題に一石を投じた「事件」と言うべきものであった。しかし、今となってはどれほどの日本人がこの事件を覚えているのであろうか。

そこで本論では、近世後期に発生した「天保飢饉」をとりあげる。「天保飢饉」は近世に発生した大飢饉の一つであり、近世における最後の大飢饉と位置づけられた。それを、東北地方のある地域の記録を分析し、「天保飢饉」の実態に迫り、検証する。

近世における飢饉の研究史を紐解くと、実証的な研究対象となるのは、一九三〇年代に入ってからである(1)。凶作・飢饉対策の観点から、阿刀田令造氏や小野武夫氏、西村真琴氏、吉川一郎氏によって、全国的な近世飢饉史料集が刊行されたのは周知の通りである。

一九五〇年代から七〇年代にかけて、高橋梵仙氏や森嘉兵衛氏、荒川秀俊氏の研究が発表された。高橋・森両氏は東北地方に焦点を当て、各時期に発生した飢饉をより詳しく考察している。また、荒川氏は気象学者であったため、史料から科学データを作成し、飢饉を座標的に捉えた。これにより、当時の生活状態のみならず、環境状態の復元が可能となった。特に荒川氏の研究は、今までの飢饉研究の転換を示したものであったといえよう。

一九九〇年代以降、近年では菊池勇夫氏の研究成果が著しい。以前のような飢饉そのものを捉えるだけでなく、その方法を継承しつつも、主に飢饉時における「祈祷」や「施行」、「村の制裁」、「山谷河海の活用」、「疾病の流行」という諸事象の視点から飢饉の考察を行っている(2)。いずれも、飢饉が発生したことによって「何が起こったか」「何が変化したか」を、様々な視点から精力的に実証したものである。

また飢饉史は、その発生要因が複合的であることから、歴史学のみならず地理学からの研究がある。それは歴史学と方法論が異なり、主に自然的要因からのアプローチといえよう。日記に記載されている毎日の天候記述を蓄積・分析することで気候復元が試みられた。そこから、江戸時代は寒冷な時期＝「小氷期」であったということがあきらかとなった。この成果から例えば、前島郁雄氏は、江戸時代には三回の氷期と二回の間氷期が代わる代わる起こっていたことを報告した(3)。また、谷治正孝・三澤明子両氏は、天保飢饉前後の気候を系統的に分析し、長雨・冷夏を伴った異常気象と凶作の関連性を述べ、小氷期の氷期に位置する天保飢饉の発生要因を論じた(4)。この点に関して、歴史学側からの飢饉研究はまだまだ十分とは言えない。

しかし近年では、これら地理学からの成果を歴史学でも積極的に評価する動きが見られる。塚本学氏の著書では、ほとんど歴史学ではとりあげられなかった当時の自然環境の視点を組み入れ、「十八世紀末から地球規模の寒冷期に入ったことを、背景に考えるのはまちがいでないだろう」と述べている(5)。つまり、飢饉研究をおこなうにあたって、歴史学と地理学のそれぞれの要素を結びつけることが必要なのではないかと考える。本論では、小氷期に位置していた近世の中から「天保飢饉」をとりあげ、両方の視点を用いながら考察を加えていきたい。

村山郡における「天保飢饉」像

本章では、先ず羽州村山郡（現在の山形県村山地方）の飢饉に関する一つの史料を紹介し、記載内容の分析をおこなう。それは、天保三年（一八三二）に幕府領東根陣屋附村々が提出した、夫食拝借及び御救石代の「願上」である(6)。この史料は、村山郡のみの範囲ではあるが、従来の天保飢饉研究にはない、全く新しい視点を用いた検討を要する記載内容であると気付くことができよう。まずは、その「願上」の前半部分を考察したい。史料引用が長くなるがご了承願いたい。

「乍恐以書付御慈悲奉願上候」（傍線は筆者：以下同）

羽州村山郡私共郡中村々当辰田方春中ゟ不順気ニ而、苗草育方不宜上悉虫付ニ相成、弱葉茎短ニ候故植付日取差延少茂苗丈相伸候分より撰立漸植付候処、五月中ゟ打続雨天曇勝ニ而冷気強快晴ハ更ニ無之、生育第一之土用中ニ至リ日々之曇リ又者雨天冷気益強一向元殖無之、而已ならず草色黄立ニ相成候故如何成凶作ニ可相成哉と一統打驚、神仏江祈願を込相歎罷在候処、土用明後七月中旬ニ至リ快晴之上残暑強相成田面追々立直リ候体一同悦罷在候内、僅ニ三四日之快晴ニ而同月下旬より猶又雨天続冷気次第ニ強山寄沢間又者冷水掛リ之場所ハ穂相孕候迄ニ而出穂無之、漸彼岸近ニ至リ出穂相成候間、悉皆青立粃ニ而実入無之耕地中央之田方ハ是又不熟青立粃勝ニ而実入少く、去ル文政八酉年ニ准じ候凶作、百姓一統沈悲嘆ニ、定免村々ハ破免御検見入奉願上候処御慈悲を以先般御検見被成下置候間一同難有奉存、追々苅取ニ取掛リ候得共皆青立ニ而刈立難相成候故当日凌之夫食而已刈取其余ハ少茂為実法候上刈取可申と差延置候内厳霜ニ打れ稲頭打掛リ候ニ驚刈取候処、素より虫付弱葉之苗草極小元植付一向元殖無之ニ付百姓共見込ゟ格外稲束相減じ、且干立時節猶々雨天勝ニ而数日田場畦上ニ立置候間濡苅腐夥敷、併少も干立申度日和見合罷在候内山々嶽々雪降来此上取入延置候得者益損毛相嵩候故濡稲之儘銘々屋敷内江持運快晴相待候得共、日和者稀ニ而雨天続可干立期無御座、無拠其儘取入此節追々米拵ニ取掛リ候処粃打砕而已多く、正米ハ至而少く右正米之分ハ悉水気含ミ米性故御廻米ニ不相成者勿論夫食ニ相用へ候而者搗減炊出減多く、例年之米性ニ見競候得者過半之違ニ有之、全体当国者雪国ニ而秋取入差急候国柄故、当年ニ不限秋刈干立節雨天勝ニ候得者、濡萌腐此上取入御雪下ニ相成候而者悉打砕ニ相成候ニ付干立ニ不拘取入候間、豊作之年柄ニ而茂打砕多分出来過分之損毛ニ相成候ニ付秋苅取干立時節之雨晴ニより半作之違と申伝来リ候処、当秋打続候雨天不熟之上数日濡腐候儘取入候間御検見済刈取後之損毛夥敷此分見積候得者、去ル酉之凶作より者一段難渋相増、其上重ニ夫食ニ相用へ候麦作之儀者去卯之秋生立不宜上当春雪消払相後れ候故歟多分枯失至而元薄く、実入時節雨天勝ニ而黒穂腐穂多く聊之取入ニ相成、且又御年貢金夫食買代其外年中暮方ニ引当候畑方第一之紅花迚も生立時節旱続其後雨天勝故、立枯多く而已ならず油子虫と唱へ候虫夥敷相生候間、種々手入相育候得共、蕾ニ掛リ候節快晴無之故英至而小く夏土用ニ差掛リ候而茂咲揃不申、日後れニ相聞候分追々摘取候処例年之五分通も不摘取、加之近年無之極下直ニ而百姓手取金格外相減、煙草作之儀も植付後雨天続茎而已伸立極小葉ニ相育候上追々雨腐朽葉干付葉而已ニ而無難之葉ハ無之、殊ニ干立時節晴天無之葉色青黄相変し或者嵐等相当リ、大小豆之分者畑ゟ取揚候迄ニ而雨天勝故干立相成兼追々蒔腐出来、左候迚其儘打立俵入ニ仕候ハハ悉蒸腐ニも可相成、旁以不一方難渋至極ニ奉存候。

天保年間の大凶作・飢饉は、それ以前に起こった天明飢饉にも劣らない深刻な打撃を東北諸国の各地域に与えた事は、すでに従来の研究で明らかになっている。村山郡においても、史料記載の通り、東北地方特有の冷害を伴った凶作にみまわれていたことがわかる。

天保三年の状況は、要約すると「天保三年の村山郡中村々の田は、春から天候が不順であったのと虫が付いたため、苗の出来が弱かった。ようやく植えつけが終了したが、五月中より雨が打ち続いて曇りがちで冷気が強く、快晴の日は無かった。土用になっても曇や雨で、さらに冷気が強く、植物の草なども変色し凶作になるのではないかと不安となり、神仏へ祈願したところ、土用明け後、七月中旬になって快晴となり、残暑が強くなって、田も次第に立ち直って皆喜んでいた。しかし、僅か三、四日の快晴で七月下旬には再び雨天が続き、次第に冷気が強くなり、穂は孕んでも出穂はなく、彼岸近くになりやっと出穂したが、皆青立で実入れが無く、不熟青立ちで実入れが少ない場所もあった。これは去る文政八年に準ずる凶作である」という状況であった。

ここまでの解釈なら、従来から言われている「通説」の天保飢饉となるであろう。しかし、最後の「去ル文政八酉年ニ准じ候凶作」の一文に注目したい。すなわち、天保飢饉が発生する以前の文政八年（一八二五）に、村山郡では天保三年に準ずる凶作が発生していたのである。しかも、従来のような天保三年の凶作を始まりとするのではなく、この「願上」は、天保三年の凶作の前段階として文政八年の凶作を位置づけている。この事は、管見する限りではあるが、これ程明確に各地方自治体史や研究論文等では指摘が無く、唯一『天童市史』で紹介されており、注目に値する。(7)

天保飢饉前後の自然災害

それでは実際、「天保飢饉前後の気象を主とする自然状態はどのようなものであったのか」ということを知っておく必要がある。本論を論じる前に、おおまかな流れをつかんでおきたい。

有史以降、山形県内で発生した自然災害を各々の文献から網羅的に集め、まとめ上げたものとして、山形地方気象台が編集した『山形県災異年表』(8)がある。これは、自然災害に対する予防や軽減のために何を為すべきかという行政側の問題関心から、その一つの解決方法として、過去の災害と気象の実態を把握する必要性があるとのことから刊行されたものである。本書で取り上げている時期は、すでに六世紀後半から年表が始まり、現代まで続いている。また内容としては、先に述べた理由から自然災害や異常気象の記述が主となっている。さらに近世

表１：山形県における文化～天保期の自然災害出現表

	大雨	洪水	霖雨	暴風・大風	冷気・気候不順	旱魃・大暑	虫害	噴火	大雪
文化元	×	×					○		
〃二						▽			
〃三	×	×							×
〃四			×						
〃五	△	△					△		
〃六									
〃七									
〃八	○	○	○		○				×
〃九	○▽	▽				○			
〃一○			□						
〃一一									
〃一二									
〃一三		○		○		○			
〃一四			×						
文政元						○▽			
〃二						○			
〃三			○		○			蔵王山	
〃四		×					○		
〃五	○△	○△					○		
〃六		×				×			
〃七	○○▽	○○▽		○○					
〃八			○		○				
〃九									
〃一○	△○	△○							
〃一一	△	△	○			○	○		
〃一二		○							
天保元	▽○○	▽○○	▽		○		□▽○		
〃二	○	○○		○	×			蔵王山	
〃三	○	○	○	△	○	×			
〃四	△□	○△□▽	○□	○×	○□				
〃五									
〃六		○		○	○				□
〃七			○	△	○▽				
〃八		△	×		×				
〃九			○□		○□	○			
〃一○	△□	△□					○△		
〃一一		△			○	□			
〃一二			○×		□	○□▽	○□		○
〃一三	○								

出典：『山形県災異年表』
凡例〔発生箇所〕：○＝村山　△庄内　□＝最上　▽＝置賜　×＝地域不明

中期以降になると、自然災害や異常現象の他に、稲の作柄等、農作物についても記されている。これらを参考にして作成したのが先の表である。

本論文では、天保飢饉前後を考察対象としているので、今回は文化・文政・天保の約四〇年間をピックアップし、「表1」として提示した。表の見方としては、各自然災害の項目が横に並び、山形県内に位置する各地方をそれぞれの凡例で、どの年にどのような自然災害が発生したのかを区別した。また、同じ記号がある場合は、その年に時間を空けて複数回同じ事象の災害が発生したことを意味している。

この表から先ずわかることは、それほど旱魃や大暑が発生していない。つまり、気温の「暑さ」に対する自然災害に関しては、それほど問題とならなかったという事であろう。逆に、「大雨」・「洪水」・「霖雨」という降水に関してはその自然災害発生率が高く、特に文政中期以降、天保初期になると頻出していたことがわかる。つまり、雨に関する自然災害の猛威にさらされた時期であったと類推することが可能である。

また、史料の残存状況の多少という問題を抱えてはいるが、山形県内の四つの地方の中で、特に村山地方の災害発生数が多いことが明らかである。

それでは次に、その村山地方（当時は村山郡）に位置する村の史料を用いて、さらに当時の状況を詳しく見ていきたい。

村山郡における天保飢饉への経過

前述した当時の自然状態をふまえた上で、村山郡のおける天保飢饉を、当時の村山郡の状況が確認できる、郡内でも詳細かつ情報量や質に勝る村山郡谷地の「大町念仏講帳」を主に用いて、天保飢饉へと至る時間経過を分析したい(9)。また、近世中期以降、危機的状況時においてしばしば村山郡で結ばれた「郡中議定」とも照らし合わせて、その実態をあきらかにしていきたい(10)。

文政十三年、すなわち天保元年（一八三〇）は、春から天候が不順で田方の苗不足となり、「土用中雨天続」の状態が続いた。土用後には「暑強ク」なり安心したが、のちに「田方一円虫附」となり「黒穂粗かち」となってしまった。また五月二十日から洪水となり、特に「同廿七日より廿八日」には大洪水が発生した。これら自然災害の影響から田方は「違作」となり、夫食確保のために「不作ニ付御検見」を願いでたり、「酒造方ハ新酒濁酒、有株無株、当時皆差留」というように酒造禁止の措置がとられた。郡中関係では、東根会所が七月二十五日付で「去丑非常置籾御払願并穀留等願書差上」を願うために、急廻状をだしている。九月には、東根役所より「酒造人共新穀酒造皆差留寒造之義も追々及沙汰迄半石相減候様相心得、尤無株之酒造者寒造之義も皆差留」という「申渡」があった。さらに十月に入ると、村山郡一統において議定が結ばれた。その内容は、「米穀他郡出ニ御差留可願上事」や「酒造之儀者三分一造」というように、主に天候不順による不作から夫食不足が生じたために、その確保を目指すものであったといえよう。

天保二年（一八三一）は、「春中より順気甚夕よろしく、田方ハ七分、畑方ハ八分通位」であった。また、「五月廿八日より大雨」や「七月十八日東山出水」、「七月下旬大風」が発生したが、「場所ニより少々相障」があったものの「格別之障りも無御座候」という状態であった。このように、自然災害からの被害はほとんどなかったが、「去寅之大凶作」で米穀が高騰し、「春中より夏迄、壱俵ニ付金弐歩位迄」となった。その影響で「東山内春中騒立」ったため、廻米の内五分を「御救石代納」として願い上げ認められた。また、この年も十月に郡中議定が結ばれた。内容は前年通り夫食確保のためとなっており、新しいところでは畑地において菜種作を止め、夫食となる麦を作る事を仰せ触れられている。

天保三年（一八三二）は「春より不順気」で、それにより畑方の麦作は不作となり、田方も「田作ハ虫附ニ而、夏中より油三四度うち候得共、凶作」という「田畑不作」となった。その影響もあり、念仏契約講が差し留めとなり「振舞」が休みとなった。十一月七日には東根附郡中村々が、①非常御囲米並に夫食御拝借②不熟御救石代③小物成を御救直段での上納④夫食拝借返納の延期、などを願い上げている。また、このすぐ後の十一月十四日には、「違作ニ付酒造寒造之儀者皆差留」という夫食確保の廻状が出ているが、これは夫食不足や凶作の年に出される一般的な夫食確保策であるといえよう。

天保四年（一八三三）は、村山郡の内外に関わらず、生命確保や生活維持のために「何をすべきか」という事を常に考えさせられる、試練の年であったといえる。天候をみてみると、春中は順気であったのが「三四月頃ハ冷気強」となり、植えるための苗が育たずに無かった。また、最上や庄内でも苗が不足し、そのため「壱わ三文位」で売買されていた。五月中は天気が良く、「麦作近年ニなき満作」であった。しかし、米が高値であったため満作であった麦もその影響を受け、値段が引き下がらなかった。その後も「五月廿五日より雨降出し、弥々冷気強く、土用中綿入着シ、帷子ハ七月中旬迄之内、二三日より外着致候日ハ無御座候」というように、不順な天気が続いた。また、「六月廿三日より又々雨降出シ、廿五日ニ至り益々強ク」なり、「廿六日昼前より最上川大洪水ニ而、川筋通り之田畑作物押流」され、流死や家屋・諸道具が押し流されてしまった。この六月の洪水のため、「清水辺ハ田畑共ニ押流、食物ニ相成候物一切無之、わらび餅計リ朝夕共喰候由ニ御座候」となり、谷地近辺でも「松皮牛房葉餅、其外粥其外悪喰ニ御座候」というように、生命維持のために凶荒時における「かてもの」で食いつなげる状態に陥っていた。その後も洪水があり、例えば「東根附・尾花沢附ニ而四千石余、柴橋・寒河江附ニ而千弐百石余」の川欠損地が生まれてたことからも、その被害を推し量ることができよう。このような中で「七月上旬より八月廿日頃迄出穂」したが雨続きにて「悉ク症穂計リ」となっており、九月二日に検見を済ませたが稲は青立で、結局不作の年となった。

このように、自然災害が続いて発生し、凶作となると当然、夫食確保に奔走する事となる。まず十月には、酒造新酒濁酒造り及び他国他郡出入りの禁止がなされた。それに加え十一月の郡中議定では、「村山郡一統困窮之小前」に対する夫食買入の値段を、平均直段である「米壱俵代金三分三朱」にて村々融通し、これより引き上がらないよう取締を願い上げている。この背景には、「五月三日夜、当村八幡宮之鐘を突騒立」や「山寺東山より徒党人出候而、清池・高擶ニ押寄、家二軒打こわし」という、不穏な動きがあった事が影響していると考えられる。

また「大町念仏講帳」には、村山郡のみならず「一　凶作ハ江戸辺より仙台・南部・津軽・出羽、上作ハ越前・肥後・肥前之様子相聞不申候、越後ハ七分位之風聞ニ御座候」(11)というように、全国の作柄が記されている。特に越後の作柄状態が詳しい事からわかるように、村内・郡内という範囲に限らず、情報網を最大限駆使して全国的な範囲で生命維持のために夫食を集め、確保するという「必死さ」がそこから伺われる。

天保五年（一八三四）は、前年の大凶作の影響が続いている。天候をみてみると、「当春順気能御座候」であったが、「去巳之不熟籾蒔附候」のため「苗草元殖なく、大キ不足」した状態であった。その後は「極々照強キ候年柄故、田方ハ順気能」く天候が推移し、「豊作ニ相成可申筈」であった。しかし、前年の凶作のため、「悪喰之上、着物薄ク寒気引込候故哉、去暮より疫癘流行、（中略）照続之上節々雷ニ而順気能御座候間、実入ハ何ケ年ニも無之程之儀故、手入行届キこやし入候田ハ豊作ニ候得共、夫ハ拾ケ一も無之程之儀、実ニ残念之事ニ候」というような、自然的要因ではなく、人々の心身疲労により作柄が不良となった。いわば、人為的要因が色濃くでた凶作であったといえよう。このような状況であったため、前年に続き再び夫食確保に奔走することとなった。

代官の大貫次右衛門は前年秋より、山形藩の秋元氏へ城附籾を夫食としたい旨を相談したところ下知が済み、「正月十五日より山形江籾御請取」に成功した。「大町念仏講帳」によると、その内容は「東根郡中江米千五百廿九石壱斗、外御下ヶ金郡中村々より差出金、郡中才覚金石代種籾代御下ケ、何れも五ヶ年賦返納」というものであった(12)。また、村山郡中でも酒田湊へ二月二十一日に弥之助を、同月二十五日には「東根附より天童青柳吉右衛門、尾花沢附よりハ、柴橋弥左衛門・鈴木五郎兵衛」を派遣し、「肥前・肥後入津米」を買い入れさせた。また弥之助は、さらに新潟まで足をのばし、買い付けに成功している(13)。

天保六年（一八三五）は、天候不順により不作であった。「当春順気能、苗代相応ニ生立植付」たが「六月廿六日地震」が発生し、その後も追々地震が起こった。この後も順気はよくなく、土用中は冷気勝で雨天続きとなり、「猶々雨天ニ而出穂不仕」という状況であった。当然の事ながら、この年も「酒造新酒濁酒、皆御差留」によって夫食確保の措置がとられた。

天保七年（一八三六）は、何回目かの天候不順にみまわれた。春より五月までは順気がよかったが、それ以降雨天が続き、または不時の冷気の流入が起こった。東根陣屋では、手代の長谷川久吉を湯殿山へ派遣し、快晴祈念をさせるという手段まで講じた。しかし、田方は違作の趣があり、その影響で米相場は引き上げとなった。六月七月には洪水が発生し、「川通之畑作物一切取入ニ相成不申候」という不作であった。東根役所では、七月三日以降、夫食確保のために数々の「達」を出している。十月には、「米穀類他国出差留」や「新酒濁酒造」の禁止、「盗賊并悪党」対策などを命じている。これを受けて、村山郡においても九項目にもおよぶ郡中議定が結ばれた。

以上が、村山郡における天保飢饉の時間的経過である。このようにみてみると、作物の出来・不出来に関わらず、毎年夫食確保のために手を尽くしている姿が浮かび上がる。

山口村を中心とした村単位での天保飢饉

次に、山口村を中心とした、村山郡における天保飢饉への変遷をみてみる。なお、その根拠となる史料は、『天童市史編集資料』(14)に翻刻されている「伊藤儀左衛門家御用留帳」を用いた。また、明治大学刑事博物館蔵「山口村文書」や村山地方の各市町村史を補足として利用している(15)。

天保元年（一八三〇）は、五月十九日～二十一日・二十五日～二十七日まで大雨が降り、二十七日には大洪水が発生した。また、翌六月十七日にも洪水が発生しており、水害の被害が多い年であった。その影響で、秋になると、米の状態は「大違作」または「凶作」となった。このため村山郡では夫食不足に陥り、米価の高騰を誘発した。そのため、生活維持への騒動などが発生し、七月二日には百姓が騒ぎを起こしているため、企てや徒党がましいことがあれば早急に役所へ届け出るようにとの「達」が出された。また、このような取締だけではなく、村では検見や拝借米の「願」が出されることとなり、九月には酒造の差し留めが、十一月には「酒造三分一造・米穀他郡差留」の夫食確保のための規制がとられた。これら一連の状況から、「天保元年は天保飢饉の前触れのような冷害であった(16)」と指摘する者もいた。

天保二年（一八三一）は、前年の凶作で夫食不足に苦しむ年であった。まず正月に、安石代納の「願」が出された。これは前年の御廻米不足のうち、半分を定められた通りに御蔵出米での買納を、残りの半分は江戸御蔵庭の値段をもって代金上納を行いたいというものである。また同月には、夫食不足による村内における米穀融通の緩和を願い出ている。このような状況の中、天童では米価上昇のため三月五日の夜に騒動が起こりそうな気配があった。この年に起きた大きな自然災害としては、三月十五日には蔵王山が噴火し、六月には天候不順により虫付・疫病の発生、七月十五日・十八日には大洪水が発生している。しかし、このような自然的要因があったにもかかわらず、違作・凶作という状態ではなかった。だが村山郡では、近年、違作が続いているため貯穀が不足しており、人々の間には飢饉が発生するのではなかろうかという不安があったのである。そのため、再び引き起こるかもしれない凶作への対応として、十一月十二日に米穀郡内融通、及び紅花種他国出差留等の郡中議定が結ばれた。

天保三年（一八三二）は、雨勝ちで晴天が少なく、稲元は出たが冷勝ちゆえに実りが悪かった。このため凶作となり、九月に入ると米価高の状態へと推移していった。山口村では、米持主が囲米をしているため、穀屋共も同様に米穀の確保のために買い出しをおこなった影響で、小前共は米の買い調えが出来かね、難渋状態へ陥ってしまった。この対策として、八月に東根役所より村内米穀融通に関する「達」が出ている。また、十一月七日付で東根附郡中村々より東根役所の大貫次右衛門宛ておいて、連年続く不作・凶作からおこっている困窮の現状を事細かく記しながら、夫食拝借・御救石代の「願」がだされた。同月十四日には、東根役所より酒造禁止・米穀他郡出差留の廻状がでている。そして十二月には、山口村では来巳年に夫食の差しさわりが無いようにと、米三〇〇俵の備米を東根役所へ届けている。つまり、村役人による凶作に対する自己防衛がなされていたことがわかる。

各地域における対応をみてみると、大貫代官所では、十一月に追引米（年貢減免額の追加）がおこなわれ、山口村ではこの時に米五〇石が引米され、以前の引きと合わせて二〇〇石五升五合の引米となった[17]。また、上山藩でも十一月末に計一〇〇〇俵の手当米を町村へ下した[18]。引き続き翌年にも救済が施され、正月に大貫代官所では、廻米分を割いて村々へ夫食米を貸与した。これは三月朔日から八月三日までの一五〇日分を貸与し、その返済を天保四年から同八年までの五ヶ年賦としたものであった。また上山藩では、三月に再び七〇〇俵の手当米を郷中へ下し、四月には城内囲籾三一二〇俵を無利息三ヶ年賦で郷中へ放出している。このように、村からの要望のみならず、支配側からの救済がなされた年であった。

天保四年（一八三三）は、村山郡のみならず、東北地方を中心とした大飢饉が発生した年である。いわゆる「天保飢饉」である。

前年の天保三年の冬から寒さが続き、同四年になってもその状況に変化はなかった。正月二十日には、春より夏にかけての夫食不足からの飢餓が発生するのは歴然だという認識から、夫食米の拝借がなされた。内容をみると、総人数の約半数に及ぶ人が飢え、夫食米拝借に頼らなければならなかったことがわかる。この史料の詳しい説明は、後の部分で取り上げる。また二月十七日には、夫食確保のためと同時に凶作による流通の停滞という理由から、大小豆の他国出を勝手にするようにとの「達」があった。このような自助努力をおこなっているにもかかわらず、この年も端境期に凶作へと導く自然的要因が発生した。

六月中は雨続で冷気が強かった。六月二十二日から雨が続き、二十五日・二十六日の両日には大雨による影響で大洪水が発生した。村山地方を流れる押切川や乱川にも洪水が発生し、特に最上川は、「宝暦年中以来」といわれるほどの大洪水が発生した。また、八月朔日には暴風が起こり、同じ日には押切川・乱川の再洪水が発生した。もちろん、稲の状態は壊滅的であったと表現できよう。昨年の不熟籾を蒔いたため苗不足となり、冷気強のため生育が悪くその上夥しい程のウンカが発生し、大凶作となった。この状態にたたみかけるかのごとく、大洪水の影響のため、多くの田畑が川欠・石砂置の被害を受けた。しかし、この年の対応は迅速であった。東根役所では、七月十七日付で来春の紅花蒔付を完全禁止（のち、夫食確保の手段のため五分作へ）、同月二十九日には菜種作禁止の「達」をだした。また、八月には山口村他四ヶ村の連名で、破免検見や安石代・種籾代と夫食拝借の「願」が出された(19)。九月には、夫食のみならず諸色の価格高騰から油絞草の他国出の差し留めや、他国出の酒のみならず他国からの入酒の差し留めに関する「達」を東根役所からうけている。また、翌天保五年には、山形藩（秋元氏）より城附籾の貸与をうけ、それを各村へ分け下した。上山藩では、十二月十六日から困窮者に対する施行が始まり、三月晦日まで継続してなされている。また、他の村山郡の支配所を見てみると、柴橋代官所では、代官池田仙九郎の取りはからいにより、庄内の本間家より米二〇〇〇俵、越後より米二〇〇〇俵を借り受け、一人一合の割合で助米し、これにより十二月まで凌ぐこととなった。寒河江代官所では、郡中惣代渡辺思左衛門の会所が中心となり、越後米一一〇〇俵、上山米一〇〇俵を購入し、各村へ分け与えた。

話が前後するが、山口村では天保四年の正月に「巳春夫食米拝借」として米一〇七石四斗を、二石八斗を最高に、記載されている一二七人の困窮百姓の夫食として、東根役所より拝借されている(20)。

天保五年（一八三四）は、正月七日に東根役所から、打ち続く凶作のため村内引き締めの意味も込めて年頭御触が達せられた。また、翌二月には非常囲米見分がなされ、山口村では米五四石五斗、籾にして一〇九石が置米としてあることがわかる。同月十日には、山形藩秋元家から山形城詰籾を拝借されている。これは夫食として、村山郡の山口村の一四二俵を筆頭に、田麦野村・道満村・猪野沢村・沼沢村・関山村・観音寺村・野川村へ五四一俵の籾が渡されている。また、三月にも二度、山口村では籾六〇俵・籾九四俵と山形城詰籾を拝借されている。つまり一ヶ月の間に三度、城詰籾を拝借されなければならないほどの食糧危機が村山郡でおこっていたことになる。このほかにも、三月には「午春急夫食拝借」として「米拾壱石壱斗六升七合」を、五月には「午夏夫食代拝借」として「金六拾六両」、「午種籾代拝借」として「金弐拾弐両三分」、外利金として「六両三分永七拾五文」、合計「九拾五両弐分永七拾五文」が拝借された。[21]また同郡久野本村でも五三名に対し、三月には「米三石六斗七升九合」の夫食を、[22]五月には「永廿壱貫五百文」の夫食代金を五ヶ年賦で、[23]それぞれ東根役所より拝借されている。凶作時には夫食ばかりでなく、あらゆる物価が高騰する。その反動として、三月十三日には三ヶ年間という期限はあるが、大石田川下荷物の運賃が一気に三割増しとなった。経済活動からみても、苦しい状況下にあったことが感じられる。同月二十五日には、東根役所から小前共への夫食として山口村を含め計七ヶ村へ大豆が渡されている。また、この時期になると民間からの施しがなされるようになった。四月二十九日に山口村へ籾が渡されているが、これは久野本村兵右衛門から困窮者への施しとして一〇俵、借用籾として二六俵、計三六俵であった。四月に入ってからも山形城詰籾の拝借は続いており、結局山口村では合計三九九俵二斗九合が渡された。このようにして、正月から四月にかけて、夫食拝借からの夫食確保に奔走する姿が見えてくる。しかし八月になると、酒造人共へ新酒造りを三分一減じるよう東根役所から達しがでている。つまり、夫食確保のための経済統制がはかられていると言えよう。

天保六年（一八三五）は、前年の作柄が例年と比べて自然的要因の影響がなく、そこそこの収穫があったようである。そのため、九・十一月に夫食節約の「達」は出ているが、夫食拝借による夫食確保は見られない。七月に雨続きによる紅花種他国出禁止の郡中議定が結ばれているが、八月には水油・荏草・菜種の他国出の解禁がなされている。

天保七年（一八三六）は一転して凶作状態へと陥り、七月には米穀他国出取締、九月には新酒濁酒造り厳禁、十月には米穀・酒造・紅花種・盗賊取締に関する郡中議定が立て続けに結ばれた。また、村内においても八月以降米穀他国出禁止に関する「達」が出されている。このように見ていくと、七月に凶作による夫食不足が懸念され、それ以降夫食確保を第一に村が動いていることがわかる。これらの動きは翌八年まで続き、三月には安石代納が願として出され、五月には苗不足から他国売停止の「達」が出されている。

以上、簡単ではあるが主に山口村からみた、村山郡の天保飢饉への変遷である。その流れをみると、不作・凶作の波は多少しているが、ほぼ毎年夫食不足による夫食確保が村規模や郡中規模でなされていることがわかる。特に天保三年から四年にかけては、生命維持のために、夫食米拝借や安石代納、米穀他国出禁止などの夫食確保を主眼とする、多くの「願」や「達」がだされている。また、多項目な内容の「郡中議定」が結ばれていたりする。これらの動きは同時に、生命を懸けた百姓による飢饉に対する闘いでもあったといえよう。

文政期後半から検証する「天保飢饉」像

先に導入としてとりあげた「願上」の内容の後半部分をみていきたい。[24] この部分では天保三年の飢饉発生に至るまでの村山郡の推移や気象状態が年毎に記されている。

尤当壱ヶ年之凶作ニ候ハハ凌方手段も可有之候得共、近年違作打続候上去ル中年（文政七：網掛け及び年号は筆者註、以下同）稀成洪水ニ而川附山寄之無差別田畑江水押湛川欠石砂入等夥敷其外処々民家流失、且奥州蔵王山押崩硫黄之毒水田畑江相溢れ、其外山々欠崩作物泥水冠リニ相成多分之水損仕、右水災相免れ候田畑迚茂不順気ニ而大違作、旁夫食難渋取続御廻米之内安石代納奉願上漸露命相繋、翌酉年（同八）ハ天明三卯年之飢饉ニ准じ候凶作一統可及飢ニ処、夫食御拝借御救安石代納品々御仁恵被成下候故飢寒相凌、戌年（同九）ハ相応之年柄ニ候得共其已前申秋洪水之毒水相冠リ候田畑等者未ダ立直リ不申、実入無之其上夫食差迫リ青稲之内早刈いたし夫食ニ仕候故、米穀貯置候様ニ者難相成可成ニ難渋相凌候迄ニ御座候処、亥年（同十）ニ至リ尚又田畑違作仕、子夏より夫食差支難渋弥増、殊ニ不熟之悪米故御廻米之分更痛多分出来、納不足之分買納代金上納方ニ茂必至と差支、子年（同十一）之儀者是又気候不順ニ而田畑共大違作仕候間、御廻米之内分通を以御救安石代納被仰付候ニ付、村々ニ而茂夫食等ニ者糧重ニ取交リ助命仕、丑年（同十二）者可成之作柄ニ候得共連々引続候違作故根米一切無之一同困窮仕詰候間、米穀貯置候義不相成者勿論却而夫食不足ニ相成、寅夏中より夫食必至と差支村役人共色々手配仕種々之糧相用へ漸々取続候上、寅年（天保元）田畑凶作且五月中両度之洪水飢餓可相免れ手段尽果十方ニ暮罷在候故、御慈悲を以再夫食御拝借其余之御米並夫米口米等迄安石代納被仰付御救被下置候故、粟稗等者勿論干菜大根等葉草根等糧ニ相用へ不測ニ身命相保候得共、田宅ニ離れ路頭ニ迷ひ候体之もの多く、衣類雑具も質入又者売払去卯出来秋迄極々乍難渋取続罷在候故、田方早刈いたし青稲之儘こき落し夫食ニ仕候間、同年之儀もケ成之年柄ニ候得共右之次第故猶又夫食不足ニ相成、去卯（同二）御廻米辻之内分通を以江戸御蔵庭出来買納奉願上右之分夫食ニ足合、当秋迄取続候ニ付秋中　青稲早刈いたし直様こき落し鍋ニ而いり干立いたし当日相凌候仕合、右体類年之違作故米穀ハ殊之外高直ニ罷成、其上当畑作物迚茂多分之損毛ニ而村々一同困窮仕詰、此上銘々親妻子之養ひ方無之ニ付無拠女子共者身売奉公等ニ他国売渡し必至と貧窮相迫リ候折柄、当辰（同三）田畑共前文之凶作ニ而天明三卯年以来聞伝へも無之米穀高直ニ而有之、尤当辰田方格外之御慈悲を以夫々御引方

被成下置候上者無異儀上納可仕筈ニ候得共、右様之悪米御廻米仕候ハヽ酒田湊着迄皆腐ニ相成候者必然之義、左候迚買替米可仕代金可差出様も無之、殊前文奉申上候通御検見済後雨濡腐之損毛不軽、御取箇丈之御米撰立方難出来程之儀ニ付、其余作徳之分ハ粃打砕而已相残リ、且又是迄夫食ニ差迫リ青稲早刈いたし夫食ニ仕候分も不少、旁々当年中之凌も無覚束ニ付、未申御囲置穀百姓貯穀去ル酉年御拝借仕其後追々返納積立分、猶又今般御拝借仕来巳春迄も取続申度先般奉願上候儀ニ而、右之分足合候而茂来巳三月より夫食取続方無之、一体当村山郡者田方嶮岨之山々相纏ひ、最上川一方口ニ而他国他郡ゟ運送難相成、全く一郡融通之米穀ニ而取続候土地柄ニ付、前書累年之違作者当郡中ニ不限村山郡一般之儀ニ而郡内融通之米穀一切無之候間、是迄年毎米穀他郡へ差出候儀を相留並酒造減シ造等奉願上候得共、年増米価引揚右直段之儀者御年貢石代納ニ被遊御用候相場書を以御高輪被成下候様仕度、就中当郡中者何れも川附山寄ニ而産米不足故豊作之年柄ニ而茂郡内諸方ゟ夫食買調取続来候村々ニ付、来巳春ニ至リ候ハヽ一統可及飢餓ニ者歴然之儀、左候迚皆石代納奉願上候共畑方前文之違作ニ而御上納金可調手段無御座候間、村役人共数日寄合相談仕候得共手法尽果、迚茂御上様之御救無之候而者窮民飢寒可為相凌様無御座候間乍恐左ニ奉願上候。

一　当辰田畑御取箇辻之内非常御囲米例年之通置米被成下置、残御米村々人数御取調を以来巳三月朔日ゟ同八月晦日迄取続候様夫食御拝借被仰付飢餓御救被下置、御返納之儀者来巳年ゟ返納可仕筋ニ候得共、去ル酉年夫食御拝借仕候御米去卯迄四ヶ年返納仕壱ヶ年分相残、此分当辰返納難相成候間来巳年御返納仕度並去ル寅年夫食御拝借仕候去卯ゟ未迄五ヶ年返納之分共来巳返納之分ニ口有之、穀数も相嵩連年違作困窮仕詰候上ニ而致方無之故、当辰御拝借之分ハ来巳壱ヶ年延翌午ゟ来ル卯迄拾ヶ年賦返納仕候様被仰付被下置度奉願上候。

このような経過を経て、翌「戌年」の文政九年（一八二六）は「相応之年柄」であったが、文政七年の「巳前申秋洪水之毒水」がかかっていた田畑がまだ立ち直っておらず、「実入無之」となり、「其上夫食差迫リ青稲之内早刈いたし夫食ニ仕候故、米穀貯置候様ニ者難相成可成ニ難渋相凌候迄ニ御座候」という状態であった。「亥年」の文政十年（一八二七）は、「田畑違作」による「不熟之悪米」のため、「買納代金上納」にも支障がでるほどであった。「子年」の文政十一年（一八二八）は、「気候不順ニ而田畑共大違作」で「御廻米之内分通を以御救安石代納被仰付候ニ付、村々ニ而茂夫食等ニ者糧重ニ取交リ助命」しなければならない状況であった。「丑年」の文政十二年（一八二九）に至ると、「可成之作柄ニ候得共、連々引続候違作故根米一切無之一同困窮仕詰候間、米穀貯置候義不相成者勿論却而夫食不足ニ相成」というように、作柄は良かったものの、年々続く違作のために根米が無い状態となり、皆が困窮に陥っていることがわかる。そのため、村役人が夫食確保のために奔走していることも記されている。そして、天保期に入った「寅年」の天保元年（一八三〇）は、「田畑凶作且五月中両度之洪水飢餓可相免れ手段尽果十方ニ暮」れているため、「再夫食御拝借」「安石代納」を願い出ている。それでも夫食不足の問題解決にはならず、「田宅ニ離れ路頭ニ迷ひ候体之もの」が多く、「衣類雑具」まで質入れして難を逃れようとしていた。この年も「ケ成之年柄」ではあったものの、「夫食不足」の解決はできなかった。「卯年」の天保二年（一八三一）は、江戸買納をし、その余った分を夫食として在方へ回してはいるが、結局その日凌ぎという状態には変わりなかった。また、大部分の畑作物が損毛し、しかも米価高騰がたたってその結果、「村々一同困窮仕詰、此上銘々親妻子之養ひ方無之ニ付、無拠女子共者身売奉公等ニ他国売渡し必至と貧窮相迫」っている状態にまで陥った。そして、「辰年」の天保三年へと至ることとなる。

以上のように、天保三年の飢饉に至るその過程を「願上」を用いて村山郡の天保飢饉を考察してきた。それによると、文政八年の大凶作から始まる「違作」が連年と続き、そのために民衆の困窮や疲弊が蓄積され、天保三年の大凶作・飢饉へと至るその過程が確認することができよう。

このような認識は、天保九年十二月に羽州最上郡南山村の庄屋梯崎彌左衛門が記した「天保年中巳荒子孫傳」により、同国内の他地域でもみることができる。(27) この書は、天保四年の凶荒実況を記録し、子孫に対する訓戒として書かれた書物であるが、その中で「近年作合不宜文政七申年より天保四巳年迄十ヶ年之内には、文政八酉年違作にて山澤至て青立に相成御検見有之候、右に准じ里前も違作なり」と述べられている。この年の田方は「山澤貳三分位里前も五六分之作合に候」という状況であった。しかし、幸いにもこの年は「笹麥澤山に出」き、そのため「一體百姓方手元丈夫なれば、年之暮難儀とは乍申左のみこまり不申、借用等も通用よろしく古米も澤山なれば、御物成諸役銭相片付」けることができた。このように、文政八年は麦や古米という夫食となる食物を有していたため、それほど影響を受けた印象はない。しかもこの後、天保四年に至るまでにもっと悲惨な状況であった年がある。しかし、この文政八年がとりあげられているということは、この年が大凶作であり大飢饉が発生した天保飢饉へのプロローグであったという著者の認識があったのではないかと思われる。

文政九年と天保四年の夫食拝借請証文

天保飢饉発生の起源と考える文政八年と、天保三年の大凶作がどれほど民衆に対して影響を及ぼしたのかを、文政九年（一八二六）と天保四年（一八三三）に東根役所へ提出された「夫食拝借請証文」から、両年の実態をみていきたいと思う。(28)

【文政九年[29]】

差上申御請証文之事

高合六万四千八拾六石九斗四升九合

惣人数三万八千六拾八人

内　弐万弐千八百四拾弐人　自分才覚を以取続候分

一、飢人数壱万五千弐百弐拾六人　尾花沢村外七拾九ヶ村

内

男五千三百廿二人

此夫食米千五百九拾七石八斗　但、当戌三月朔日ゟ八月二日迄日数

百五十日、一日壱人米弐合宛

女九千九百人

内　四千五百四拾人　十五歳已下、六拾歳以上之男

此夫食米千四百八拾五石

合米三千八拾弐石八斗　拝借高

（中　略）

米八拾九石弐斗八升　山　口　村

但、右同年賦壱ヶ年拾七石八斗五升七合宛返納之積

（中　略）

右者私共村々之儀、去々申年之水旱両損并去酉年田方近来稀成違作ニ而、当春ゟ夏ニ至り一統夫食差支可及飢餓体ニ付、同年田方御物成米之内、御廻米可相成候夫食拝借之儀、去秋中奉願上候処、再応御吟味之上村々惣人数之内、自分才覚を以可成ニ取続可相成分除之、全困窮差支候者共江御貸渡御取調御伺被成下候処、願之通拝借被仰付候段御下知之趣被仰渡書面之通、村々江御貸し渡被成下候間、当戌ゟ来ル寅迄五ヶ年賦返納之積、書面之村々割合之通、其年之御物成御廻米一同御触御日限通聊無遅滞返上納可仕、尤小前之者共へ早々割渡追而拝借小前帳可差上被仰渡村々無相違奉請取被仰渡之趣、逸々承知奉畏候、仍而連印御請証文差上申処、如件。

当郡中村々

文政九戌年二月廿九日

田口五郎左衛門様

東根

御役所

【天保四年(30)】

差上申御請証文之事

高合弐万八千三百三拾弐石八升八合六勺

惣人数壱万七千九百拾四人

内九千百五拾四人　自分才覚を以ケ成取続候分除之

一　飢人数八千七百六拾人

御代官所

弐拾六ヶ村

内

男三千五人　但三月朔日ゟ八月三日迄日数百五拾日

一日壱人ニ付米弐合宛

此米九百壱石五斗

女五千七百五拾五人

内千五百弐拾三人　拾五才以下六拾才以上男入

此米八百六拾三石弐斗五升　但右同断一日ニ付米壱合宛

合米千七百六拾四石七斗五升

当巳ゟ酉迄五ヶ年賦

但

壱ヶ年米三百五拾弐石九斗五少宛返納積

高六千八百八拾六石七斗三升五合弐勺

惣人数四千九百六拾三人　内弐千六百九人　自分才覚を以ケ成ニ取続候分除之

一　飢人数弐千三百五拾四人　当分御預リ所　九ヶ村

内

男八百弐拾人

此米弐百四拾六石也　但右同断

女千五百三拾四人
内四百弐拾三人　拾五才以下六拾才以上男入
此米弐百三拾石壱斗　　但右同断
右者私共村々之儀去辰年田方不熟仕格外之違作ニ御座候処、当春ゟ夏向ニ相成候而者一統夫食差支飢餓ニおよび候者歴然ニ付、同年田方御物成之内御廻米ニ相成候分夫食拝借之義去冬中奉願上候処、再応御吟味之上村々惣人数之内自分才覚を以ケ成ニ取続可相成分除之、全貧窮ニ而実々差支候者共江御貸渡之積御取調御伺被成下候処、願之通拝借被仰付候段御下知済之趣、今般被仰渡書面之通村々江御貸渡被成下、尤返納之儀者当巳ゟ酉迄五ヶ年賦前書割合之通其年々御物成御廻米一同御触御日限通聊無遅滞返納可仕、且又右米小前之者共江早々割渡拝借小前帳早速可差上旨被仰渡一同承知奉畏難有仕合奉存候。依之連印を以御請証文仍而如件。

東根附郡中

天保四巳年正月廿日　　　村々

東根　　　　　　　　三　判

御　役　所

二通の夫食拝借請証文は、これらの年の正月・二月の日付になっているため、この前年の文政八年と天保三年の凶作が原因となって出されたものである事はあきらかである。飢人数は、支配地域が変化しているために一概に比較はできないが、文政九年では一五二二六人で総人数の約四〇%、天保四年では、八七六〇人で約四九%という半数近くが飢えていた状態であることがわかる。天保四年より割合は少ないが、文政九年における総人数の約四割も飢えていた状態は注目すべき点であり、それを引き起こした文政八年もまた、天保三年に「去ル文政八酉年ニ准じ候凶作」といわしめる、大凶作であったといえよう。また両年とも、文政九年の場合は同年から天保元年まで、天保四年の場合は同年から天保八年までの、五ヶ年賦返済での拝借になっている。しかし、史料からもわかるように、文政九年の夫食拝借は天保三年十一月時点では完済されていない。その理由は、すでに述べたように連年続く凶作が原因であることは想像に難くない。

本章では、山口村を含む村山郡が、どのように「天保飢饉」へ至ったかを、天保三年の「願上」を題材に考察をおこなった。そこには、従来からいわれているような、天保三年の冷害を伴う大凶作から突然、「天保飢饉」が発生したという認識とは違う、村山郡独自の「天保飢饉」像が浮かび上がってきた。つまり、それは文政七年の洪水を序曲として、文政八年の冷害を伴う異常気象による大凶作を契機に、それ以降、連年として続く異常気象による凶作発生が、願石代納や安石代納、夫食拝借を願いつつも夫食問題を解決することはなかった。それどころか、民衆のそれを一層深刻化させ、困窮し疲弊しきっているところに天保三年の大凶作が発生し、「天保飢饉」のピークが到来したという経過である。

「年貢割付」・「年貢皆済目録」からみた山口村における天保飢饉

山口村の土地状況

次に、天明飢饉が発生する直前の天明元年（一七八一）から、天保末期の弘化元年（一八四四）までの六四年間におよぶ「年貢割付」と「年貢皆済目録」を分析したい。これにより、天明飢饉から天保飢饉の間の各年毎の変化を捉えながら、凶作や飢饉発生への時間的経過を把握することが可能であると考える。

まず、『山形県史』資料編を用いて、時期はさかのぼるが、元和九年（一六二三）の山口村の土地状態をみていきたい。元和九年の水帳によると、山口村の検地帳記載の土地状況は、田七〇町七反三畝二三歩（荒田を含む）、畑一四三町一反一畝一五歩（屋敷地を含む）、合計二一三町八反五畝八歩である。田と畑の割合をみると、田約三三％、畑六七％で、全体の三分の二を畑が占めるという、いわゆる「畑勝ち」の村であることがわかる。さらに、当時の社会経済の主たる作物であった米を生産している田に目を移してみると、上田：二二町一反六畝一一歩（三一・四％）、中田：二〇町一反四畝二四歩（二八・五％）、下田・下々田：二八町四反二二歩（四〇・一％）で、元和九年段階では、中・下、下々田で約七割を占める村であったとみることができよう。

「年貢割付」の分析

それでは、「表2・3」のグラフを用いて年貢割付を分析していきたい。グラフをみると、そこから三点程の特徴を見いだせることができよう。まず、グラフを概観すると、①天明、寛政、享和のある特定年に田引高増、田取立・取米減がみられるが、おおよそ、それは単年の現象とみてとることができる。しかし、特に文政八年（一八二五）の大凶作の影響で田引高増・田取立、取米の激減現象が発生し、翌文政九年以降は少々回復したものの、それ以前の田引高減、田取立・取米増の状態の様な安定した状態へは再び回復する事はなく、逆に天保三年以降の乱高低を繰り返しながら、弘化元年まで至っている。それを更に詳細にみていくと、②田高（一一二六二・九一一石、天保十一年以降は一二五一・九〇六石）から田引高を除いた「田残高」も、文政六年以前の一二〇〇石代を推移していたのが、文政七年以降（文政八年を除く）一一〇〇石代、文政八年と天保三年から同十三年迄の十一年間は一〇〇〇石を割っている状況にあった。これはすなわち、年貢をとれる土地の減少を意味している。③それと呼応して、田方と畑方の取り分の合計である「取米」に目を向けると、文政六年まで五〇〇石代前後を推移している。しかし、文政七年の四七〇石代を皮切りに、翌八年の二九〇石代以降、天保飢饉直前までは四六〇石前後、天保飢饉に入り、それ以降では、天保四年の一八三石代を最低値として、平均約三三〇石と明らかな減石となっている。また、田方からの取り分である「田取立」も取米とほぼ一致する変化をみせており、言い換えるならば、取米の減少は、畑の影響は余り関係が無く、田からの減収の影響が大であったということになるであろう。

「年貢皆済目録」の分析

次に年貢皆済目録の分析をおこなう。「表4・5」から言えることは、①まず「米納」が、文政七年以降減少傾向になり、回復している年はあるものの、それ以前のような安定した状況ではなく、単年の回復で、しかも翌年には減少、又は激減の状態となっている。②また「総払米」も天明七年以降、徐々に上昇しているが、文化二年（一八〇五）や翌三年をピークにおよそ四〇〇石代へと安定した状態となっている。しかし、文政八年以降は年々変動が激しくなるものの、それは減少傾向へと移ったと捉えることができる。そして、③天明三年と文政八年、天保四年には「廻米量」が皆無になっている。すなわち、天明三年でいえば天明飢饉、天保四年でいえば天保飢饉、その間に大凶作を引き起こした文政八年と言い換えることができるのではないか。しかも天明三年以降文政七年までは廻米皆無の年は見あたらない。逆に、文政八年以降は極めてゼロに近い、または明らかに少量の

表２：田引高と田残高の変化

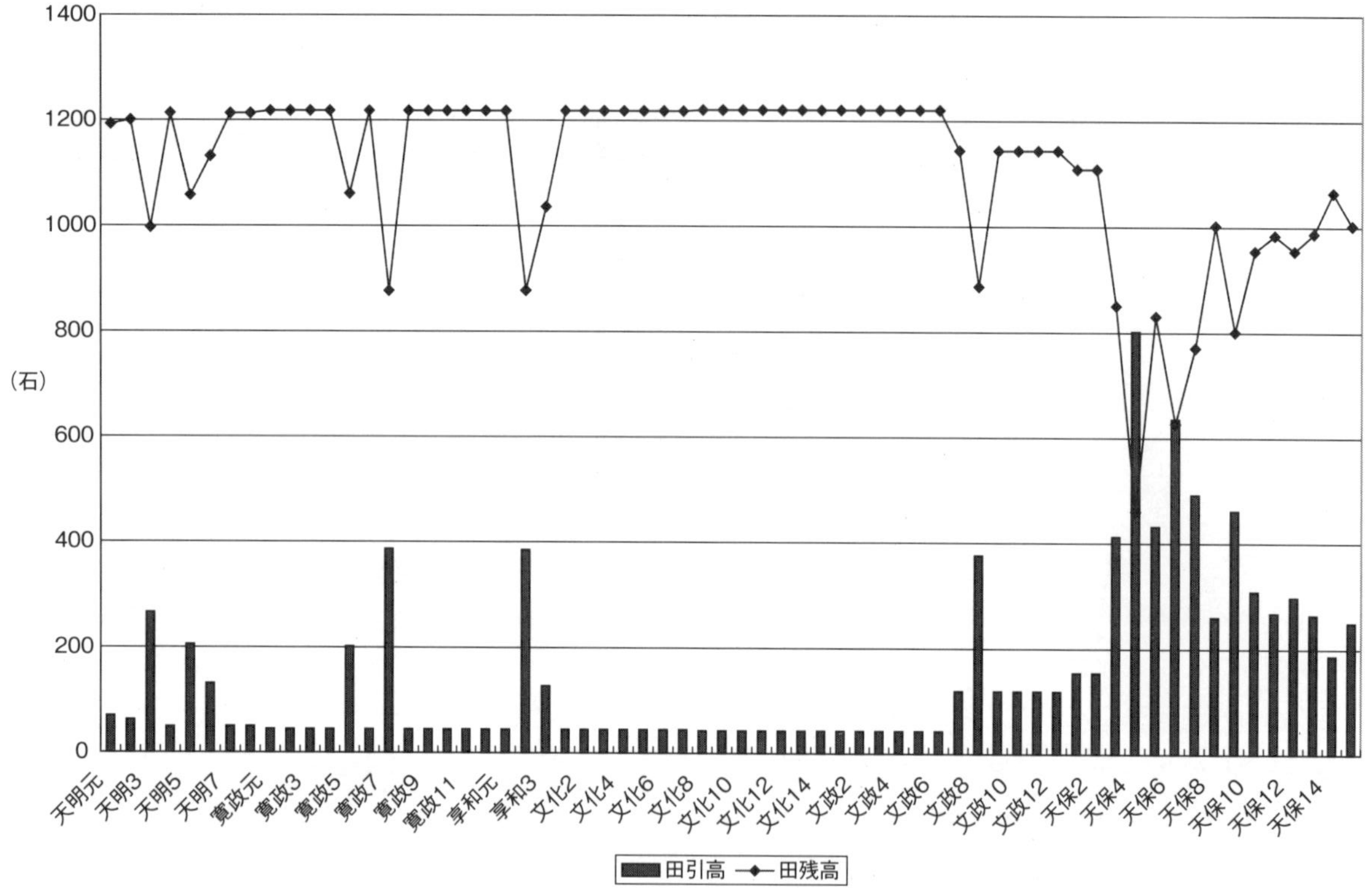

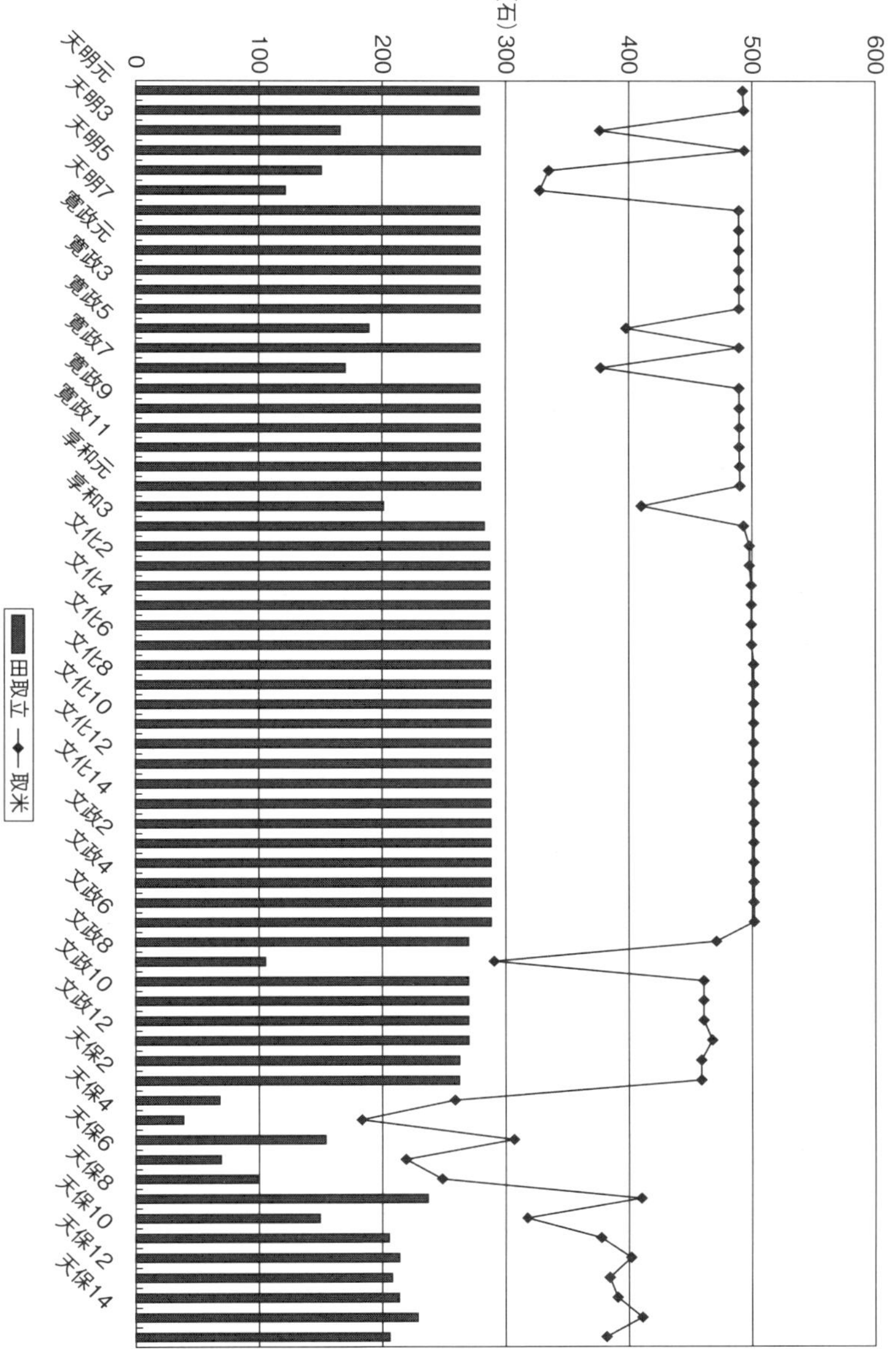

表3：田引高と米取の変化

表4：米納と総払米の変化

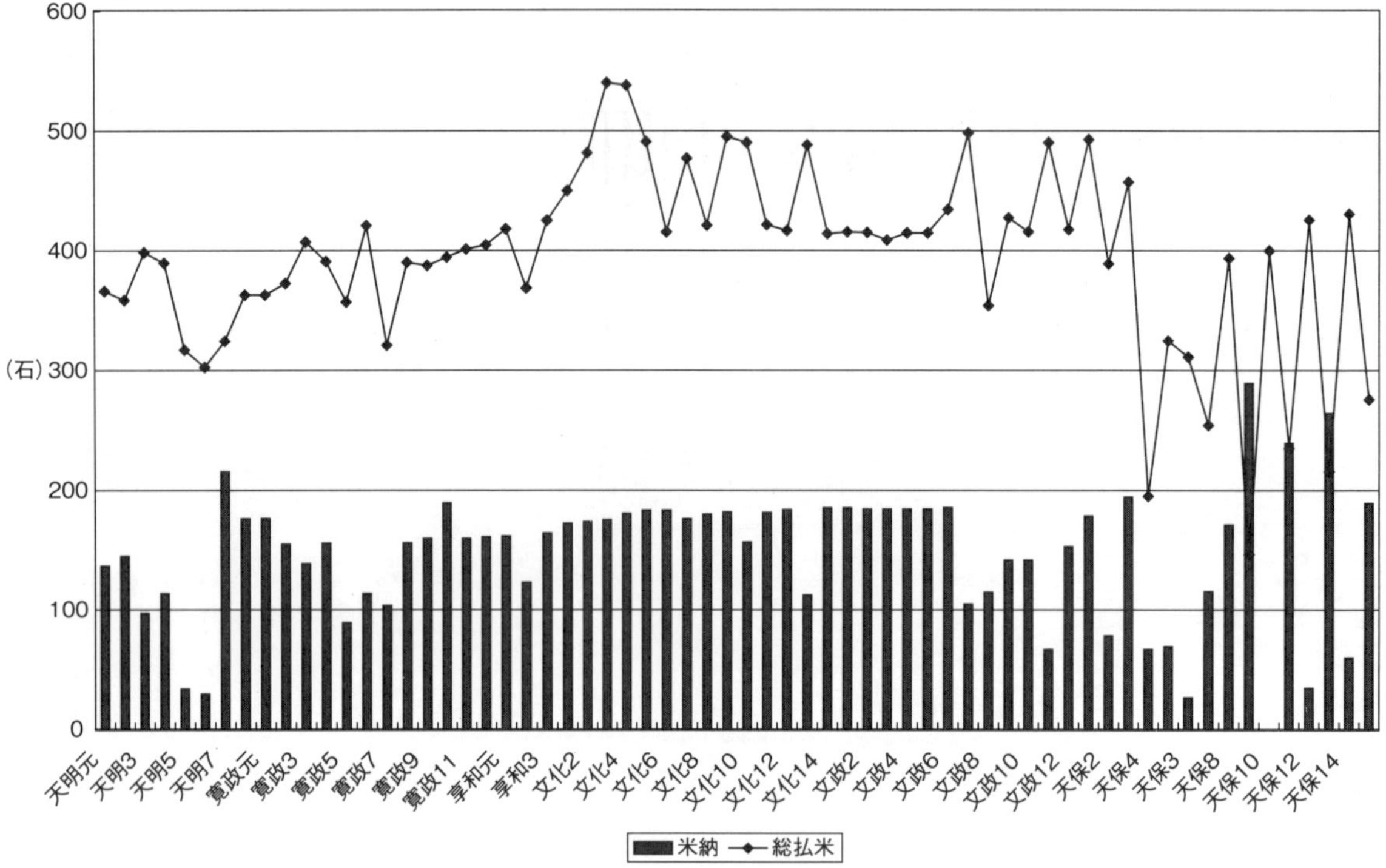

表５：払米と廻米の変化

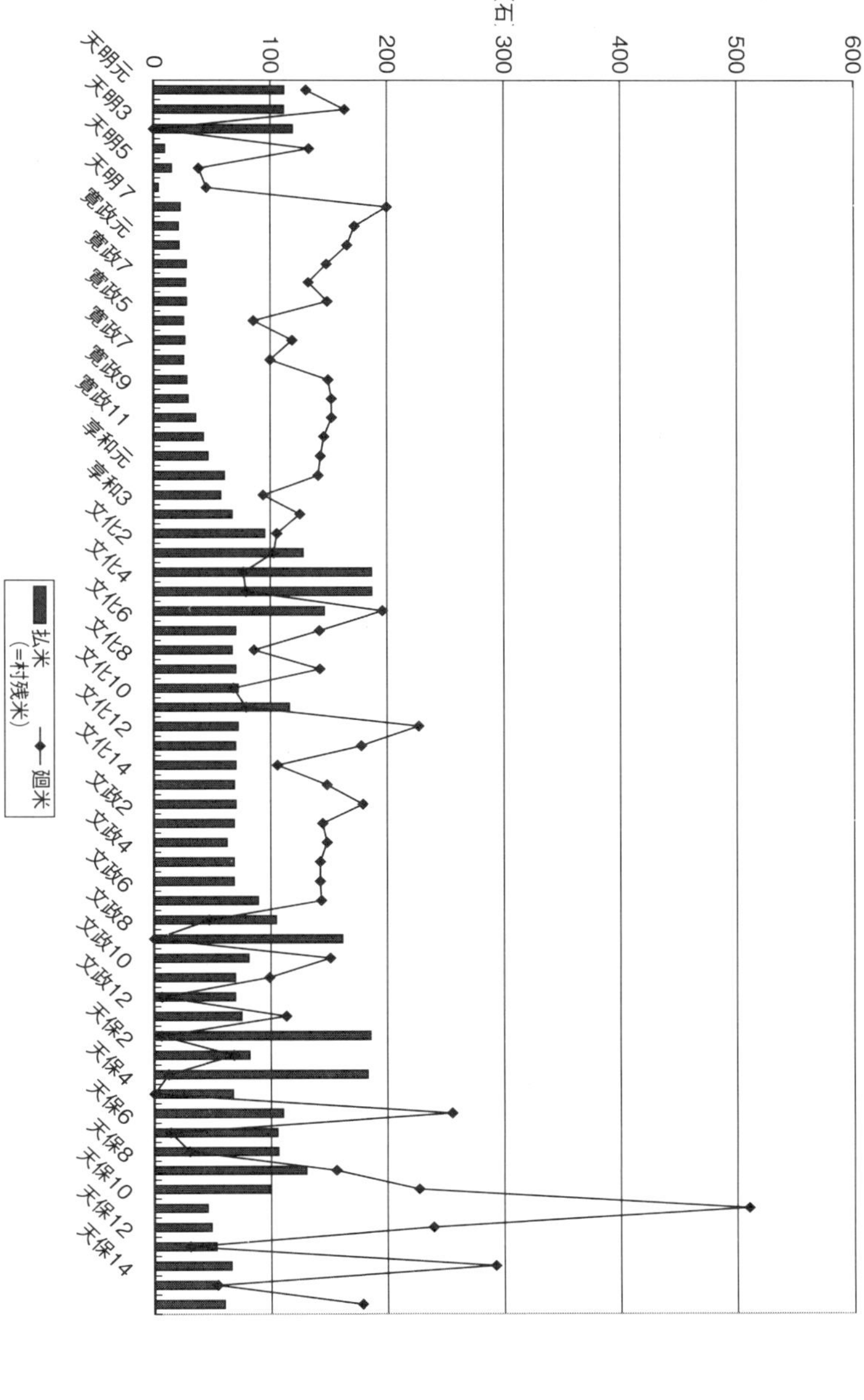
(石)
0
100
200
300
400
500
600
天明元
天明3
天明5
天明7
寛政元
寛政7
寛政5
寛政7
寛政9
寛政11
享和元
享和3
文化2
文化4
文化6
文化8
文化10
文化12
文化14
文政2
文政4
文政6
文政8
文政10
文政12
天保2
天保4
天保6
天保8
天保10
天保12
天保14
払米
(=村残米)
廻米

年や皆無の年を含めると、弘化元年までの二十年内に八件も認められる。④「払米」も、先に述べたように天明三年や文政八年、天保三年の大凶作の年では、夫食確保のために払米が増加する傾向にある。しかし、比較的出来の良かった文化三（一八〇六）や四年の払米増は、米価調整のための市場原理が働いたものであり、払米増の廻米減から、村の米保有量が増えたことを物語っている。(31) また、逆の意味で、それと同様な状態となったのは文政十二年（一八二九）である。この年は江戸において洪水が発生し、その影響のため米価が高騰し、その対応として奥州・関八州から廻米を命じており、それに呼応した対応であったと思われる。(32)

年貢割付と年貢皆済目録のデータから、山口村の年貢収入状況をみてきた。従来の飢饉研究では、天明飢饉後から天保飢饉までの間を重視することなくあまり論じられることはなかった。しかし、山口村における六四年間のデータ分析から以下の事があきらかとなった。天明飢饉を脱した感がある天明末年以降、文政期半ばまでは、年貢の増徴傾向もあり安定した時期であった。しかし、天保飢饉の以前から異常気象や自然災害の影響によって生産量が減少、または激減する傾向へと環境が変わる。その状態は、文政八年から「天保飢饉」を脱する天保期後半まで連年と続く事になった。つまり、文政八年以降、常に夫食不足であったところに連年と続く「違作」状態が生じ、村払米を増加させ、夫食確保に務めたがその解決には及ばず、ついに天保三年の大凶作により限度を超えてしまい、「天保飢饉」へと至ったという経過がそこから浮かび上がってくる。

おわりに

以上のように、村山郡山口村を題材に「天保飢饉」の再検討をおこなった。

本報告では、羽州村山郡における「天保飢饉」像を明らかにする事からその再検討を始めた。まずはじめに、本報告の導入として天保三年の「願上」をとりあげ、その内容から「去ル文政八酉年ニ准じ候凶作」に注目した。そして、文政八年に遡る前に天保期の状況を把握する必要から、天保初期から中期にかけての村山郡の天保飢饉を、次に村山郡内の山口村を題材として村単位での天保飢饉の考察をおこなった。

村山郡内では、天保期初年から天候不順による凶作が頻繁に発生していたことがわかった。それは長雨や冷夏を伴った自然的要因の影響である。そして、この凶作状態が連年と続くことで夫食不足が発生し、天保五年のような、人為的・社会的要因が色濃く出たものであると言えよう。その対策として「穀留」や「酒造禁止」、「夫食米拝借」、「安石代納」などの手段により夫食確保に奔走することとなった。また、郡内のみの範囲ばかりではなく他領国の夫食の移入も図り、越後などからの融通がおこなわれた。

村山郡山口村を代表とした村レベルにおいてでも、天候不順に伴う凶作状況や夫食確保対策がほぼ同様の状態であった。特に天保三年から四年にかけては、夫食確保を主眼とする多くの「願」や「達」が出されている。また、山口村を含む村山郡全体において、多項目の「郡中議定」が結ばれている。これらの動きは同時に、生命を懸けた民衆による飢饉への闘いでもあったと言えよう。

以上のような天保期の状態をふまえ、導入でとりあげた「願上」から文政期後半の検証をおこなった。その結果、「去ル文政八酉年ニ准じ候凶作」だけではなく、さらに「酉年ハ天明三卯年之飢饉ニ准じ候凶作一統飢ニおよぶべし」ということが明らかとなった。つまり、文政八年は天明飢饉の天明三年、天保飢饉の天保三年と同様の状況であった事がそこからわかる。

これらを実証するために、文政九年と天保四年の「夫食拝借請証文」に記載されている飢人数の比較をおこなった。総人口の約四九%が飢えていた天保四年よりは割合が少ないが、それでも文政九年の約四割が飢えていた状態は注目すべき点であり、文政八年もまた大凶作であったと位置づけすることが出来る。また、天明元年から弘化元年までの山口村の「年貢割付」・「年貢皆済目録」から年貢収入状況の分析をおこなった。その結果、天明末年以降文政期半ばまで安定した時期あったが、文政八年を境に生産量が減少し、それ以降連年と続く凶作状態が生じた。「村払米」を増加する事で夫食確保に務めたが解決はせず、ついに天保三年の大凶作により限度を超え、「天保飢饉」へと至った事が明らかとなった。

平年でも夫食が不足し、買い調えていた村山郡において、山口村を例にとるように定石代納や安石代納、夫食拝借などの夫食確保に務め生命を維持してきた。しかし、そのメカニズムが脅かされ、崩壊したその時こそ「飢饉」の始まりであると言えるのではなかろうか。すなわち、「文政飢饉」と位置づけてもおかしくない、文政八年の大凶作から始まる異常気象を伴った、連年と続く凶作状態が村内・郡内において民衆の困窮・疲弊を増幅していった。そして天保三年の天候不順により、その夫食確保のメカニズムが完全に崩壊し、「天保飢饉」を引き起こしたという結論である。

本報告では、「天保飢饉」へ至る新しい見解を示す事に主眼を置きながらその再検討をおこなった。このようにしてみていくと、今までの「通説」とは違った、新しい「天保飢饉」像を描くことが可能ではないかと考える。

なお、飢饉研究を構築していくには、これらばかりでなく、支配層による救済問題や貯穀制度、また当時の経済構造の視点を必要とする。しかし、本報告ではこれらの点を考察することが出来なかった。以上の点を含め、今後の課題としたい。

註

（1）菊池勇夫『近世の飢饉』（吉川弘文館　一九九七年）一〜二頁を参照
（2）菊池勇夫『飢饉の社会史』（校倉書房　一九九四年）・前掲註（1）
（3）前島郁雄「歴史時代の気候変動」（『地学雑誌』九三―七　一九八四年）
（4）谷治正孝・三澤明子「天保飢饉前後の気候に関する一考察」（『横浜国立大学理科紀要』二―二八　一九八一年）
（5）塚本学『生きることの近世史』（平凡社選書　二〇〇一年）一六六頁
（6）明治大学刑事博物館蔵「御用書上留」（山口村）〔なお、この部分は天童市史編さん委員会「伊藤儀左衛門家御用留帳（二）」（『天童市史編集史料』第16号　一九七九年）にて翻刻されている。〕
（7）天童市史編さん委員会『天童市史　中巻』（天童市　一九八七年）
（8）『山形県災異年表』（山形地方気象台編集、山形県農林水産部発行　一九九八年）
（9）河北町誌編纂委員会『大町念仏講帳』（一九九一年）
（10）山形市史編集委員会「出羽国村山郡『郡中議定』」（『山形市史編集資料』第4号　一九六七年）
（11）前掲註（9）三三二頁
（12）前掲註（9）三三四頁
（13）前掲註（9）三三四〜三三七頁
（14）天童市史編さん委員会「伊藤儀左衛門家　御用留帳（二）」・「同（三）」（『天童市史　編集史料』第16号・第

17号　一九七九年）
(15) 上山市市史編さん委員会『上山市史　中巻』（一九八四年）・大江町教育委員会『大江町史』（一九八四年・朝日町教育委員会『朝日町の歴史』（一九八八年）・寒河江市　史編さん委員会『寒河江市史　中巻』（一九九九年）を参照。
(16) 大江町教育委員会『大江町史』（一九八四年）七八一頁
(17) 天童市史編さん委員会「伊藤儀左衛門家　御用留帳（二）」（『天童市史編集史料』第16号　一九七九年）
(18) 上山市市史編さん委員会『上山市史　中巻』（一九八四年）
(19) あとの四ヶ村は、田麦野村・道満村・山家村・原町村。
(20) 明治大学刑事博物館蔵「辰御物成之内巳春困窮百姓夫食拝借小前帳控　天保四年巳正月」
(21) 明治大学刑事博物館蔵「困窮百姓夫食并種籾代拝借小前帳控　天保五年」
(22) 山形大学附属博物館青柳清兵衛家文書「急夫食拝借小前帳　天保五年午三月」
(23) 山形大学附属博物館青柳清兵衛家文書「夫食代金拝借小前帳　天保五年午五月」
(24) 前掲註（7）
(25) 西村山郡役所『編年　西村山郡史』（一九七三年）八九頁
(26) 北村山郡役所『北村山郡史　下巻』（一九七二年）四一五頁
(27) 小野武夫『日本近世饑饉志』（有明書房　一九八七年）
(28) 前掲註（14）
(29) 明治大学刑事博物館蔵「夫食拝借御下知申渡請証文　御救石代下知他　文政九戌年二月」
(30) 前掲註（14）
(31) 前掲註（14）

・「御達」

近来米価下直ニ而世上一同難義之趣相聞候。右体米穀沢山之時節ニ付諸国酒造人共者不及申、休株之其外是迄渡世不仕ものニ而茂、勝手次第酒造渡世可致候。勿論酒造高是迄之定高ニ不拘仕入相稼可申候。右之通相心得酒造可致候。尤是迄之酒造人共造増候分並新規酒造いたし候もの有之候ハハ、右石高名前とも其時々可相届候、此廻状村下令受印早々順達留リ村可相返者也。

寅十月（＝文化三年）　　宮崎　役所

・「御達」

近年米価下直ニ而世上一同難義之趣候間、追々御囲籾御買上米も被仰付候間御国恩と存、身元相応之ものとも可及力程は米籾之内ニ而相囲、右石高支配御代官江可相届候。若置場差支銘々手前ニ而難囲置分は金ニ而成共其支配々々江可差出候。右を以公儀ニ而御買上米之内へ可被差加候。右囲米之儀永々囲置候義ニは無之、追而米価引立候節ニ至候ハハ勝手次第売払候様其節可及差図候。代金ニ而納置候分茂御払米ニいたし其相場ヲ以右代金返し可被下候。

右之趣今般被仰出候ニ付而者得と申含候義有之候間、来ル十日迄村役人とも可罷出候。其村々之内身元相応成者共名前取調書付ニいたし其節持参可差出候。廻状村下ニ令請印　不限昼夜刻付ヲ以早々順達留リ村　可相返者也。

寅　　宮崎

十二月五日　　役　所

（32）幕府からの通達内容は以下の通りである。

・（文政十二年）三月廿七日

また先つとし米下價なりしをり。奥州および關八州御料私領いはず廻米をとゞまたりしが。こたびの災に諸人差つかゆ。よて在かたにて米あるものは。白米に舂て五月をかぎり積送るべしと令せらる、により。こなたにて市中の者心のまゝに買ひ求むべしとなり。「文恭院殿御實紀　巻六十四」『續徳川實紀　巻三十九』

・（文政十二年）五月廿八日

奥州および關八州御料私領寺社領より舂立白米積送りの事。この月かぎりと令せしが。いまだたらねば。尚また九月を限ると令せらる。

「文恭院殿御實紀　巻六十四」『續徳川實紀　巻三十九』

なお、本論文は拙稿「羽州村山郡における天保飢饉の再検討　—羽州村山郡山口村を題材に—」（『専修史学』第三十四号　二〇〇三年）をもとに、一部修正・加筆したものである。

女性筆頭人からみる村社会の変容

―豊後国日田郡五馬《いつま》市村《いちむら》を事例に―

内田鉄平

はじめに

近世社会において地域を支配する構成単位は村落であって、その村落で生活する村人どうしの繋がり、そのような繋がりを持つ村人の集まりについて、その集団の社会的関係から問題を注視すると、そこには村社会の存在が確認できるだろう。これまで著者は近代へと移行する過渡期にある近世後期に焦点を当て、その村社会の最小単位である「家」に起こる様々な現象を具体的に分析することを通して、村社会がどのように変容しているのかを検討してきた。

そこで、本稿では各地の宗門改帳等で度々見受けられる、女性が「家」を相続して筆頭人となる現象について考えていきたい。この近世村社会における女性の社会的地位等については、しばしば相続対象者としての女性、所謂「女性筆頭人」の問題がこれまで村落史・女性史・人口学など多くの分野の研究者によって議論されてきた。

この問題に早期に注目したのは宮川満氏であって、宮川氏は畿内地方の農村を分析し、相続対象者に女性が多い事実に注目し、「女性の家長獲得は地位向上のあらわれである」[1]と指摘した。その後、大藤修氏[2]や大竹秀男氏[3]らが、事例分析から女性が「家」を相続した背景として、家族内に男性が存在しない場合や男子が幼少の場合を指摘し、緊急的で短期間の相続形態と強調し、「婦女を終極的な正規の名前人とはみなさず、いずれは男性相続人に替わるもので、やはり中継相続人でしかなかったのである」[4]と論じている。

この女性筆頭人＝中継相続人という評価を受け大口勇次郎氏[5]は、大藤氏などが女性相続の特徴として提示された相続期間の短期間・成年男性不在というこれまでの規範から逸脱した事例を武州や畿内、羽州の農村から紹介した。大口氏が分析した村では、女性の筆頭人の期間が一年と短期間から、数年から十年以上という幅が存在する。また、相続人における家族構成で、成年男子を伴いながらも暫く筆頭人の座に留まる女性の事例も確認された。そのうえで大口氏は、期間の長短を考慮したものの、男性相続人へ「家」を中継する事象を踏まえれば、女性の相続は中継的との認識である。但し、大口氏は近世の村落社会でこのような女性相続という現象自体を評価するべきであると述べている。[6]

女性史の分野では、宮下美智子氏[7]も畿内地方の農村の分析から女性相続の存在を確認している。宮下氏も、女性相続が発生する背景としその評価として「男子相続人のいない場合や年少の場合に、婿養子をとるまで、あるいは男子が成長するまでの中継相続人である」と考察されている。宮下氏は女性相続人を輩出した「家」の特徴として、持高の低い零細農民層に集中していることを指摘している。零細農民層において男性相続人が得難く、家父長による家族員の包括力が弱いために、このような女性筆頭人が多くなると分析した。

歴史人口学の手法から分析した岡田あおい氏は、陸奥地方の農村の事例として、女性相続人が出現した「家」において宮下事例にみられない下層農民層への集中傾向に注目した。そのうえで、岡田氏は女性継承者（女性相続人）が適当な時期に男性へ交代したことや、男性が存在しない場合での養子・入夫という事例から女性筆頭人の評価として、「家督継承者としての位置付けは通説通り一時的な『中継的継承者』と考えるべきである」[8]と結んでいる。

以上のように、女性筆頭人に関する様々な分野からの研究蓄積を紹介してきたが[9]、そのほかにも男女の別なく第一子に家を相続させる姉相続という慣行も地域によって存在する[10]。これらの事例研究の蓄積をみていくと畿内・東北・関東いずれの地域においても女性筆頭人が存在している。今後、それぞれの地域性などを視野にいれなくてはならないものの、いずれの事例研究にも共通していえることは、女性筆頭人の出現の背景として、①「相続時『家』内に成年男性が存在しないこと」、②「女性が『家』の筆頭人である期間に長短の相違はあるが必ず成年男性へ相続している」以上の二点が挙げられる。

本稿では従来の研究蓄積を踏まえて、豊後国日田郡五馬市村を分析の対象として、五馬市村における女性筆頭人の様相を考察していく。さらに、問題点を女性筆頭人と村社会との関係に絞り、村が女性筆頭人をどのように処遇したのか、さらには女性筆頭人の出現の背景を考えていきたい。従来の研究では、女性筆頭人が出現することのみに議論が終始しがちで、検討に際しては宗門人別改帳等による記載の変化に判断を頼ってきた。それでは実際に女性筆頭人たちが村社会において何らかの役割を果たしたのか、単なる記載上の変化でしかなかったのか、この点について宗門人別改帳からだけではみえてこない。女性筆頭人が村において実際に村社会で何らかの役割を果たしたのか、否か、この問題意識をもって女性筆頭人の様相について、まず一章では五馬市村の宗門改帳の記載を中心に考察してきたい。さらに、二章において宗門改帳等に出現した女性たちが村社会のいかなる場面で活動していたのか検討していく。

最後となったが、本稿で取り上げた豊後国日田郡五馬市村について、本稿を理解するために必要な村の様相について述べておきたい。五馬市村は近世中期以降、明治期まで幕府領の村であった。日田郡は支配するうえで、九つの筋に分割統治され、五馬市村は奥五馬筋に属している。[11]村高は、大凡七二〇石程度であり、村の人数も四五〇人～五〇〇人程を推移している。宗門改帳に記載された「家」の軒数は一〇〇軒程度で、各年においてそれほど増減は見受けられない。また、村は台地にあって畑作も盛んに行われ大豆を栽培していた。その他にも和紙の原料となる楮を植えるなどして痩せた土地を上手に利用していたようである。

そのなかで五馬市村は庄屋や組頭などの村役人とは別に、近世後期において村組の惣代と呼ばれた有力な「家」が村政において重要な役割を果たすようになる。五馬市村では村がいくつかの組に分かれており、その組の実質的なまとめ役を惣代と称していた。[12]その村組は五人組を基軸としおり、年貢納入をはじめ、村内や村外との婚姻などにも組の意向が現れており、「家」の相続に関して影響力を持っていた。では次章において、女性筆頭人の様相からみていくことにしたい。

第一章　五馬市村における女性筆頭人の様相

女性筆頭人の分析に際し、主に使用した史料は、別府大学附属博物館所蔵（『五馬市村文書』と大分県立先哲史料館所蔵（『森家文書』）所蔵の豊後国日田郡五馬市村宗門改帳である。（以下、「宗門改帳」と記載する）二つの機関が所蔵する五馬市村「宗門改帳」は現在判明するところ、別府大学附属博物館に文化七（１８１０）年を最初として、明治二（１８６９）年まで二九冊が残存している。また、大分県立先哲史料館には、天保期に三冊

（天保十二、十三、十五年）、さらに幕末期にかけて数冊（弘化二年、安政三年、安政七年、文久四年）程度が所蔵されており、残存率は文化七年から明治二年まで全体期間の六割程度である。

「宗門改帳」の記載内容は、一軒ごとに「持高」、「人数」、「筆頭人名」、「個人名」、「年齢」、「旦那寺名」、「筆頭人との続柄」が記載されている。旦那寺は個人単位ではなく、「家」単位となっている。一軒ごとの「家」は血縁家族が中心であるが傍系家族の伯父（叔父）・伯母（叔母）等の記載や一部で厄介者の記載も存在する。

（1）五馬市村における女性筆頭人の様相について

では、実際に五馬市村における女性筆頭人の事例を詳細にみていくことにする。はじめに「宗門改帳」から判明した女性筆頭人の一覧を「表1・五馬市村女性筆頭人一覧表」として掲げておく。

「表1」では五馬市村における女性筆頭人の事例を可能な限り「宗門改帳」から抜き出してみた。史料には欠損が多く、詳細な様相について知ることは不可能だが、これによりある程度五馬市村の女性筆頭人の様相を窺い知ることができる[13]。まず、筆頭人としての期間では一年限りという短期間から、十年以上に及ぶ長期の筆頭人が存在し、期間には長短の幅が存在する。大口氏が分析された武州下丸子村の事例においても、短期間から場合によって十年以上継続することもある[14]。また、成松佐恵子氏によると奥州二本松藩仁井田村での女性筆頭人の平均期間は、八・三年であると分析された[15]。ただ、大藤氏が示されたように、短期間のうちに男性相続人へ交代する場合もあり、中継相続による特徴として一概に期間の長さから判断できないものと思われる。期間が長いからといって、女性の地位向上という評価も下せない。つまり、中継人だから期間が短いということや、反対に男性の跡継ぎが見つかりにくく必然的に長期化する傾向にもあるという二つの見解が考えられる。

「表1・五馬市村女性筆頭人一覧表」

名前	期間	開始時期	家族構成	続柄	次・相続人	持高(石)
しち	不明	～文化8	娘	不明	不明	0
せき	14年間	文化8～文政8	なし	娘	他家入	1.589
つな	1年間	文化14	なし	不明	不明	9.652
なつ	7～13年間	文化10～文化14	なし	女房	不明	3.542
かめ	3年間	文政6	なし	女房	他家入	0.874
なを	3年間	文政6	なし	娘	不明	1.462
とせ	3～16年間	文政13～天保8	なし	娘	不明	0.755
らち	8～21年間	天保2～弘化5	なし	母	不明	0
かわ	21～22年間	天保6	なし	女房	不明	0
あさ	21～25年間	天保8	姉　娘	女房	倅	0
かよ	3～6年間	天保9～12	なし	不明	他家入	0
つけ	7年間	天保14	娘　倅	女房	娘	2.578
すき	20～23年間	天保15～弘化5	倅2人	娘	婿養子	2.512
ゑみ	26～29年間	天保9～天保12	なし	娘	不明	0
かね	6～12年間	天保9～天保12	倅	女房	倅	1.655
るい	4年間	弘化2	なし	転入	死亡	0.24
ふさ	3～6年間	天保14～15	母　弟	女房	不明	1.96
ゑつ	2年間	嘉永4	倅2人・娘	娘	婿養子	3.49
りも	2年間	嘉永4	母　弟	娘	弟	3.678
ゑり	8年間	嘉永7	娘	娘	婿養子	0.989
ひて	5年間	嘉永7	娘	女房	養子	2.468
なみ	1～4年間	嘉永7	倅2人母・娘	女房	倅	4.316
りつ	5～8年間	安政2	倅　孫	女房	倅	2.951
はる	8年間	安政2	なし	女房	倅	2.392
なか	8年間	嘉永7	娘	娘	他家入	0.989
いち	不明	安政6～7	なし	不明	不明	0
みつ	不明	不明	倅　娘	不明	倅	2.001
つね	不明	文久3～慶応4	娘・孫2人・妹	母	不明	5.29
はん	不明	文久3～慶応4	なし	女房	不明	0
ふち	不明	慶応4	倅・母・娘	娘	不明	8.149

註）別府大学附属博物館所蔵『五馬市村文書』の「宗門改帳」と、大分県立先哲史料館所蔵『森家文書』の「宗門改帳」をもとに作成したものである。

次に、女性が筆頭人となった時点での家族の状況をみると（「表1」「家族構成」）、五馬市村では独り暮しの「家」が目立つ。さらに、家族がすべて女性という「家」や幼少の男子も含まれるケースもあるが、大口氏が示された成年男性が相続時に含まれるような事例は見受けられなかった[16]。しかし、他地域における成年男性を伴いながらの相続でも、男性が二十歳になると交代するといった事実が多く確認され、結局女性は中継相続していることになる。また、女性筆頭人となる前は、その「家」の女房であったことが多く確認できる。最後に、女性筆頭人が誰に相続したのかに注目すると（「表1」「次・相続人」）、五馬市村では自分の倅が最も多い結果となった。自分に息子がいない場合は養子という手段を取ったりしたが、「家」を絶家させ他家の家族となることもあった。いずれにしても、史料の制約が多く詳細には判断しにくいが、傾向をみることは可能であろう。成松氏の分析された仁井田村では、女性筆頭人の次・相続人として、五十三例のうち、長男十一例よりも絶家二十二例という、絶家が異常に多い結果を示している[17]。これは、他地域に比べても特殊なケースであって、何らかの要因が存在したのかもしれない。多くの地域では、女性は自分が成年してから筆頭人の座を譲るか、養子や入夫という方法で事態を解決している。

（2）　女性筆頭人の個別事例

前節では五馬市村における女性筆頭人の全体の様相について考察したが、本節では「宗門改帳」から女性筆頭人が出現する前後の様子を幾つかの具体的な事例を参考にみていきたい。

1、あさ「家」の場合

あさは女性筆頭人として二十年以上記載されるわけだが、文政十三（１８３０）年の「宗門改帳」では、庄右衛門「家」の倅源助の女房であった。

【史料1】[18]（文政十三年）

壱石四斗六升五合

一人数五人内　男弐人　庄右衛門

女三人

此訳

庄右衛門　六十七　専称寺旦那

病　娘　りを　四十

倅　源助　三十四

女房　あさ　二十四

孫　あき　四

その後、「宗門改帳」が欠損しており、様相を窺うことは不可能だが天保六（１８３５）年には筆頭人にあさの夫の源助が明記されている。この交代は庄右衛門の死亡の可能性が非常に高い。さらに、天保八（１８３７）年に筆頭人の源助が「宗門改帳」から消滅になっている。この消滅の理由は不明であるが、天保八年にはあさが女性筆頭人として記載されている【史料2】。

【史料2】[19]（天保八年）
無高
一人数女三人　あさ
あさ　三十四　専称寺旦那
姉　りを　四十七
娘　あき　十一

また、弘化五（1848）年の「宗門改帳」では、姉りをが消え、娘はやと倅の栄市、末吉が新たに記載されている。はやは庄屋家へ年季奉公に出ており、戻った直後に、隣村の新城村へ縁付となっている。嘉永五（1852）年には、あき（改名し、はつ）が玖珠郡の山浦村へ縁付となっている。その後、嘉永六（1853）年の「宗門改帳」では次のように記載されている【史料3】。

【史料3】[20]（嘉永六年）
無高
一人数三人内　男弐人　あさ
女壱人
此訳
あさ　五十　専称寺旦那

倅　末吉　十二
同　栄市　十七

史料の欠損が続き、後の文久二（1862）年の「宗門改帳」では倅の栄市が筆頭人となっている。あさは源助の跡を継ぎ、二十年以上かけて筆頭人を中継したことになる。なお、「宗門改帳」では、あさ「家」の持高は無高とされているが、「免割帳」では「壱五升」と記載されている。これに関しては、各「家」ごとの年貢徴収が「免割帳」を参考にしていた事実を考慮すれば、「宗門改帳」の記入ミスとも思われる。また、あさは倅の栄市が成人男性とみなされる十五歳になってからも暫く筆頭人であったことを窺い知ることができる。

2、つけ「家」の場合

つけは天保八（1837）年において孫四郎の女房で、一人娘りもと三人家族であった【史料4】。

【史料4】[21]（天保八年）

四石六斗三升四合　孫四郎
一人数三人内　男壱人
　女弐人
此訳
孫四郎　四十六　照蓮寺旦那

女房　つけ　三十九
娘　りも　十七

その後、弘化五（1848）年の「宗門改帳」では、孫四郎の記載が消え、つけが筆頭人に就いている。天保九（1838）年から弘化五（1848）年の間に孫四郎が消滅している。さらに、弘化五年には正太郎なる男子が新たに記載されている。おそらく養子として迎え入れたのだろう【史料5】。

【史料5】[22]（弘化五年）

弐石五斗七升八合
一人数三人内　男壱人　つけ
女弐人
つけ　五十　照蓮寺旦那
娘　りも　二十八
倅　正太郎　十

嘉永四（1851）年に、つけは娘のりもに筆頭人の座を譲っている。女性から女性への相続で、これは珍しいケースだと思われる。

【史料6】[23]（嘉永四年）

三石六斗七升八合

一人数三人内　男壱人　りも

女弐人

りも　三十一　照連寺旦那

虎作　十二

病　母　つけ　五十三

この女性から女性への筆頭人の交代であるが、考えられる理由としてつけの健康上の理由ではないだろうか。つけは身体が丈夫でなくなり、村内において何かしらの責任が果たせず、筆頭人を交代したとも推測できる。しかし、正確な理由は不明である。つけにはそれ以前から朱書きで病の記載があり、嘉永七（1854）年に死亡していることからも、嘉永四年の筆頭人交代は身体的な理由が挙げられる。そして、虎作（旧、正太郎）は幼少であり、成年男子に達していないことから、りもが一旦相続し、中継の中継を行ったことが示唆できる。その後、虎作が十五歳になると、りもは虎作へ筆頭人の座を譲っている。

以上、本節では女性筆頭人となる前後の様相について考察してきた。では、「はじめに」でも述べたように、「宗門改帳」で女性筆頭人となった彼女たちは村のなかでどのような活動を行っていたのだろうか。次章において、「宗門改帳」以外の史料から検討を行っていきたい。

第二章　女性筆頭人つけ「家」について

本章においては、「表1」に記載された女性筆頭人の、つけ「家」を事例に彼女たちが筆頭人であった期間、村においていかなる存在であったのか、またどのような活動を行っていたのか検討していきたい。

つけは、天保八（1837）年において孫四郎の女房で、一人娘りもと三人暮らしであった。その後、弘化五（1848）年に孫四郎が「宗門改帳」から記載が消え、つけが筆頭人となっている。また同じ年、つけ「家」には、養子と思われる正太郎が加わっている。

さらに嘉永四（1851）年には、つけは娘のりもに筆頭人の座を譲っている。そうして、嘉永七（1854）年にりもは虎作（旧・正太郎）が十五才となった時点で筆頭人の座を退いている。

（1）公的世界における女性筆頭人

本節では女性筆頭人が「宗門改帳」以外で、村が作成する公的な文書等において、その存在を認められていた事例について紹介していきたい。年貢徴収のための「免割帳」には、その「家」の筆頭人が書き出されており【史料7】において、つけという名前が書き出されている。

【史料7】(24)

一高弐石五斗七升八合　　　つけ

此取壱石六升弐合

此訳
田畑壱石四斗八升三合　此取米七斗三升弐合
畑高壱石九升五合　此取大豆　三斗三升
内
悪地弐斗三升五合　同五升
本地八斗七升　同弐斗八升
〆

【史料7】は弘化四（1847）年の五馬市村「免割帳」の一部である。史料には女性筆頭人であるつけ「家」が記載されており、年貢納入に関してつけ「家」の責任が明記されている。

その後、つけは、嘉永三（1850）年から四年にかけて、娘のりもに筆頭人の座を譲っている。そうして、弘化四年の免割帳にはその後、【史料7】の箇所に「此所にりも名前可出来」という紙が貼り付けられ、さらにその箇所に【史料8】が貼付されている。おそらく、筆頭人が交代した嘉永四年前後に、これらの紙が貼られたと思われる。

【史料8】(25)

一高三石六斗七升八合　りも
此取壱石三斗壱升九合

此訳
田高壱石四斗八升三合　此取米七斗三升弐合
畑高弐石壱斗九升五合　此取大豆五斗八升七合
内
悪地壱石三斗弐升五合　同三斗七合
本地八斗七升　同弐斗八升
〆

【史料8】では、つけから、りもへと筆頭人が交代している。この交代については明確な理由は分からないものの、先述したように考えられる理由の一つに、筆頭人つけの健康上の理由が考えられる。つけは、以前より宗門改帳において「病」の記載が見受けられ、娘りもへと交代して数年後の嘉永七年に死亡しており、この交代には身体的な理由が大きいのではないだろうか。

また、【史料7】と【史料8】を比較すると、「家」の持高が微増していることに気付くだろう。つけ「家」から、りも「家」へと筆頭人が代わった段階で持高が「三石六斗七升八合」と、ちょうど一石一斗分石高が増えている。この増加はどういうことであろうか。その背景を知る史料として「田畑高出入下調帳」を検討していきたい。この史料の表紙には「天保九年戌八月　壱番田畑高出入下調帳　嘉永六丑年迄　日田郡五馬市村」とあり、天保九年から嘉永六年までの、質地流れ等による土地所有者ならびに「家」持高の変化を備忘した文書である。

【史料9】(26)

大久保　悪地　　　　同（八久保）

一畑高壱石一斗　取弐斗五升六合　　　ぬいヨリ新百姓りも二入

そのなかで「嘉永二年八月十七日」の段階で、【史料9】にあるように、ぬいからりもへ、「壱石壱斗」の土地が移動していることが確認される。

まず、時期について検討すると、「宗門改帳」の記載では、つけから、りもへと筆頭人が交代したのが嘉永四年「宗門改帳」で確認できる。ただし、【史料9】においては、嘉永二年の八月で「新百姓りも」という記載が確認される。この「宗門改帳」と「田畑高出入下調帳」の時期的な差はおよそ一年余であり、「宗門改帳」での記載訂正が遅れた可能性が高い。

しかし、何故ぬいからりもへと土地が移動したのであろうか。そもそも、ぬいという女性は嘉永期において五馬市村では貞右衛門の女房でしか名前が確認されず、ぬいという女性は貞右衛門の女房で間違いないだろう。参考として貞右衛門「家」の様相は、筆頭人・貞右衛門を含め、五人家族、「家」持高は六石弐斗、女房・ぬいと、倅・幾太郎、娘・しん、のち、なせである。

【史料9】では、ぬいからりもへ土地が移動しているが、まず以て筆頭人の女房であるぬいの名前で土地が移動していることに注目される。「田畑高出入下調帳」では、土地の移動については原則的に筆頭人の名前が明記されており、筆頭人の女房であるぬいの名前で土地が移動していることの意味はなんであろうか。

その他、ぬいの名前によって土地が移動している事例が、嘉永三年分のなかにもう一つ記載されている（【史料10】)。

【史料10】[27]

宮向上免　　　　　　　　　　　　八久保

一田高四斗弐升　取弐斗弐升四合　　ぬいヨリ新平ニ入

　めたらよいのだろうか。

【史料9】や【史料10】のように、筆頭人の女房の名前によって土地が移動していく事実をどのように受け止めたらよいのだろうか。

貞右衛門「家」とつけ「家」との関係は同じ村組みの八久保組という以外に、両家で質地証文が結ばれるなど、婚姻関係があるなどの事実は見当たらず、ぬいからつけへの土地の移動の真相について現段階では不明であるが事実として一石一斗の畑地が移動している。

同様に【史料10】の新平「家」も同じ八久保組という以外に貞右衛門「家」との特別な関係は存在しないようである。また、「田畑高出入下調帳」の嘉永三年における土地の移動においては【史料11】にあるように、つけからりもへと、田畑の持高ほとんどが移動している。

【史料11】[28]

川尾　中免　　　　　　　　　　　　同(八久保)同(八久保)

一同（田高）壱石四斗八升壱合　取七斗三升二合　つけヨリりも二入
同　悪地　　　　　　　　　　　　　　　　　　同　　同
一畑高弐斗弐升五合　　取五升　　　　　　　同人ヨリ同人二入
本地　　　　　　　　　　　　　　　　　　　同　　同
一同八斗七升　　　　　取弐斗八升　　　　　同人ヨリ同人二入

弘化四年の「免割帳」や弘化五年の「宗門改帳」では、つけ「家」の持高は二石五斗七升八合、【史料11】の石高を合計すると二石五斗七升六合であり、ほぼ数値は合致し、嘉永三年に、つけ「家」の家産である耕作地がすべて、娘のりもへと移動している。

五馬市村において、通常死亡相続や隠居相続であれ、「家」の筆頭人を相続する時点で「家」の家産である田畑を改めて移動させる【史料11】のような形式で記載することはない。おそらく、これは女性筆頭人から女性筆頭人という異例の相続であったため、改めて村の承認が必要だったのではないか。まさに【史料9】の「新百姓りも」という表現が示すように、改めてりもを「家」の筆頭人として認めるということだろうか。

ただし、この事実をもって女性筆頭人が男性筆頭人よりも村社会のなかで、より強い管理下におかれているとも一概にはいえないだろう。男性筆頭人から女性筆頭人という交代や逆の場合においては、史料のような記載は見受けられない。やはり、女性から女性へという異例の相続ということが原因であったのであろう。

その他、残存する五馬市村の「免割帳」には、各年代において女性筆頭人の名前が見受けられる。天保期から弘化期の「免割帳」には、【表1】にある、あさ、かね、すきなどの名前が記載されており、年貢納入において重要な帳面である「免割帳」に女性筆頭人の名前が記載されていることは非常に興味深いことである。村で作成する公的な文書にこのような形で女性筆頭人が記載されている意味は大きいであろう。

本節の最後に【史料12】として、「当亥宗門御改ニ付病人名前書上帳」における女性筆頭人の記載について紹介する。

【史料12】[29]

五馬市村密賢坊守　ゑし
同人　　厄介　とき
吉兵衛倅　秀作
伝兵衛女房　ゑき
（中略）
りも母　つけ
円平母　ひそ
十兵衛女房　はる
（後略）

【史料12】は、五馬市村で毎年一月に行われる宗門改めの際、実際に出向いて踏絵に参加出来ない者、病気やその看病者、または他出している者を調べて「宗門改帳」の個人名に「病」と加筆している。史料はそのため作成されたものであろう。史料には、「りも母つけ」と記載があり、嘉永四年において、つけから女性筆頭人を引き継いだりもが村で作成した文書に正式に記載されていることが分かる。

（2）質地証文における女性筆頭人

では、次に「家」の家産である田畑の移動について、女性筆頭人が質地証文を作成出来たのであろうか。つけのなかに、つけやりもが、幾つかの質地証文を取り交わした事実が確認される。

「家」及びりも「家」では、弘化期～嘉永期において庄屋が管理していた質地証文の控え書である「裏印鑑帳」

【史料13[30]】

六ヶ年切売渡申畑地山野証文之事

字行丸弐ヶ所不残　　悪地

一中畑壱畝壱歩　　　高壱斗壱升

此境　東音平分境　南逸右衛門分境

西道切　　北同人境

代十九文銭五百八拾五文也

字同所弐ヶ所不残　　悪地

一下畑五歩　　　　高壱升三合

此境　東善平境　南善平境
　　西逸右衛門　北逸右衛門

此分弘化二巳十一月永代売渡証文ニ成
上行三百目金壱貫百弐拾五文也
　代拾九文銭八百弐拾五文也
〆壱貫四百拾文
右は当巳年ゟ戌迄六ヶ年限売渡証文
弘化二巳年三月
証文仕置ニ付
弘化四未年三月先ニ出

五馬市村本主　善三郎（印）
同断　つけ（印）
受人　寿助（印）
受人　善平（印）
組頭　平右衛門（印）

同村
　逸右衛門殿
　善平殿

【史料13】は、五馬市村における八久保組、善三郎とつけ両名が組惣代である逸右衛門と善平に交わした質地証文である。弘化二年の三月に作成しているが、その年の十一月には「永代売渡証文」と成っている。

つけと並んで本主である善三郎も弘化・嘉永期において、独り暮らしの生活を続けていた。その間に「受人」と記載された親類である寿助によって何度も援助されている。この史料においても、土地を切り売りしている様子が看取できよう。[31]

【史料14[32]】

五ヶ年切売渡申畑地証文之事

字行丸弐所不残　悪地

一　中畑壱畝壱歩　高壱斗壱升

但境　東　音平分境

南　逸右衛門境

西ハ道切

北ハ逸右衛門境

代拾九文銭五百八拾文

右は当未ゟ来ル亥迄五ヶ年証文

割印）弘化四未年三月

嘉永四亥仕

五馬市村本主つけ（印）

親類請人　善三郎（印）

同断　寿助（印）

組頭　平右衛門（印）

同村

逸右衛門殿

善平　殿

また【史料14】では弘化四年につけが村組の惣代である逸右衛門と善平に【史料13】の証文を改めて質地証文として取り結んでいる。これにより、女性筆頭人であっても、「家」の家産である田畑を管理していることになるだろう。ただし、つけは本主（借主）であって、逸右衛門たちのように金銭を貸与する立場ではないことを留意しなければならない。

また、史料には「嘉永四亥仕」と加筆され、嘉永四年に、この質地証文を仕替えているようである。嘉永四年とは「宗門改帳」において、つけからりもへ筆頭人が交代した時期である。では、その嘉永四年に仕替えた質地証文をみていくことにしよう。

【史料15[33]】

拾壱ヶ年限畑地質券証文之事

一拾九文銭三百(印)三拾八匁

此質物

字行丸

一下畑弐歩　高五合(印)

字同断
一三歩畑二畝拾五歩　高五升(印)
合畝弐畝拾七歩　合高五升五合
右は当亥　来ル酉迄　五馬市村本主　りも（印）
割印）嘉永四亥年三月　受人　寿助（印）
善三郎（印）
受人組頭　平右衛門（印）
同村
逸右衛門殿

【史料16(34)】
拾壱ヶ年限畑地質地証文之事
一拾九文銭三百三拾八匁
此質物
字行丸
一下畑二歩　高六合（印）
同
一三部畑弐畝拾七歩　高五升（印）

合畝弐畝拾七歩　　合高五升六合
右は当亥ゟ来ル酉迄
割印）嘉永四亥年三月
五馬市村本主　りも（印）
受人　　寿助（印）
善三郎（印）
組頭　逸右衛門（印）
同村
善平殿

この【史料15】、【史料16】は嘉永四年において、改めてりもが、組惣代である逸右衛門と善平に質地証文を結んだものである。それを、逸右衛門と善平それぞれ別して作成している。ただし、【史料15】、【史料16】における「合畝」では、【史料13】の数値とほぼ同様であり、証文はりもに引き継がれている。ともかく、ここで強調しておくことは女性筆頭人が交代した時期において、新たな女性筆頭人りもと再度質地の仕替えを行っていることである。

【史料13】では、つけが逸右衛門・善平と質地証文を結び、質地の年限が迫るなかで新たな「家」の筆頭人であるりもにおいて、新たに証文の仕替えを行ったのは村もしくは村組は女性筆頭人のりもに、家産管理の能力があると判断したからではなかろうか。

（3）女性筆頭人の印鑑使用について

前節では、つけ「家」を事例に取り上げ、彼女もしくは娘のりもが、女性筆頭人として村社会において他の「家」と同様の役割を担っていたことを確認した。

しかし、つけという女性筆頭人は村が作成した文書では度々名前を記し、捺印しているが、これらの行為は本当に彼女自身の意志によるものであろうか。女性筆頭人が村社会のなかで生活している姿に少しでも迫るため、本節では、さらに女性筆頭人を取り巻く村社会の状況について検討を行いたい。多くの文書において、彼女たちは名前を署名しているがそもそも、彼女たちの署名は自らの意志なのか、という問題に対して本節を通して私見を述べることにしたい。

これまでにおいて、女性筆頭人が他の男性筆頭人と村社会のなかで同様な役割を果たしていると論じてきたが、ではその意志を示す「家」の印鑑の使用についてはどうであろうか。

百姓「家」における印鑑使用について千葉真由美氏は、「百姓印は文書の上で個々の百姓の意志や存在を表明した重要なものであること、その捺印形態を検討することによって、当該期においてより有効とされた文書様式が理解できる」[35]として、百姓印の機能と文書作成との関連性について分析されている。

その他に、戸石七生氏は南関東の横野村における宗門改帳の分析から、宗門改帳における署名捺印は男性のみに行われていたが、女性が筆頭人になると女性にも印が押される事例を指摘されている。この事実が意味することは重要であり、女性であっても一旦筆頭人に就いたということで、筆頭人の役割を担うものとして村社会が認知していたことになるだろう。[36]

また、「家」における印鑑の使用について大藤修氏は『全国民事慣例類集』から「女当主の場合、親類代判となり親類の後見的監督に服すか、あるいは自ら家の代表者として実印を行使する権限を有していたかは地方によって異なっていたようである」[37]と述べている。

このように、各種文書に捺印された印にはその「家」の意志を表すものであり、本節では女性筆頭人の印鑑使用について考えていきたい。

そこで、【史料17】として、女性筆頭人あさ「家」を事例に取り上げて考えてみることにする。

前章で確認したあさは文政十三（１８３０）年には庄右衛門「家」の倅・源助の女房であった。天保六（１８３５）年には庄右衛門は「宗門改帳」から消え、源助が筆頭人となっている。その後、天保八（１８３７）年には源助が記載から消えて、あさが筆頭人となっている。それから、弘化五年の間に、姉りをが記載から消え、代わりに娘・はや、倅・栄市、末吉が新たにあさ「家」に加わっている。

あさ「家」ではその間、娘が他村へ縁付となっている。文久二（１８６２）年の「宗門改帳」に、倅・栄市が筆頭人となるまで、あさは二十年以上女性筆頭人であった。では、史料の分析に移りたい。

【史料17】[38]

五ヶ年限売渡畑地証文

うど　本地

一中畑三畝拾五歩　高三斗五升

代十九文銭百五拾目也

右は当辰年より来酉年迄　五馬市村本主うど　庄右衛門（印①）

①

庄右衛門（印）

真年五年限　　　　　　　　　　　　　　　　　請人　伊右衛門（印）

拾ヶ年限売渡申証文あさ継添（印②）はやより孫右衛門当出来

同組頭　源兵衛（印）

弘化四未年三月組合受人之事〇　六百弐拾目証文

同村　孫右衛門殿

②

あさ（印）

【史料17】の庄右衛門と孫右衛門による質地証文は、天保三（1832）年に当初作成されたものである。その後、年限であった五年後において筆頭人はあさに代わっている。そうして、「拾ヶ年限売渡申証文」として、改めてあさが「継添」している。その際に、当初、質地証文作成した時点で、本主は庄右衛門であって、捺印された（印①）は庄右衛門「家」の印鑑であった。しかし、あさが孫右衛門と再度質地証文を取り結んだ時点で、押した印（印②）は、庄右衛門の（印①）とは異なる印鑑である。

五馬市村においては、通常の場合において、筆頭人が代わると印鑑を改める場合や、しばらく前筆頭人の印鑑を使う場合もあり、明確な規範は見受けられないが、【史料17】が示す問題は次の通りである。

庄右衛門が筆頭人である時期とあさが筆頭人となった時点で、印鑑が異なるということは、あさ自体が独自の印鑑を使用していたことを示唆させるものであろう。つまり、百姓の意志や存在を表明するものとして印鑑を使用していることは女性筆頭人が、より村社会の一員であるということを提起できるのではないだろうか。

勿論、大藤氏の言われるように地域的な偏差を加味しなくてはならず、この一例をもって結論づけることは難しいだろう。

さらに【史料17】は質地証文という、「家」と「家」で取り決める私的要素が若干強く、他の文書における、あさの印鑑使用はどうかというと、弘化五年の「宗門改帳」には、あさが（印②）と同様の印鑑を捺印している。また他の女性筆頭人、つけやすきにおいても彼女たちは自分の印鑑を使用しているようである。

第三章　女性筆頭人と紙漉―紙漉からみる村社会―

本稿は女性筆頭人に焦点を当てて、村社会の変容という観点から女性が「家」の筆頭人となる現象を考えた。第一章では主に、従来分析方法として多くの研究者が用いている宗門改帳より検討を行った。また、第二章では、女性筆頭人の出現を「宗門改帳」以外の史料から検討を行い、「免割帳」などの公的世界における女性筆頭人の存在を確認した。

しかし、それでは本当の意味で彼女たちが存在したことにはならないのである。女性筆頭人でいる間、彼女たちがいかにして生活を送っていたのか、このことを証明しなければ、単なる記載上の問題となるのである。換言すれば、女性筆頭人が村社会のなかで生活していることを明らかにすれば、「女性筆頭人は単なる中継相続人」という評価にも一石を投じることになるだろう。

これまで確認したように、女性筆頭人となる「家」は、家産である田畑の持高も僅かであって、質地証文を作成するにあたっても、多くの場合には質地を差し出す側である。つまり、彼女たちが日常生活を送るには単に田畑の耕作のみでは困難であって、女性筆頭人の多くの「家」は少人数で構成されており、男性労働者の不在、さらには幼年者を抱えるケースが多いわけである。このような状況下にある女性筆頭人の「家」がいかなる経営を

【表2】作間の稼ぎに紙漉を行う村および人数

年月	村名	村高	戸数	総人数	紙漉人数	出典
享保 2・7	鎌手村	246石余	87戸	437人	11人	鎌手村明細帳
〃 5・10	小五馬村	185石余	30	177	6	小五馬村明細帳
〃 10・3	馬原村	931石余	191	1022	25	馬原村明細帳
宝暦 6	続木村	172石余	53	235	1	続木村明細帳
天明 6	小五馬村	187石余	32	150	11	懐中開答記
未詳	栗林村	401石余	108	488	10	栗林村明細帳

註）『大分県史近世近世篇Ⅲ』481頁「第31表」を引用。

行っていたのだろうか。

そのことを、日田周辺の特産品であった紙、つまり紙漉を行うことによって経営を成り立たせていたのではないかと考え、本章では日田周辺において紙漉と女性筆頭人との関係をみていくものである。

（1）日田周辺地域と紙漉

では、はじめに日田周辺地域の紙漉が行われている様子について確認していくことにする。

【史料18】は日田郡特に、奥五馬筋と大山筋の村々の「村明細帳」に記載された紙漉に関する次項をまとめたものである。史料からは享保期あたりより紙漉が五馬市村及び周辺地域で行われていたことが看取できるだろう。

さらに、【表2】は、『大分県史近世篇』に紹介されていた「作間の稼ぎに紙漉を行う村および人数」を参考に挙げたものである。【表2】に記載された村は主に大山筋の村々であり、特に紙漉が行われていたのが大山筋の周辺地域であった。

【史料18(39)】

「享保拾乙巳年豊後国日田郡五馬市村」

一作間之稼事　紙漉　拾壱人

一市場無御座候、紙布綿之類売候者、隈豆田町江出申候、
「天明八年豊後国日田郡鎌手村明細帳」
一作間の稼ハ、紙漉拾人、大工壱人、其外ハ堀稼仕候、
「慶応三年豊後国日田郡鎌手邨明細帳」
一作間の稼は、紙漉三人、大工壱人
一市場無御座候、尤紙売候者隈豆田両町ニ出申候、
「宝暦五年村鑑帳豊後国日田郡出口村」
一作間之稼ハ、枝郷川辺之百姓ハ紙漉申候、本村之儀は肥後国道筋ニて御座候間、往来之駄賃日雇等取申候、女ハ布木綿等仕候、
「享保十年豊後国日田郡小五馬村明細帳」
一作間之稼、紙職仕候、尤、紙不仕候者ハ堀稼仕候、一市場無御座候、但、紙之類茶漆苧売候者ハ豆田隈町へ出シ申候、
「天保九年三月豊後国日田郡新城村銘細帳」
一作間之稼ハ、紙漉、葛根蕨堀申候、女は布木綿少々仕候、

このように、日田周辺地域の村々では紙漉が行われていたようである。紙漉が盛んな地域は主に山間部で、地形的にも河川に程近い大山筋であったが、近隣の五馬市村においても、紙の原料である楮の栽培が行われていた。そのことを示す史料をみていこう。

【史料19(40)】

中極書之事

一牛馬つなき方猥ニ相成候而は野続き之作場かちニ而、野畑をもの村々候間春作楮等をあらし一同大ニ迷惑いたし候間、左之通申極候、

一つなき方みたりニいたし作物楮等を食候ハヽ、組合立合見斗より相立可申候、

一ねん入ニつなき置候而も万一はなれ作物楮等をあらし候ハヽ、其段作主ニ断より儀は相談可致候、もしおしかくし引帰り候ハヽ、みたりニいたし候も同し事ニ候間組合立合見斗ヨリ立可致し事、

一はなし牛馬いたし候ものハ差おさへ四組打寄急度取しまり可致事、

右之通相談之上はげんかくニより相立候とも相たかい取しまり之ためニ候間、不足申間敷候、為其連印申極書差出し置候以上、

慶応元丑閏五月

五馬市村小前下組　伝兵衛

（十人後略）

〆

目野組　徳四郎

（十人後略）

〆

上ミ組　源平

（四人後略）

〆

新城村小前　文平

（五人後略）

〆

百姓代　新兵衛（印）

組頭　次右衛門（印）

同断　弥兵衛（印）

新城村組頭　政右衛門（印）

庄屋謙平

【史料19】が作成された背景には幕末期において馬借を行う者とそうでない者との間において、森林資源の枯渇などが複雑に絡み、問題が表面化したものと思われる。注目すべきは「春作楮等をあらし一同大ニ迷惑いたし候」、「作物楮等を食候」との文言である。つまり、楮の栽培は幕末期において五馬市村ではかなり広く普及していたようであり、紙漉の原料となる楮が、作物と同じように重要であり、村において栽培されていたことを物語っているだろう。

日田周辺地域の紙漉の盛んな様子は、紙漉によって製品化した紙や原料を村々に買い付けに来ていた日田商人の動向からも窺えるところである。

そのことを野口喜久雄氏によって、日田商人における活動の様子が詳細に検討されているが、そのなかで日田商人森家においては、近世中期頃の経営の一端を示す「内証勘定」には「七拾六文銭拾貫七百六匁弐分　大山筋銀小払米代共ニ」、「同　九貫三百拾五匁四分　津江大山筋」など、紙や楮の売買の記載が見受けられる。(41)

(2)『紙漉重宝記』と女性筆頭人

前節によって、日田周辺地域において紙漉が盛んに行われていたことは確認されたが、本節ではその紙漉と女性筆頭人との関係を検討していきたい。

この【図1】(42)は寛政十(1798)年に国東治兵衛によって記された『紙漉重宝記』の一部である。図をみると、紙漉を行う行程が図によって記されているが注目すべきは、作業している人物の多くに女性が描かれている。男性は、楮を刈り取る図や、出来た製品を売買する図の時のみに描かれており、実際に楮から紙を作る行程の殆どは成人女性が描かれた図である。

つまり、紙漉において主要な行程作業は女性によって行われていたのではないかと考えられる。

このことは紙漉が盛んに行われていた日田地域において、女性の仕事として紙漉が行われていたことを強く示唆することができるのではないだろうか。それは、田畑などの家産が稀少である女性筆頭人の「家」の経営に照らし合わせると、どうであろうか。

そのことを日田出身の農政学者である大蔵永常が記した『広益国参考』にある「国産を拵ふる心得の弁」では

【図1】

次のように述べている。

【史料20[43]】

大蔵永常『広益国産考』「国産を拵ふる心得の弁」より一部抜粋

其一二をあげて云うんに、紙を漉んとて、新に紙漉場をつくり、他所より楮を買入れ、余国より漉人を雇ひ、手伝の者をかかへ、漉立させたまへり。是ハ利を起すに似たれども、却りて損毛多し。夫紙を漉事ハ農人農業の隙に稼とするもの也。（中略）農業の隙々に漉物なれバ、家内の人数少なくてハ漉事できず。人を雇ひ入て漉ハ引合ふ物ニあらず。

そこにおいて紙漉については、大規模に紙漉場などを設けると利益は生まれず、紙漉は人を雇って行うのではなく、家族程度の少人数で農間余業として行うことを勧めている。記している大蔵永常が日田出身であることから、おそらくは紙漉の現状を見知っていた可能性が高いのではないか。史料にある様相とは、まさに女性筆頭人の「家」のように、少人数で田畑の耕作のみでは経営が苦しい状況下にある場合において紙漉が有効的であると示唆できよう。

例えば、紙漉のような一連の行為は、深谷克己氏が指摘されているように、従来、領主が商業的余業へ移ることを危惧していた状況から変わりつつあるのではないか[44]。つまり近世後期における農業では、商品作物などを栽培し、これらの農業形態の変化が「余作」を生み、さらに「余業」によって「家」の経営を立ち行かせようとしたのではないだろうか。

そのことを、【史料21】では次のように述べているのである。

【史料21】(45)（「御郡代塩谷大四郎様天保三辰年御利解書」）

一作間之稼ニ紙渡世いたし候者ハ、右紙代を以て上納銀足ニいたし、其余徳ニて家相続之手当ニいたし候ニ可有之、且、紙を漉立候処若し其紙他所差留ニ相成候ては、其所限ニ相成、直段も下り紙漉渡世之詮も無之様可相成候、穀類とは少々訳も可違候得とも、雑穀楮類等一概津留、百姓ニ取候ては難儀ハ凡そ同様之道理ニ付、則自儘之申方ニ候、

史料は幕末期において、日田商人と在方の商人との紙漉をめぐる動向を紹介された後藤重巳氏の論文に記載された史料を一部抜粋したものである。史料は西国筋郡代から出されたものであるが内容では、紙漉によって年貢銀の足しにして、それによって家の経営が向上するならば、として事実上紙漉「余業」を容認している。

このように西国筋郡代も、紙漉によって「家」の経営を継続させるという問題の裏側には、田畑耕作の益々の減少から農村荒廃の広がりが予想されるが、そうであっても紙漉を認めざる得ない状況であったことも事実ではないだろうか。

ただしこれまでの検討したところ、女性筆頭人の「家」が紙漉を行っていると直接的な言及は史料的制約から困難であったが、その可能性は充分ではないかと思われる。女性筆頭人が暮らしを支えるひとつの証拠として本章では紙漉を考えたが、当然ながら、その他にも彼女たちの生活を続ける生業があったものと思われ、今後も追及していきたい。

おわりに

本稿では「宗門改帳」において度々見受けられる女性筆頭人について村社会との関係から検討を行った。第一章では五馬市村における女性筆頭人の様相についてみていき、そのなかで具体的な事例を幾つか挙げ、女性筆頭人となる背景について考察した。また、第二章では村社会において女性筆頭人がどのような役割を果たしていたのかを、公的な文章に登場する女性筆頭人を取り上げ、印鑑の使用の問題などから女性筆頭人の村社会における活動の一端に関する問題を検討してきた。さらに第三章では、女性筆頭人の暮らしの様子を探るべく、日田地域において盛んに行われていた紙漉を題材にして検討を進めた。女性筆頭人の暮らしぶりといった詳細な様相は分からないものの、女性筆頭人の「家」が経営を維持するために紙漉活動が非常に重要ではないかと示唆することができた。

おそらく、近世後期における村社会において、村は彼女たちを宗門改帳の筆頭人として記載し、何とか百姓株の維持を行いたいという意識から、女性筆頭人を誕生させたものであろう。村は、これまでの規範を変えてでも、その村を守ろうとしたのではないか。そのような状況にあり、村社会の変容しつつあるなかで彼女たちが出現してきたのではなかろうか。もしかすると当初は「宗門改帳」の紙面上のみの「筆頭人」であった彼女たちも、やがて村社会のなかで、ある程度「家」の顔として認められる場面が出てきたのではないか。それは本稿でも確認されたが、二〇年以上もの間「家」を経営した女性も存在しており、何ら男性筆頭人と変わらない者も存在していた。生活の術を田畑耕作だけでなく何らかの「余業」をもって「家」を経営させていたのではないかと考え、その一つの可能性を本稿では紙漉に求めた。

ただし、本稿では女性筆頭人があくまでも、村社会のなかで幾つかの役割を担っていたということを論及したに過ぎず、彼女たちの零細な「家」がいかにして日常生活を送っていたのか、彼女たちの生活の様相を、さらなる具体的な事例から考えていきたい。

註

（1）宮川満『太閤検地論Ⅱ』御茶の水書房、一九五七年。三三一～三三五頁参考。

（2）大藤修『近世農民と家・村・国家』吉川弘文館、一九九六年。二四五～二九二頁参考。

（3）大竹秀男『「家」と女性のいる歴史』弘文堂、一九七七年。二〇八～二〇九頁参考。

（4）大藤前掲（註2）二五一～二五四頁参考。

（5）大口勇次郎『女性のいる近世』勁草書房、一九九五年。七四～一〇六頁参考。

（6）大口氏は（大口前掲（註5）一〇七～一一〇頁）で、薮田貫氏、中野節子氏の両氏の批判に応えて「近世後期の村落において社会と家の秩序が動揺し、まさに家の永続が危機に直面したときに村共同体は女性（母親）の力を必要として、若年の男性よりも女性相続人を選択したのである」と述べている。

（7）宮下美智子「農村における家族と婚姻」女性史総合研究会編『日本女性史　第三巻』東京大学出版会、一九八二年。

（8）岡田あおい「近世農民家族における家督とその戦略」速水融編著『近代移行期の家族と歴史』ミネルヴァ書房、二〇〇二年。

（9）近世氏研究者や女性史・歴史人口学における女性筆頭人の評価をみてきたが、女性筆頭人に関し、その他参考となる著書・論文を挙げておく。成松佐恵子『江戸時代の東北農民―二本松藩仁井田村』同文館、一九九二年。宮下美智子「近世前期における『家』と女性の生活」、長野ひろ子「農村における女性の役割と諸相」、安国良一「近世京都の庶民女性」以上の三論文は次の本に所収されている。女性史総合研究会編『日本女性生活史第三巻』東京大学出版会、一九九〇年。中埜喜雄「江戸時代大阪町方における女性相続人について」田中真砂子・大口勇次郎・奥山恭子『縁組と女性―家と家のはざまで』早稲田大学出版局、一九九四年。

(10) 姉相続慣行については、様々な事例論文等が存在する。その一例として次の論文がある。菊池慶子「仙台藩領における姉家督慣行―牡鹿郡根岸村の宗門人別帳の分析から―」総合女性史研究会編『日本女性史論集3 家と女性』吉川弘文館、一九九七年。

(11) 奥五馬筋は七か村で、五馬市村、芋作村、桜竹村、新城村、塚田村、出口村、本城村で構成されている。

(12) 五馬市村の村組については、拙稿を参考としてほしい。(拙稿「近世後期、村組と村社会の変容」『専修史学』第三九号、二〇〇五年)

(13) 「表1」における家族構成・持高などの判断基準としては宗門改帳の欠損している年代では、前後年での宗門改帳を参考にしている。

(14) 大口前掲(註5)七四～一〇六頁参考。

(15) 成松前掲(註9)一七〇～一八二頁参考。また、岡田氏によると下守屋村での女性筆頭人(女性家督継承者)の平均期間は九・一年と男性筆頭人の半分である。(岡田前掲(註10)一一九～一二二頁参考。)

(16) 大藤前掲(註2)二四六・二四八～二五四頁によると、女性筆頭人が発生した九件の事例では、家族内に男性がいたケースは二件のみで、いずれも十歳以下である。大口氏(大口前掲(註5)七四～一〇六頁)によると、下丸子村では、成年男子を伴いながら女性筆頭人に成った数例の事例が存在している。羽州山家村・畿内東戸村においても同様なケースを確認できる。

(17) 成松前掲（註9）一七四頁参考。
(18)「文政十三年宗門改帳」（『五馬市村文書』別府大学付属博物館所蔵）
(19)「天保八年年宗門改帳」（『五馬市村文書』別府大学付属博物館所蔵）
(20)「嘉永六年宗門改帳」（『五馬市村文書』別府大学付属博物館所蔵）
(21)「天保八年宗門改帳」（『五馬市村文書』別府大学付属博物館所蔵）
(22)「弘化五年宗門改帳」（『五馬市村文書』別府大学付属博物館所蔵）
(23)「嘉永四年宗門改帳」（『五馬市村文書』別府大学付属博物館所蔵）
(24)「弘化四年免割帳」（『五馬市村文書』別府大学附属博物館所蔵）
(25)「弘化四年免割帳」（『五馬市村文書』別府大学附属博物館所蔵）
(26)「田畑高出入下調帳」（『五馬市村文書』別府大学附属博物館所蔵）
(27)「田畑高出入下調帳」（『五馬市村文書』別府大学附属博物館所蔵）
(28)「田畑高出入下調帳」（『五馬市村文書』別府大学附属博物館所蔵）
(29)「当亥宗門御改ニ付病人名前書上帳」（『五馬市村文書』別府大学附属博物館所蔵）
(30)「裏印鑑帳」（『五馬市村文書』別府大学附属博物館所蔵）
(31) 村の独り身に対する対応については拙稿を参考にしてほしい。（拙稿「近世後期、幕領村落における村の独り身対策について」青木美智男編『文政・天保期の史料と研究』ゆまに書房、二〇〇五年）
(32)「裏印鑑帳」（『五馬市村文書』別府大学附属博物館所蔵）
(33)「裏印鑑帳」（『五馬市村文書』別府大学附属博物館所蔵）
(34)「裏印鑑帳」（『五馬市村文書』別府大学附属博物館所蔵）
(35) 千葉真由美「近世百姓印の機能と文書作成―相模国津久井郡牧野村を事例として」『地方史研究』五三（一）、

二〇〇三年。
(36) 戸石七生「近世後期横野村の女性戸主―宗門改帳と明治戸籍の分析を中心に―」『秦野市史研究』第二二号、二〇〇三年。
(37) 前掲大藤（註2）二五二～二五三頁参考。
(38) 「裏印鑑帳」（『五馬市村文書』別府大学附属博物館所蔵）
(39) 後藤重巳監修『豊後国日田郡村明細帳』つちや印刷、一九九九年。
(40) 「申極書之事」（『五馬市村文書』別府大学附属博物館所蔵）
(41) 野口喜久雄『近世九州産業史の研究』吉川弘文館、一九八七年。六五～八四頁参考。
(42) 国東治兵衛『紙漉重宝記』（『近世歴史資料集成第Ⅱ期第Ⅲ巻日本産業史資料（3）』）
(43) 大蔵永常『広益国産考』
(44) 深谷克己「五　農耕と諸稼ぎ」『百姓成立』塙書房、一九九三年。
(45) 後藤重巳「近世末期豊後日田周辺農村の物流」『別府大学紀要』第三十九号、一九九七年。

「付記」　史料閲覧を許可していただいた、別府大学附属博物館と大分県立先哲史料館のご協力に深く感謝致します。本稿は、二〇〇六年に専修大学に提出した博士論文（「近世村社会の変容」）「第三章　女性筆頭人と村社会」、「第四章　女性筆頭人の活動」を基軸としたものである。

天保一一年三方領知替の意図と川越藩の動向

青木　美智男

はじめに

周知のように幕府は、天保一一（一八四〇）年一一月一日、武蔵川越藩松平氏を庄内（鶴岡）藩へ、庄内藩酒井氏を越後長岡藩へ、長岡藩牧野氏を武蔵川越藩へ移すという幕命を、当該藩それぞれに通達した。幕府が三つの藩をたらい回しに移す、いわゆる三方領知替は、近世を通して七回ほど行なわれ、とくに珍しい行為ではない（北島正元「三方領知替と上知令」『徳川林政史研究所紀要』昭和四十八年度を参照）。しかしこの時期に幕府があえて三方領知替という転封方式を採用したのかという点についての具体的な解明は、藤田覚氏の「三方領知替と海防問題」（『歴史』五〇、のち『幕藩制国家の政治史的研究』校倉書房、一九八七年）のほか意外に少ない。どちらかといえば一旦幕命で公に通達された領知替が庄内藩領民の一揆によって阻止されたという反対一揆の方への関心が移っている感がある。

しかし領知替を阻止されたという事実は、幕政史上初めての大事件であり幕府の威信を著しく損ね、以後の対大名政策に大きな影響を与えた事件であることは間違いない。それゆえ、なぜこうした政策をあえて断行したのか、という政治的背景を探ることは意味のあることであろうし、あわせて領知替にかかわる三藩の動向、とりわけ領知替のきっかけをつくった川越藩にもっと目を向ける必要があるだろう。そこで本稿は、その川越藩が、庄内藩へ転封せよという幕令が届く直前、隠密を庄内藩領内に潜入させ、詳細な領内情報を得ていた事実を中心に紹介しつつ、改めて三方領知替を断行した幕府の政治的事情を問題にしてみようと思う。

三方領知替の発端と川越藩

幕府が三方領知替えを断行しようとした背景には、二つの思惑があったと思う。第一は川越藩の財政窮乏に対する救済であり、第二は海防という幕政の重要課題への対応であろう。そこでまずその第一の思惑について論じておこう。

当時幕府は一二代将軍家慶の時代だったが、依然一一代将軍家斉が大御所として幕政の実権を握り、なお強大な権限を持って幕政を動かしていた。周知のように一一代将軍は長命で五〇年ものあいだ将軍の座についていた精力的な人物である。そのため、在位四〇年の時、その長さゆえに太政大臣にのぼりつめた将軍でもある。太政大臣といえば、武家政権七〇〇年の歴史の中でも最高位の高官であって、江戸時代では権現様の家康以外にはいない。それほどの人物なので、家斉は御台所（正妻）の島津重豪の娘のほかに妾女四〇人をかかえ、正妻とその妾女の間に生まれた子どもの数は、世子の家慶を含めてなんと五五人にのぼった。この中には成人せず亡くなってしまった子どももいたが、当時の幕府には成人した将軍の子を、新大名として取り立てる力がなく、諸大名家へ養子として押し付ける方法がとられた。大名にとっては迷惑この上ない政策だが、時には父が将軍であることを利用して幕政を動かし藩の難題を打開しようとする藩も存在した。

武州川越藩がそれである。文化文政期の藩主松平斉典《なりつね》は政略的に将軍家斉の第二四男斉省《なりさだ》を養子に迎えた。そして斉省は養父斉典の願望を実父の家斉に甘える方法で実現しようとした。その養父斉典の願望とは、川越藩の財政窮乏を打開するための転封願いであった。

藩主松平斉典は、寛延二年（一七四九）、播州姫路藩一五万石から上州前橋藩一五万石へ所替を命じられた松平大和守朝矩の子孫、七代直恒の三男である。所替の理由は、朝矩がわずか一一歳で家督を継いだためである。つまり若年の藩主に重要な位置にある姫路藩をまかせるわけにはいかないという理由からである。しかし転封後まもなく前橋城が利根川の洪水で大きな被害を受け武州川越城に移ることとなる。斉典は当初矩典と称していたが、文化一三年（一八一六）、藩主となり大和守に任ぜられ、文政一〇年（一八二七）、家斉の二四男を養女の婿養子に迎えるや、さっそく実行に移したことは、姫路への転封願いだった。しかしそれは受け入れられなかった。そこで天保六年（一八三五）、将軍家斉の一字を拝領して斉典と改名し、天保九年（一八三八）、同一一年（一八四〇）の二度にわたる幕府へ前橋城への復帰と加増を求める嘆願書を出したのだった。

斉典の執拗な転封願いの目的は、まちがいなく極度の藩財政難からの脱却にあった。まず姫路から前橋に移ったことによって年貢収入が約一〇万俵余も減少したことと、前橋から川越への移城によってさらに年貢量が減ったことが第一の原因だと言われている。第二は、幕府の江戸湾海防政策で川越藩が相州三浦半島の警備を命じられ、常時、三浦半島の観音崎陣屋に一三六人もの藩士を配置するなどして膨大な支出を余儀なくされたことによる。この結果、『川越市史』第三巻、通史編「近世」によれば、天保八年（一八三七）には約四〇万両の借財を抱え、いくら倹約してももはや増収の見込みがない状態に陥っていたという。

そこで浮上したのが、川越藩領より生産力の高い藩領への転封案だった。しかし斉典は表向き、こうした運動を行なわず、天保九年と同一一年の二度にわたって幕府に出した歎願書には、第一に、川越移封前に一二回も転封を命じられた上、川越に移ってからますます藩財政が逼迫する、この現状打開のためには、前橋帰城と二万石の加増を願うとともに、天保一一年の嘆願書では

委細一昨年中奉願上置候通、領分上州前橋廃城之場処、自力を以連年ニ再築之儀御聞済之上、何卒初発酒井雅楽頭同処拝領通之振合ニ被成下、川越之義者其侭持様罷在度、是又委細申上置候通、相州陣屋居付人数之義者甚人少手薄之義ニ有之ニ付、増人数差加実事ニ相叶、各々手厚ニ備立置、非常之御用筋御間欠ニ不相成様相勤申度奉存候間、在陣屋并安房国・上総国旧領之辺ニ而免合之場所、高替被仰付被下置候様仕度奉存候、心願之通被成下候得者、以

御威光大蔵輔家督相続爲仕候、安心ニ相成父子共々、上者勿論家中領内一同広大之奉仰、

御慈憐如何斗歟難有仕合可奉存候、是迄父子共格別之奉蒙御高恩、猶重而心願筋申上候義者呉々以恐多奉存候得共、可奉蒙御仁慮ニ而者所詮我々安心ニ可相成哉ニ無御座ニ付、不得止事奉申上候、格外之御沙汰を以右心願之趣

御聞済被成下候様仕度、猶又奉本願候、以上、

（天保十一年「川越藩日記」前橋市立図書館蔵）

と専ら「非常の御用」＝海防の遂行をメーンにした「在陣屋并安房国・上総国旧領之辺ニ而免合之場所」への「高替」＝領知替えを、養子の斉省へのスムーズな家督相続を行うためにも、親心に訴えて実現しようとした点が重要である。そしてその上で、養子斉省自身もまた「養父」斉典の心痛を思い

御直筆ニ而
私養家勝手向之儀前々取箇元不足暮向ニ而、当時者此上も無御座難渋之場合ニ相成
公務之備茂無御座、御家来共江之宛行者誠ニ凌茂立兼仕向之致被置候事故、妻子之養育ニ難渋致之向多く有之、養父茂殊之外朝暮心痛致候事、厳敷倹約を守不自由之体気毒至極ニ御座候、乍去私上之儀者、養父始家来者聊深心を用呉、何不自由与申事茂不相覚、無滞成長仕候ニ付而茂、養父之心痛家中の艱難之暮向見聞仕候得者、誠ニ難忍不便之事共ニ相聞、於私茂深心痛仕候、右体之振合ニ而所詮此侭ニ而者不相済事故、私上之為不省と深心痛致呉、養父より一昨年中重々事柄奉嘆願ニ付、其節私よりも奉内願、其儀も中上候通儀ニ御座候、是迄茂父子共厚奉蒙御高恩候上、申上候儀者恐多奉存候得共、此節勝手難渋之振合者、実ニ不軽場合ニ相成（以下略）　（同）

と、老中水野忠邦や大奥に宛てた嘆願書を認め、大御所と生母お糸の方の力を期待する裏面工作に出たのである。この親心に縋った泣き落とし作戦は、大御所や生母お糸の方を動かした。そして幕閣内部で転封への手続きは急速に進んだ。

そしてそれは、川越藩の「出羽庄内江御所并付御沙汰之条弐万石御加増　別記」（前橋市立図書館蔵）という三方領知替関係の特別日記の天保一一年一〇月二九日の冒頭に

天保十一庚子年
　十月廿九日
一、江戸ゟ二時切刻廻分、酉中刻ニ参着之処、西御本丸下水野越前守様ゟ兼て之御内願弥御成就、明晦日御奉書御到来、来月朔日出羽国庄内江御所替可被仰出御内沙汰之趣、御同方御役女尾嶋より門屋助右衛門方迄申来候旨、猶明日御奉書到来之上ハ御注進可申趣候得共、此場者内沙汰之趣申来り、恐悦無此上御事候、
一、右ニ付月番年寄艮刻出仕申上候、
　十月晦日
（中略）
一、此度御内沙汰申越候ニ付而者、忍之者三人庄内江差遣候条ニ許多御取調申出候様可申付旨、且又右ヶ条之内丸印之儀之者、早々取調、調付掛方次第、壱人ハ早々罷帰、其段申出候様申含、即刻発足可申出旨、尤江戸表江立寄内密ニ申右筆其段申出、同処ニおゐて猶又得差図発足致候様可申聞と大目付猿木十郎右衛門江申聞之、
但、本文忍差遣候義ハ、先月中大凡御模様方申来候節、早速忍差遣可然と申合之上、弥之申含、其段江戸江申遣候処、未御所替御場処聢与取握兼候ニ付、先ツ見合置候様同処より申越候ニ付、見合罷在候処、此度之御内沙汰ニ付、本文之通申付遣之、

右ニ付、諸雑用見込百金差向候場ハ、御貯より金子為差出、先ツ可被渡置候、

（傍線は筆者）

と書かれていることから推察すると、幕閣間では着々と転封の作業が進み、九月中にほぼ転封が決定を見ていたことがわかる。ただし「未御所替御場処聢与取握兼」と、行き先が確定しないまま一〇月二九日まで来たが、その間、川越藩内では、連絡ありしだいいつでも忍の者を転封先に派遣する準備が完了していたことがわかろう。

つまり川越藩主松平斉典の転封要請はようやく受け入れられたが、庄内藩への転封が決定を見るには至らなかった。しかしその背後で大御所家斉の圧力があったとする説が、すぐ「巷説」＝世間の評判になり、大坂斉藤町にあって全国の情報を集めていた町医者が書き残した『浮世の有様』九（『日本庶民生活史料集成』第一一巻、三一書房、一九七〇年、七一九頁）には、

当時の大和守殿（斉典）御養子大蔵大輔殿には　大樹家斉公の御子にして、此家を嗣かせ給ふといへ共、川越は領内も狭くして、収納至て少く、借財至て多くして、勝手向不如意なる所より、金子五十万両の拝借を公儀へ願ひ給ひ、此義御聞済下し被置候か、左なきに於ては、宜き所へ国替仕たきよし、内々にて御願ありしゆえ、此度国替の台命ありしと云へる巷説を、専らいゝふらしぬ。いかなる事にや、其実をしらず、

と「大樹家斉公の御子」説が記録され、また清野鉄臣編『荘内天保義民　前篇』に収録されている「犬塚友之輔の為見候江戸状」（一三頁）にも

松平大和守斉典の世子斉省は、大御所様徳川家斉の御妾腹なり、此御腹はお糸の方と申、此人の取計にて此度の御所替は出来候由也、尤も直に大御所様へ御内談被成候、乍去大御所様の御気に入居候為か、御聞済被成候て、如此の御所替と相成候、

とあり、斉省の生母お糸の方が懇請したことが記録されている。

こうして見ると、川越藩は豊かな藩領への転封を「内願」＝内々に懇請し、それに実父・実母らが応えたことは事実のようだが、川越藩自らが庄内藩への移封地として名指し希望していたわけではないことが分かる。しかしそれは期待以上の藩領への転封であったようで、藩は一一月朔日、幕府から正式に御所替が申し渡される登城前に、江戸屋敷において

一、右ニ付惣　御霊前江御歓奉者番御名代相勤
一、右ニ付若殿様・御前様・健吉様・駒七郎様・誠丸様ゟ殿様江御歓被仰進之、
一、右同断老中・年寄出仕御歓被召出申上之、
一、番頭・町在奉行被為召、左之趣
御意
　但、奏者番取扱之事
　　　　　　　　　　　　　　番頭不残
今日御用之義有之ニ付、名代壱人差出候様達有之旨申来候処、所替之御沙汰ニも可有之哉本望至極之事ニ候、

左候得者上下極難之時節柄と申、別而心配之事ニ候、相番之ものとも諸事質素ニ致、落合能体慎罷在候様心を付可申候、猶追々可申聞条為第一ニ取斗可申候役柄之義故、此段内密ニ申聞置候、

町在奉行

今日御用之義有之ニ付、名代壱人差出候様達有之旨申来候処、所替之御沙汰ニも可有之哉、本望至極之事ニ者候、左候得共、郡中之義別而大切之事ニ候条、為第一ニ基家老共差図を請□可申談可相勤役柄之義故、此段内密ニ申聞置候、同役共江茂申達候様可奉存候、

（「出羽庄内江御所替并御沙汰之条弐万石御加増　別記」前橋市立図書館蔵）

と、庄内藩への移封が「本望至極」であると歓喜した。そして正式に庄内藩への移封が申渡されるや、

殿様　御名代壱人御登城被成候様御達有之ニ付、山内遠江守様御登城之処、出羽国庄内江御所替被仰付候段、御用番水野越前守様ゟ被仰渡候旨、御注進申来、乍憚御本望至極恐悦之御事候、此段可申聞旨被仰出候

右御請相添被仰出有之段申渡、執弁書相渡之、

白紙

此度御所替被為蒙仰候ニ付而者、一統勢ひニ乗し不申様厚心掛、諸事質素ニ相慎落合宜穏ニ罷在候様ニと思召候、上下必至と難渋之時節柄ニ候得者、別而一統心得違無之御為第一ニ相勤候様可致候、猶追々可被仰聞候条、先ツ此旨申聞置候様可致段被仰出候

（同　傍線は筆者）

と、「本望至極」と歓びつつ、同時にあまりの嬉しさに、「一統勢ひニ乗じ不申様厚心掛」と誡めているように、藩あげて大きな期待を持ったことはまちがいない。

しかしそのためには、川越藩が庄内藩は豊かな藩であるという情報を事前に得ていなければならない。その点で庄内藩は、当時巷間ではどのように見られていたのだろうか。

先に紹介した『浮世の有様』九（七一八〜九頁）には、こんな記事が書き留められている。

元来往古へは、奥羽一円は蝦夷と唱へ、王化にも服せさる程の荒夷なりしゆへ、京よりしてこれ征伐したまへる事数多度の事なりしが、漸々王化に服するやうになりしにぞ、奥羽一円はこれを陸奥と唱へしが、中古またこれを分ちて二つとす、出羽の国これなり、其二つに分ちぬるところの陸奥さへも、他邦に於てこれと比すべき邦なし、出羽も又これにて知るへし、如此大国なれば、古へよりして英雄・豪傑又は叛逆人等数々蜂起し、何れも其翼を延んとすることなるゆへ、互に剣戟交へて合戦断る間なき国なるにぞ、神祖世を治給ふといへとも、未だ乱後間もなきことなるゆへ、御譜代多き中に於て、酒井左衛門尉を御ゑらみにて、奥州を押への為めに庄内へ遣し給ふ、尤其頃迄は、山林広野のみ多く有て、肝心なる田畑等は至て少く、領知広大なれども悪敷所也しとそ、上にもこれをくわしく知召しながら、左衛門尉に賜り、同人も其撰に当りし事を深く辱として、早速に引移り、夫よりして山野を開き、処々川をほり田畑となし、河水を引て田畑を潤し、二百余年の星霜を経て、他国に比すれば領地も広く、家富国栄へ、庄内は至て宜しき土地なりとせ間にもよく知りて、繁昌せるやうに成しは、全く酒井家数代の功にして、政道正しく、能百姓を撫育せし故也、斯る由緒ある家筋なるゆへ、御譜代の諸侯大抵所替せさるはなきくらひのことなり。已に此度庄内へ所替被仰蒙し川越の松平大和守には、これ迄所替せしこと九度に及ぶと云。かやうの類不少ことなるに、庄内に於ては其事なし。これにて思ひ量るべし。

とあるように、庄内藩の豊かさに関する情報は、巷間にかなり広まっていたと言ってよく、川越藩士たちが庄内藩への移封を知って、「本望至極」と喜んだのはうなづけることである。

川越藩が命じた庄内藩領調査報告

前述したように川越藩は、正式の申渡しを待たず、忍びの者を五人を庄内藩領へ派遣した。その際藩は彼らに二八項目にわたる調査を命じた。探索項目は右のようである。

一、庄内御領分拾四万石余者、同処ニ不残円り居候哉之事、
　但、何れ之方御取箇宜、いつれ之方ハ不宜と申、大凡之模様方も可有之哉之事、
一、収納米凡何程位ニ候哉之事　但、何斗俵ニ有之哉之事
一、金納右同断之事、
一、海運上右同断之事、但、御城下より舟着迄里数之事、
一、御国益之品有無之事、但、有之上者運上等大凡何程ニ候哉之事、

一、町在人気善悪模様之事、
一、御城内外模様之事、但、御家中屋敷ハ御城内ニ多く有之哉、又者御城外多く有之哉之事、
一、御家中奉公人男女共給金等如何様之振合ニ有之哉之事、但、御領中夫人を召仕候哉之事、
一、海岸御固場有之哉之事、但、御固場有之候而如何様之御振合ニ候哉、且御入用之大凡御程合之事、
一、米価并大麦・大豆価之事、
一、味噌・塩・薪等価之事、
一、呉服類并諸色大凡右同断之事、
一、庄内ゟ大坂迄通船模様方之事、但、庄内米を他国江廻米出来候哉之事、
一、江戸ゟ庄内舟着迄荷物運賃大凡何程位ニ候哉之事、但、右舟着ゟ御城下迄駄賃右同断之事、
一、江戸より庄内迄人馬賃銭右同断之事、
一、庄内寒暖時候之事、
一、庄内領東西南北何程之里数ニ有之哉之事、但、海辺付里数右同断之事、
一、水損場何与申処ニ多く有之哉之事、
一、旱損場右同断之事、
一、湿地右同断之事、
一、津出し場不宜場処何方ニ有之哉之事、
一、田勝ニ有之哉、畑多く有之哉之事、
一、檜山・松山・杉山何与申処宜く有之哉之事、

一、湊坂田之外、今壱ヶ処有之様及承候、其外ニ有之哉、否之事、
一、田川郡・飽海郡之内御代官処有之哉、諸侯方領分其外知行処有之哉、否之事、
一、庄内領一二之富家ハ何と申もの有之哉、否之事、
一、別紙絵図面ニ庄内領外領分印を付、持帰るへき事、

（「出羽庄内江御所替并御沙汰之条弐万石御加増　別記」）

という内容である。藩領支配に関して懸念される重要な項目をほとんど網羅していると言ってよいだろう。わずか一日でこれほどの調査項目を書上げられるということはありえない。事前に「庄内」へ移るらしいという情報がある程度洩れていたと考えるのが妥当であろう。

庄内藩領内に潜入した川越藩の忍の者は、

一、庄内御城下此節厳重ニ而他処もの逗留難成、既に先頃六部・小間もの売人入込候処、早速被追立申候、川越ゟ之穏密抔宿なし候もの有之哉と甚吟味厳敷詮義有之、何分弁舌相務申事故、直ニ関東ものと相分り候ニ者当惑仕候、

（同）

という厳重な他国人規制と詮議を掻い潜っての調査だった。そして一二月六日、

一、兼而被差遣候忍之内、布沢太兵衛・布沢実右衛門と山本順右衛門昨夜罷帰候段、左之趣大御目付差出之、

（同）

と五人の内三人が帰国し大目付へ調査報告書を提出した。それは前述の探索項目をベースに調べられたもので、かなり詳細な報告であった。そこで長文ではあるが報告書の全文を紹介し、庄内藩への転封が期待通り「本望至極」であったかどうかを確かめておこう。

一、御領分拾四万石余者同所ニ不残相円居候哉之事
　庄内御領分田川郡・飽海郡二郡不残円居候由ニ御座候、田川郡川南領と申而八万八千石余、飽海郡川北と申候て六万石、以上拾四万八千石余ニ御座候由ニ承り申候、御取箇善悪之場処絵図面へ相印置候通りニ御座候、右絵図面之儀者格別之訳合を以て手ニ入候義ニ御座候、処ニ而も存候者余り無之、甚以秘蔵之絵図面之由ニ御座候、相分兼候処者口上ニ而可申上候、

一、御収納米大凡何程位ニ候哉、
　但、何斗俵ニ有之哉之事、
　御収納米大凡三拾万石位と申事ニ下説仕候、壱俵五斗入之由ニ御座候、

一、金納同断之事、

一、海運上右同断之事、
　但、御城下ゟ船着迄里数之事、
　海運上・川運上・温泉場運上、諸職人・酒造・山都而運上金納込ニ而、壱万五千両程候と申候儀ニ下説御仕申候、

一、御国益之品有無之事、

但、有之候上者運上等大凡何程位有之哉之事、
御国益之品承不申候、漆蝋抔湯殿山麓辺ゟ少々者出候由ニ候得共、少々之義ニ而他国江相廻り候程ニ者無之、他国より庄内江相廻り由ニ下説承申候、蝋者越後辺ゟも相廻候由、漆者仙台或者最上辺ゟも相廻るよしニ承申候、

一、町在人気善悪模様之事、
町在共ニ一体律儀之所ニ而、人気宜奢ヶ間敷事共無之法度を相守、衣類御製服有之、木綿之外着用不致、飲食等者米沢山之処ニ而、在中抔ニ而者酒手造りニ致置、茶ニ而も出し候、とくに参ル人ニ振舞申候由、御城下遠在ニ至迄御家中を殊外尊ひ庄内御領ニ者組々ニ大庄屋と申候而御家中軽き者被仰付、在中住居致居候而万事取扱候由、右大庄屋ヲ主人ことくニ思ひ、外ニ武士ハ無之様ニ存居候位之所ニ有之趣ニ承申候、尤遊佐組辺者気配荒く我侭気随ニ而役人抔骨折候処と承申候、

一、御城内外模様之事
但、御家中屋敷者御城内ニ多く有之哉、又者御城外ニ多有之哉之事、
庄内鶴岡御城之儀者、最上義明之隠居城ニ築候よし、一体曲輪数者少き体ニ御座候得共、御城中随分御手広ニ有之由、二之丸大手御門ニ巴乗馬出し有之如く、土居・石垣ニ而堀ニ水満々と有之、御門前ニランカン橋有之、至而見付宜、大手先余程手広向番処在之、大手門前南向ニ候、尤櫓内ニ而御座候東西ニ御門有之、何れも櫓門ニテ茅之土居有之候、未申ノ角ニ櫓壱ヵ処有之、是又石垣ニ而堀者百軒堀と申候而幅広く水満々と有之、塀ハ腰板巻ニ有之差而目立不申候、御本丸之体者相分り不申候得共、御堀橋掛櫓御門一ヶ処之由ニ御座候、御住居ハ御本丸ニ而瓦屋根ニ御座候、外郭御門壱ヶ処有之、尤

何れもご座を敷候御門ニ而御座候、郭内取込御家中屋敷百軒程有之、普請之ヶ所等有之、菩提所壱ヶ寺、知行百五拾石禅宗ニ而大徳寺と申候由、郭内ニ御用屋敷抔も有之由、外郭御門ニも四ヶ処橋掛有之、御家中と申候者諸士以上ヲ申候由、右御家中大凡五百余、給人足軽仲間迄惣体弐千三四百軒も有之由、最も仲間と申候者五石に弐人扶持取ニ御座候由、右之通之郭之内ニ百軒程、余者御城外之左右後之方ニ多分有之候、

一、御家中奉公人男女共給金等如何様之振合ニ有之哉之事、

下男給金壱両弐分位ゟ弐両位迄下女壱両位、尤自分相対之給金ニ有之趣ニ承申候、

一、夫人遣ひ方大凡定メ有之哉、否之事、

夫人と申候ハ、御家中江相渡り候由、高千石ニ付四人差出用意、人弐人之定ニ有之、上より夫人江米五俵も相渡申候、召仕者主人ゟ勘弁金と申候而、壱ヵ年金弐分遣し候よし、領主ニ而御召仕候分ハはたと申候由、是又米五俵相渡申候由、御仲間と申候ハ先文之通之御擲作ニ而隔日之勤ニ而休日ニ者日雇抔ニ出道ハ壱本差ニ而他国江出候節抔ハ帯刀致候由ニ承申候、

一、海岸御固場有之哉之事、

但、御固場有之候ハ、如何様之御振合ニ候哉、且御入用大凡御程合之事、

海岸御固場と申候而別ニ有之趣者承不申候、亀ヶ崎御城代重役壱人、其外御家中と申候而士分弐拾五人程、足軽百六拾三人程住居有之、御城代并酒田海辺御固之御備ニ有之由、飛嶋と申候ニ番処有之、役人出張ニ而都而通船相改申候由、其外庄内領より他国江之通路・間道境ニ番所有之、出張之役人自国他国ニ限らす往来之旅人厳重相改、切手無之者出入を留候ヶ処拾三ヶ処程有之由、御固場所と申候

者別ニ無之と承申候、

一、米価并大麦・大豆価之事

米相場、当時金拾両ニ三拾三四俵位、　五斗入

大麦壱俵　　丁銭壱貫三百文位　同

大豆壱俵　　丁銭弐貫四百文位　同

白米壱升　　四拾五文位

一、味噌・塩・炭・薪等価之事

味噌壱両ニ付　四拾〆目

塩壱俵　七百五拾文位

炭拾貫目　五百文程

但、極上物目方売ニ而五十かね四十かね抔と申様ニ有之由、

薪ハ八尺木と申全五尺位も有之様、丸太ニ而川流しニ相成而城下江参申候、直

段者坪割ニ而金壱分ニ千坪程ニ御座候、

但、一寸四方一坪と申割合之由、是ハ上ゟ御払ニ相成申候由、薪ハ賭引、

但、山入ゟ多分出候由、朶一わ九文位之由、

一、呉服類并諸式大凡右同断之事

絹地一反金三分位、　アヤ織一反三分位

白木綿一反金壱分位　　木綿地嶋一反弐〆文位

木綿類ハ最上辺より参申候、絹類も東国より参申候由、右之外諸辺至而高直ニ御座候由ニ承申候、

一、江戸ゟ庄内迄人馬賃銭大凡何程位ニ候哉之事、

本馬　七貫六百弐拾九文程

軽尻　五貫百六拾文　程

人足　三貫九百文　　程

但、千住ゟ庄内迄大凡賃銭

一、庄内ゟ大坂迄通船模様方之事、

但、庄内ゟ他国江廻米出来候哉之事、

酒田湊ゟ大坂迄大凡海上三百里程も有之趣、惣順風ニ候得者六日位ニ而着船致候由ニ承申候、他国江廻米之儀、松前抔其外諸々江も廻米有之て、江戸表御上米庄内ゟ相廻候旨ニ承申候、

一、庄内寒暖時候之事、

暑寒共ニ厳処ニ而、春三月末ゟ追々暖気之趣、夏ハ六月頃ゟ暑気至而強く、蚊抔多く出候処之由、秋ハ七月末ゟ冷気ニ相成八月頃より寒ニ相成、十月ゟ雪降り極寒ニ至候而殊之外寒気厳敷、雪至而深く、風はけ敷家毎ニ雪囲ひと申候而、葭茅等ニ而家を包ミ申候、最上川至而大川ニ有之処、極寒ニて氷張り通船止ル事も有之由、至而寒澪ニ相見申候、

一、庄内領東西南北何程之里数ニ有之哉之事、

但、海辺付里数右同断之事、

東西八里三拾六丁五十間

但、東ハ柏合沢・新庄境、西ハ加茂村迄、
南北弐拾五里廿七丁
但、南者小名部村堀切峠ゟ北ハ女鹿大師堂下迄、
一、水損場何と申処ニ多く有之哉之事、
午田組・荒瀬組水損之愁有之旨、別而宇野河原辺ハ地ひく、候而不宜様ニ承申候、右者川北と申候飽海郡ニ御座候、川南之田川郡狩川組之内余目御領辺京田組之内西郷組と申新田ニ而水損之愁有之場処ニ承申候、
一、田勝ニ有之哉之事、
田勝ニ有之趣、畑ハ余目辺大宮村近辺、京田組槙文村近辺、田川辺ニも少し有之、余者差而円り畑有之場処承不申候
何れも在中野菜場位之事ニ有之由ニ承申候、
一、檜山・松山・杉山何と申候処宜敷有之哉之事、
檜山と申者一向ニ無之由ニ承申出候、松杉出候者、川北、平田、河内、青沢、河内遊佐組、荒瀬組何れも山入ゟ松杉沢山ニ有之候様ニ承申候、川南山浜組山入、田川山入ゟ多分出候様ニ承申候、薪類者櫛引組山入、月山麓より多分出候様承申候上ニ御仕入之薪ニ御座候由、右之外も少々も可有之趣御座候、
一、湊酒田之外今壱ヵ処有之様及承候、其外も有之哉否之事、
酒田湊之外ニ者城下ゟ三里隔有之方ニ相当り加茂と申候湊有之、酒田ゟ者至而小キ場処ニ而沢山入舟

無之由、問屋拾軒余も有之惣体家数四百軒程、売女抔も少々居候由、随分繁花之所ニ承り申候、酒田湊之義者大舟入込同処家数五千軒ニ而、家作宜、問屋九拾三軒と申処、全く夫程も無之哉、売女抔も弐ヶ所有之甚繁昌之処ニ御座候由、

一、田川郡・飽海郡之内御預地弐三万石との由、右者御城ゟ何里程有之哉、方角何方ニ相当り候哉之事、

御預地之儀者、大山御領壱万石、丸岡御領壱万石、余目御領五千石、由利郡矢嶋辺ニ三千石、以上弐万八千石と承申候、大山と申候者、御城下ゟ西ノ方ニ当り、道法弐里御座候由、丸岡と申候者、御城下ゟ壱里程ニ有之候得共、諸々入込壱万石と承申候、余目と申候者御城下より四里程有之、由利郡と申候者御城下ゟ余程隔居候処ニ有之由、右御預地之儀者大山と申候処ニ者巳然御陣屋有之、御代官支配も有之由、同処家数千軒有之由、酒造多く有之名酒も御座候由、七十年巳然ニ庄内ゟ御願被成候而御預ニ相成候由、玉ニ御益ニ相成候由、下覧仕候、御年貢者五ヶ国平均相庭を以金納之由承申候、

一、庄内領一二之富家何と申候ものニ有之哉之事、

御城下ニ而鷲田長兵衛・石谷三郎右衛門、地主長右衛門、かな物幸右衛門、此外御城下ニ多分有之由、酒田ニ本間外衛始白崎五右衛門、伊藤覚右衛門、其外富家有之由、在中ニ而も加茂湊ニ茂右衛門、矢羽屋九郎兵衛抔と申候而、至而大家之由ニ承申候、右之外ニも数多有之別帳ニも相印申上候

一、庄内領之富家御家来ニ本間外衛、同処用達町人本間正七郎御勝手取賄候由、右者郷士と承申候、如何様成訳柄之者ニ哉之事、

本間外衛と申者者、酒田町人ニ而御内御用達之処、何頃ゟか高四百石被下置、寄合席被仰付、酒田住居ニ而御用達ニ有之趣御座候、本間正七郎と申者義者、外衛之頭人ニ而同人向側ニ見世有之候、右之

正七郎江も少し御扶持ニ而も相渡候様ニ承申候、外衛郷士と申儀ニ者承不申候、

一、田川郡・飽海郡之内、御代官処有之哉、諸侯御領分、其処知行所有之哉否之事、

田川郡・飽海郡御預り地之外、酒井石見守殿御城下松山と申処、八千石之御城付ニ有之由、其外にも諸侯御領分、其外御知行所等一切無御座候、石見守儀者弐万五千石之処、壱万二千石最上左沢五千石と上州きりう、以上弐万五千石と承申候、右松山城下迄鶴岡ゟ里数五里有之趣ニ御座候候、

一、能材木出候山何と申処ゟ出候哉、御城下ゟ方角何分里数何程有之哉之事、

右材木出候山承申上候得者、飽海之内、坂田と申処、山奥能材木数多有之候由ニ候得共、津出し者成かね候処ニ而、少々も板舟具等ニ致出申候由、同処ニ而炭抔多分出来申由、依之坂田と申処者一体相応之暮方ニ御座候由承申候、

右者庄内御尋之御ヶ条之件取調奉申上候、不分明之処等御座候者、御尋之上口上ニ而可奉申上候、

以上、

有田幾助

布沢太兵衛

山下領右衛門

（「出羽庄内江御所替并御沙汰之条弐万石御加増　別記」）

以上であるが、探査報告は藩が命じた調査項目が二八項目なのに対し二七項目と少ない。それは一項目の内に命じられた、いくつかの調査項目をまとめて報告しているからだが、それよりも注目してよいのは、当初の調査

項目にはない重要な項目がいくつか追加されている点であろう。なかでも庄内藩きっての「富家」本間家についての報告は興味深い。そして酒田湊以外の湊についての調査が命じられ「加茂湊」に関する報告がなされえていることだろう。なぜなら、この転封のさいに酒田湊のみが幕府に収公される可能性を予知してのではないかと思われるからである。いずれにせよかなり詳しい調査報告が、帰藩した三人の忍之者からなされ、その報告書は、「御収納米大凡三拾万石程」（表高一四万石）という内高にはじまり、いずれも豊かな藩領の状況を示すデータばかりだったところからみて、ますます「本望至極」と判断したのに相違なかろう。

川越藩隠密が得た庄内藩領情報

ところで忍の者三人の前記の報告書に「在中ニ而も加茂湊ニ茂右衛門、矢羽屋九郎兵衛抔と申候而、至而大家之由ニ承申候、右之外ニも数多有之別帳ニも相印申上候」と、もう一つの報告書＝「別帳」が出されていたことが記されている。その「別帳」にはいかなることが書かれていたのだろうか。じつは「出羽庄内江御所替并御沙汰之条弐万石御加増　別記」には、「別帳」と思われる「庄内表ニ而見聞之趣」という記事が書き留められている。内容からしてこれこそが忍の者らの実録的報告書と言ってよいだろう。そこでついでながらその全文を紹介しておこう。

庄内表ニ而見聞之趣

一、家老酒井吉之丞、先月十六日立ニ而出府之由、訳者御処替之御請并越後長岡七万石之城地ニ付御添地預

之趣ニ御座候、

供建

先徒士壱人　先道具白熊壱本　具足箱　徒士壱人　持弓　徒士壱人
　　士壱人

持筒　駕籠　持鑓　箱　長持　草り取　合羽籠壱荷　家駕籠　鑓　草り取
　　士壱人
　　士壱人

一、庄内ゟ穏密先月十六日立ニ而四人古鉄もの買之体ニ而長岡江参候処、同処他処之もの調厳重ニ而立入候事出来兼両人者罷帰り、両人者如何なり哉罷帰不申候、

一、庄内御城下此節厳重ニ而、他処もの逗留何難成、既に先頃六部・小間もの売人入込候処、早速被追立申候、川越ゟ之穏密抔宿なしもの有之哉と甚吟味厳敷詮義有之、何分弁舌相務申事故、直ニ関東ものと相分り候ニ者当惑仕候、

一、庄内領入口清川と申処ゟ狩川之間壱里拾弐丁、右者最上川、左者山ニ御座候、松御林ニ有之、狩川ゟ御城下迄之間、目茂不及る耕地ニ而田方斗ニ御座候、左者湯殿山・月山・羽黒山はるかに相見申誠ニ無類結構成所地と見請、又村方民家はまはらニ有之、道筋等至而宜敷、橋弐ヶ処も橋弐三ヶ所、民家家作目立候茂無之候得共、一体甲乙無之都而見苦家作者相見不申候、御城下江取付候処、安嘉川と申而幅広く渡場有之、間も無く御城下江取付ニ而松並木有之、御城下之家数七千軒と申、至而地狭ニ相見申、本町分拾二丁ニ而家作不同無之、不残板屋根・皮屋根ニ御座候間、瓦屋根も相見申候、町巾至而狭く二三間位ニ相見申候、其外ニ門前表町郷分凡弐拾弐ヶ町程有之、右之場所も見苦敷家作相見不申候、御家中屋

敷者御城内外ニ有之、御城内ニ者凡百軒程有之、余者御城外ニ住居御座候、者是又御家中屋敷家作者相見不申候得共、一体手堅キ事ニ而下々ニ至迄見苦敷き家作者相見不申候、尤屋敷者せまく相見候得共、きつと仕候住居ニ相見申候、諸士者長屋門・板塀多く、かや屋根・杉之皮屋根もまじり申候、但通り之住居者同役ニ而役方位ニ相見申、自分家作余程有之由、此度自分家作之者者書出候様ニ上ゟ申渡有之、取崩し勝手次第に相払候趣ニも可相成など風聞致申候、又者川越様ニ而御買入ニも相成候て大キに宜杯と下々下覧致申候、都而御家中凡弐千三百軒も有之旨ニ御座候、

一、此度御所替ニ付早速ニ在中江代官出張いたし、右之趣申渡、何事も相慎穏便ニ致候様急度申渡御座候、

一、此度本間外衛倅釸治と申もの出府いたし御内用聞ニ相越候由、尤米沢江立寄申由ニ而上之山ゟ米沢通りニ而出立仕候由、

一、家中屋敷と唱候者諸士已上之住居也、

元長泉寺前　与力町　代官町　表新屋敷
元曲師町　表新屋敷　高畠　中高畠
弐百人町　中町　十三間町　七軒町
養繁寺前
右之分諸士屋敷
歩行給人足軽納方組外中間打交り住居之通り
長最上町　中道　御蔵小路　会差町
鳥居役所　御歩行町　片町　漆畠

紙すき町　天神反甫　天王前　白銀町
刀町　半田　根木橋
一、本町分十二ヶ所
荒町　呉服屋類　八軒町　売女屋　下肴町　魚類屋
五日町　同断　三日町　呉服屋類　十日町　荒物屋類
一日市町　同断　南町　酒醤油油並小間物類　七日町　旅籠や・売女屋
上肴町　魚類物呉服屋類　鍛治町　金治師　新町　駄賃取・其外色々
一、門前郷分左之通り
最上町　松原　猟町　外形町
小持筒町　裏町　曲師町　横山海道
武家打交り
寺小路　観音小路　稲荷小路　袂小路
荒殿小路　所新町　掛橋　龍蔵寺門前
裏半田　四ツ奥屋　金〆　八ツ奥屋
大山海道　万年橋
但、武家屋敷と城之四方ニ有之候得共、御城後ろ之方多分御座候、

一、飛嶋之義、家数百五拾軒程有之、役人出張之番処有之、通船之改も有之、運上者するめ・わかめ・あらめの類、田畑も有之能嶋ニ而御益有之由ニ御座候、
一、田川温泉場坪十五ヶ処、上御普請、宿屋拾三四軒、内湯惣家数九拾軒程、
一、温海之温泉場、内湯等有之、屋数百軒之余有之、至て繁昌之由ニ承候、
一、湯之浜坪弐ヶ処、宿屋弐拾軒程、内湯無之、惣家数百三四軒、浜付ニ而夏向者至而能処之よしニ御座候、
一、穀物菜種等少々者他国江相廻候よし、
一、庄内江入船者国々御座候内、加賀・越中辺等多分入船有之候よしニ御座候、
一、並酒壱升八九拾文位、大山と申処ニ而造り候極上酒、樽五升入ニ而七百五拾文位ニ御座、最上、越後辺迄も相廻し候、
一、職人手間十日壱分、屋根屋者弁当付十日壱分之よし、
一、日雇賃百文、
一、銭相庭、両ニ銭六貫八百文位迄、
一、手拭百三拾文位ゟ弐百文位迄、
一、白足袋　並十文、弐百七八拾文位、
一、上雪駄九百文位、下駄百三四拾弐文位、皮鼻緒百文位、
一、美濃紙一帖三百五拾文位、半紙上五六拾文位、少々下直之品も有之、
一、傘七百文位、
一、竹至而高直、

一、黒砂糖一斤弐百文位、
一、山本山茶壱斤壱貫文位、
一、多葉粉壱斤極上百六七拾文位ゟ、
一、瀬戸物類至而高直、
一、小麦壱俵五斗入三貫三百文、
一、極雪白砂糖一斤六百五拾文位ゟ三百文位迄、
一、唐紙上袋代壱分ニ拾三帖半、一帖八拾文位、
一、畳表平年壱分ニ七枚位、当時高直ニ而五枚、地紺へり一反一反（マヽ）壱貫三百五拾文位、
一、茅壱分ニ五百束位、壱分分之駄賃弐百文、
一、豆腐壱丁弐拾弐文位、
一、揚豆腐壱枚拾八文、
一、大根壱本廿四文ゟ拾弐文位、
一、千石以上御家中拾四軒御座候よし、
一、町在富家之分、
高畠　金子平八　　般若寺　工藤珉右衛門　　山王前　加賀谷五右衛門
祝町　酒屋惣蔵　　御花町　今野安右衛門　　下肴町　三ツ井
五日町　大柳惣右衛門　　下肴町　荒井伝右衛門　　五日町　地主長右衛門
同　かな物幸右衛門　　三日町　林　又右衛門　　十日町　村田源助

下市　永井善兵衛　下市　はかり物　下市　西谷三郎右衛門
同　塩屋　南町　伊藤五右衛門　七日町　竹野善造
猟町　深沢与兵衛　七日町　川崎屋多七　上肴町　鷲田長兵衛
上肴町　須ヶ谷
右之外ニも御城下ニ在中御座候得共、あらまし相記申、
一、御所替ニ付、上納金仕候分左之通り、
三万両　本間外衛　壱万両　矢はせ九兵衛　五千両　加茂儀右衛門、
一、大平村と申処ニ家中不埒もの入込候溜牢有之、御扶持被下、右村方江御任ニ相成、村方より番致候よし、
一、名物之品左之通
鮭　八月彼岸中一番取差上候得者米三俵被下之、弐番取弐俵被下候、是者最上川ら差出候事御座候、
鮎　荒瀬組之内、常禅寺村と申処江上之ヤナ懸り、近辺者御留場ニ相成候由、常禅寺川筋也、
鳥海山月山之麓　至而細き竹の子出候由、赤白二通り有之、此味至而宜候、
一、温海ら丸キ蕪、至而大キなる蕪のよし、風味宜よし、
一、御家中六百石以上ら鑓房持候よし、
一、御家中以上并徒士格迄御制服無之よし、
一、給人以下綿服之外ハ不相成よし、右御家中と唱候者諸士以上之事ニ御座候
一、亀ヶ崎との河原と申処ニいろは蔵と申候而四拾八戸前御米蔵有之、舟着之役処有之、米出船之節同処ニ而改有之旨、

一、大坂江年々役人両人交代ニ而相登り居、四月八十八夜過ゟ上米出船有之由、
一、洪水之節ハ領中一円海之如くニ相成候由、近年両三度出水有之、酒田御米蔵下積三俵程も水付候由ニ御座候、
一、御城下ニとたんと云処有之、めはやと申候而米札扱候もの三拾人程も毎夜集り候て夜商有之由、
一、庄内至而寒気強所ニ而、極寒ニ至而者道筋雪鏡如くニなり氷足り、歩行難成、よって余橇と申候而草履のうらへ十文字ニ鉄を入相用候得共、弥氷強く相成候得者、橇ニ而も踏止り不申程ニ相成よし、寒中は馬も遣ひ候事ハ不相成候由も御座候、夏者暑気至而強処之由ニ御座候、雷強く冬も折々雷鳴御座候由、
一、六七年引続米高直ニ而武家一統振合よく、家作手入多く致候よし、
一、年々冬ハ降勝ニ而快晴ハ稀之よしニ御座候、
一、御領と江戸御往来之節、清川ゟ清水迄御乗船ニ而、御座船者酒田ニ有之、同処ゟ相廻し候よし、御城下取付ニ赤川共ほんじ川とも申川有之、是者御往来之節、舟橋ニ相成候由ニ御座候、
一、清水ゟ清川迄六里之、屋根舟弐貫文、小舟壱分乗合有之、是者引合ニ而下直ニ相成候由ニ御座候、

越谷　古河　宇都宮　大田原
白川　郡山　福島　瀬木
上の山　舘岡　清水　清川

一、清川御発駕ゟ行列ニ而御着城ニ御座候、御返行筋喜連川より一本松迄山坂多く有之、同処ゟ小坂迄平地、尤も白川ゟ先キ余不宜、小坂峠一里半難所、尤桑折宿辺大熊川抔見はらし宜、絶景ニ御座候、峠より金山峠凡一里程ニ有之難処、上の山ゟ人気宜相見申候、坂走峠申処少しの坂ニ候得共、山形辺見はらし快

晴ニ而、山形城も見候よし、峠と申ゟ舘岡迄平地、夫ゟ清水迄山坂有之、春抔者見晴し宜処と相見申候、

一、羽黒山ハ僧正地ニ而東叡山　宮様江てからも有之ニ付、羽黒山江於宮様ゟ御国替止ニ可相成と永々下説仕候、

一、蝋燭名物ニ而候得共、地蝋少く越後ゟ相廻候よし、

一、富家本間外衛より酒井中寺院江毎月米壱俵を仏せう米として出候よし、年々酒田中之分貧家極月廿六日夫々江手当米出候処、米四百俵程も遣候由ニ御座候、

右者風説之趣書記差上申候、以上、

子十二月

有　田　幾　助
布　沢　太兵衛
山　下領右衛門
（同）

以上であるが、まずきわめて小人数で、短期間の内に、しかも厳重な取り締まりの中で、これほどの庄内藩領内に関する広く情報を収集できたのは、なぜかという疑問が沸いてこよう。いずれの項目も、「有之候由」と有ることから見ても、誰かに聞いた風聞という形がとられている。その点から、まちがいなく川越藩隠密らに内通する領民が存在したことを証明してくれよう。しかもこれほどの情報量からみて複数であることも十分考えられる。いずれにせよそうした風聞は藩内に洩れる。そして早くも「何となく庄内表江罷越候得者、暮方之うへ都合

も宜与浮立候様在居」（『前橋藩松平家記録』第二十三巻、煥乎堂、二〇〇一年、四八頁）と庄内移封への期待が充満しはじめたのだった。

こうして川越藩は、「本望至極」の実現に向けて年明けから本格的な庄内移封への準備が開始する。しかし周知のように、その後領知替の実務は思うように進まなかった。いうまでもなく庄内藩領で、新領主松平大和守斉典の入封に反対する大一揆が組織され、その運動が幕政を大きく動揺させ始めたからであった。

長岡藩と庄内藩の転封理由

以上のように、川越藩には公式な申渡しがある二日前に、庄内への移封が老中水野忠邦から内々に伝達されていた。これに対して庄内藩と長岡藩へは何の前触れもなく、一一月朔日に呼び出しがあり、突然以下に示す転封命令が出された。

出羽庄内江　川越城主　松平大和守斉典
越後長岡江　庄内城主　酒井左衛門尉忠器
武蔵川越江　長岡城主　牧野備前守忠雅

庄内藩酒井氏にとっては、まさに驚天動地の御沙汰だった。一言の転封理由もなかった。そのため、巷間ではさまざまな噂が流れることになった。『川越市史』第三巻より、そのいくつかを紹介しておこう。

此度之御所替、江戸中ニ而も大不審之噂、大和守様内願之噂広し、悪説区々也、牧野様、先年新潟唐物一件悪評有之、此方様（酒井）目差悪評無之、少々浮説御座候得共、一事も証ニ不立事のみ、

（『本間家文書』所収「風説聞繕書」）

大蔵大輔（松平斉省）願置候次第も有之ニ付、格別の思召を以、追而村替可仰付旨、一旦御下知有之候得共、猶篤と御勘考被為在候処、

（「新見記録」）

川越様者御愛子ニ而、一朝一夕ニ無之、御嘆願申上候事ニ而被仰出候、牧野侯ニ者近年新潟締不宜義有之、酒井家被遣候ハバ、締ニも可相成と被思召被仰出候事ニ而、少も不首尾等之事ニ者無之候間、

（「合浦珠」）

というもので、転封はいずれも「江戸中ニ而も大不審之噂」だった。そしてそれは「大和守御内願之噂広し」と川越藩による転封運動の結果であることと、長岡藩の場合は、「先年新潟唐物一件悪評有之」と噂されているように、天保六年（一八三五）、と同一一年（一八四〇）の二度にわたって発覚した抜荷事件の摘発が転封の原因だとされている。その抜荷事件の詳細は、『新潟市史』資料編2、近世1に収録されている「北越秘話」を参照して欲しいが、新潟商人らがからんだかなり大がかりな抜荷が摘発され、長岡藩にとっては不利な条件だったことはまちがいなかろう。

それに対して庄内藩に関しては、転封されるべき落度がないとされていた。あえていえば、一二代将軍家慶が

三領知替の中止を命じたときの忠邦の反論書の中に、「最初庄内領・長岡領不取締に付所替被仰付候御趣意」（「庄内復領始末」『川越市史』第三巻、近世）とあるように、庄内藩領に何か不取締な問題があったと、後日述べられている程度だった。その「不取締」とは何かといえば、多分『浮世の有様』に収録されている以下のことだったのではなかろうか。

又一説に、庄内の領中に銀山有しを、公議へ御届申上すして、年来私の徳分になせしと、又領中の者似せ金を拵へしを、公議よりの隠目付これを見付、直に踏込てこれを召捕へしと云、隠目付等諸国を忍見し、ケやうな事を見聞すると、其侭江戸表にかへりし上、これを届けぬれば、公議よりして夫々の地頭へ其御沙汰有て、御役人入込となり、地頭よりこれを召捕御手渡すること定法なるに、此人これを召捕、其身の手柄にせんとて、かゝる事に及びしと云　庄内にて評定有り、公儀の御役人ならは此方へ其沙汰これあるへき事なるに、其事もなく、かゝる有様は公議をかたれる曲者なるへければ、其者召捕へしとて、直に其者を召捕、辛き目に合せしこと有、かやうの事によりて、此度所替被仰付しと云風説もあり、如何なることにや、

という贋金事件を隠蔽したことが発覚し所替になったという噂である。しかしこれもまた『浮世の有様』の執筆者が「如何なることにや」と疑問視しているように真相は不明だったが、この説はすでに巷間にかなり流布していたらしく、儒学者松崎慊堂は、一一月一七日の日記に（「慊堂日歴」『日本芸林叢書』第十二巻、鳳出版、一九七二年三九四頁）にも「庄内ノ旁近代官所ニ庄内ヨリ納メラル金二百両、皆私造ノ銀ナル故ニ官吏ヨリ細作ヲ以テ庄内両替屋官金ヲ替シムレバ、此ハ偽ト云、官吏真物ヲ求レバ皆私造ナリ、故ニソノ徒ヲ捕スレバ、ソノ徒鉄

炮ナドテ禦グコトアリ」と記されているほどであった。

ついでながらもう一つあげるとすれば、天保一一年の新潟港の廻船問屋や長岡藩御用達商人らがからんだ抜荷事件において、関係者が五四人も処罰された事件のさい、酒田の商人らも荷担していたのではないかと幕府に疑われたことがある程度である。この年に幕府が探索した前出の「北越秘説」(『新潟市史』資料編2)には

当年も五月中薩摩船壱艘薩摩芋積参り沖掛り罷有、新潟町其筋之者江引合候上、羽州酒田湊之方江相越候由、

とあって、あたかも酒田湊の商人も抜荷に絡んでいると見られていた点ぐらいであろう。

幕府三方領知替断行の本音

以上のように庄内藩への疑念があいまいなまま三方領知替は断行された。ではなぜ川越藩松平家を出羽庄内へ移し、庄内藩酒井氏を越後長岡へ移し、長岡藩牧野氏を川越に移さなければならなかったのだろうか。しかも酒井氏は一四万石から七万石への大減封である。その理由がまったく説明されないままの処置だったのである。ではこの領知替えを画策し終始リードしたのは誰か。ほかでもなく浜松藩主老中水野忠邦であった。

前述したように幕府が断行した七度の三方領知替には、転封を命じられた大名にはそれなりの理由があった。大きく分ければ江戸常勤の必要な幕閣の人事異動に伴う行政的転封、大名の治政などに対する懲罰的転封などがあげられるが、今回の三方領知替はそのどちらにも当てはまらない処置だった。どうみても川越藩松平氏の財政

難と「不取締」の理由がはっきりしている長岡藩牧野氏の間での領知替えでよかったはずだが、そうはならなかった。なぜならこの領知替のきっかけが川越藩の財政難の救済にあったからである。つまり転封先が七万石で、その上領内大河川（信濃川）の度重なる洪水によって収穫量が不安定な長岡藩ではまずく、そこでその代替として浮上したのが豊かな庄内藩ということになったと考えるのが妥当であろう。

しかしそれなら、「少しも不首尾等之事無之」と巷間で言われるほどなんの疑惑もない、奥羽の重鎮庄内藩酒井氏を動かさず、比較的豊かな畿内などの他藩が選ばれてもなんら問題はない。そこで考えられるのは、天保期の幕政の課題と絡んではいないかということである。つまり幕府側には、庄内藩酒井氏を転封させなければならない理由があり、それを川越藩の窮状打開をきっかけに同時に成し遂げようとしたのではないかという推測が成り立とう。それはなにか。

ここに一通の文書がある。それは日米修好通商条約の批准書交換の正使になった旗本の新見豊前守正興の父、伊賀守正路に関する文書である。新見正路は、天保の改革の時期に、幕政に関する機密を将軍に連絡する御側御用取次として、きわめて重要な立場にいた人物である。その文書を紹介しよう。

（ハシウラ後筆）
此書面ハ台命ヲ奉シ正学院様ノ草案ニ成□□思考ス、新見家秘蔵

印

趣意書書取

庄内領の儀ハ往古最上出羽領の所、左衛門尉先祖抜群武功に依て元和中北国藩鎮のため被下候ハ

神祖御深慮被為候儀と存候、然るに僻遠の土地人心偏固にて数年折合を三代の久しきを経て漸領内一円帰依し、追々豊饒の国柄になり、収納も方今ハ三四十万石にも余るよし、然るに外にて十四万石相当之地遣し候而ハ、家来扶助にも差支可申哉、村民騒立候ハ敢て旧主を慕のミにもあらす、大和兼々勝手向不如意の趣、庄内村民共聞伝へ所替之上ハいつれハ苛政も有へく也と安堵不致より、偏固の頑民不穏聞之候、右之ことく素より不帰依之新主、其上用度乏久手は迚も仁政を以て治る事ハ成間敷、遂にハ捨置かたく、又所替為致候歟、咎なと申付る様にてハ詮なき事に候間、庄内騒立の風説又左衛門嘆願等の意にハ更に拘らす、幸未引渡已前の事に候間、存寄を以只今の内存寄を以只今の内早々下知いたし、三方元のことく本城安堵いたさせ、庄内領の酒田湊、長岡領の新潟湊ハ海防備場改正の趣意にて領所にいたし、夫々相応の替地遣し候ハ、、一旦申出候儀を改候とても国体にかかわり候儀ハ有ましく、天意人望にも叶、

又一同も難有存へく哉、（中略）、

一、海防の備改革の意にてハ、酒田・新潟に限らす銚子・敦賀抔も（私領の内にも海防要害に成へき湊あらは、此度）一同替地を遣し領地にいたし候方趣意も貫くへく哉（と存る間）是又取調へく候、

（以下略）

（青木美智男「旗本新見家に残された天保一二年「三方領知替」中止をめぐる資料」『神奈川県史』一八、所収）

という文書である。この文書は、じつは『徳川十五代史』「慎徳公記」の天保一二年（一八四一）七月八日の項に

十二日、松平大和守（斉典）並びに酒井、牧野共所替の事、思召の旨ありて之を止めらる。大和守斉典には、特に二万石の地をます。是よりさき六月七日、水野忠邦をめして書を賜ふ、

という説明のあとに、右の全文の内、傍線の部分を抹消して、（　　）の中の文章を加えたものが掲載されている。

周知のように三方領知替は、天保一二年六月七日、一二代軍家慶の命で三方領知替が中止になった。右の文書は、その下書き＝草案ということになり、起草者は「此書面ハ台命ヲ奉シ正学院様ノ草案ニ成□□思考ス」と端裏書にあるように、将軍に代って新見正路が書いたものだということが分る。そしてそこには、はっきりと三方領知替の幕府の意図を読み取ることが出来るわけだが、重要なのは以下のような部分である。

三方元のごとく本城安堵いたさせ、庄内領の酒田湊、長岡領の新潟湊ハ、海防備場改正の趣意にて領所にいたし、夫々相応の替地遣し候ハ、一旦申出候儀を改候とても国体にかゝり候儀ハ有ましく、天意人望にも叶い、又一同も難有存へく哉、

とあるように、日本海側にも海防備場を構築したい幕府が、酒田湊と新潟湊を収公しようという意図を持つに至り、この三方領知替を企図し、そしてそのさい両湊の幕領化を実行に移す予定だったことが分る。つまり庄内藩が川越城主松平斉典に代ったとき酒田湊を収公する手筈だった。また長岡藩が庄内城主酒井忠器に代わるとき、新潟湊を収公する意図をもっていたのである。だから三方領知替が成就しなくても、酒田・新潟湊の幕領化だけ

が成功すれば、国体＝幕藩体制は安泰であり「天意人望に叶い」丸く収まるということになる。ここに庄内藩転封の意図があった。それゆえどうしても三方領知替でなければならなかったのである。

そして草案には、さらに海防強化の観点から、このさい酒田・新潟だけでなく、「銚子・敦賀抔も一同替地を遣し領地にいたし候趣意も貫くへき哉」と上州高崎藩領の銚子湊と若狭小浜藩領の敦賀湊をはっきりと指定して幕領化の意思を貫けとまで述べられている。

こうなると幕府が日本海側の主要港、酒田・新潟・敦賀、そして江戸の（「内海」と呼ばれた）海への入口に当たる銚子湊を上知し幕領化を企図したのは、単に海防問題への対応だけだったのか、という疑問が沸いてこよう。つまり、いずれも有数な港である。とくに敦賀・新潟・酒田湊は、日本海にあって大坂—蝦夷地間の物流の中心港である。敦賀は背後に琵琶湖を控え、新潟は信濃川の河口にあり阿賀野川河口も近い、酒田は最上川の河口に位置する。その背後には、京都を、信州・陸奥南部（とくに会津）、羽州村山郡などと深く結びついていることは周知の事実であろう。

天保一四年（一八四三）正月、新潟港は上知される。そのさいの理由のなかで幕府は、

唐物抜荷売買之義、今以相止不申、度々吟味も有之候得共、当座之事ニ而取締付不申趣ニ御座候、并海岸御備之趣北国之方、公儀御備も無之候者御手薄ニも候間、

（「御覧もの留」『新潟県史』資料編2、近世Ⅰ）

と、「唐物抜荷」＝商業行為の取り締まりに合わせ、手薄だった北国に対する「海岸御備」＝海防の必要を強調

していることが分かる。新潟湊は、安政五年（一八五八）の新潟開港の際の調査記録によれば、物資の集散状況は、北国一である。幕府はこの最大市場の掌握も意図していたとみても不思議ではなかろう。

ついでながら「御覧もの留」の新潟港上知の指令のなかに

且又酒田湊之儀一時ニ村替等成候而ハ、取締も行届申間敷間、先此度ハ新潟計村替被仰付方と奉存候、

とあるように、幕府は酒田港の収公を諦めていなかったことが分かることを付加しておこう。問題は、幕府が新設された新潟奉行所に何を期待していたのかという点にある。老中水野忠邦に宛てた新任の新潟奉行

国名	越後
調査地	新潟湊（蒲原郡・幕領・新潟奉行支配場）
港の概況	春三月比より秋九月頃迄、諸国廻船入帆多分に有之、惣て沖手江碇泊致し端船を以て荷物水上ヶ、空船にて川入出来候儀も有之候趣に御座候、且工商共相応に有之、町並至て宜敷、市中小川有之、荷物水上ヶ便利宜敷、尤砂地には候得共平坦之地所多分有之、奥羽道筋其外前後駅路も相開け居、海路共運送便利之土地に御座候、
家数・人別	6183軒　27,930人
地船	50〜100石積迄 29艘　100〜500石積迄　62艘 600〜800石積迄　15艘
他国より出入船数	三月より十月比迄、凡5,600艘程
諸国取引之問屋	大小83軒ほど
他国より相廻る物産	莚表、菅笠、銅銕細工物、種油、煙草、和薬種、南部・津軽・会津・野代木材類、炭、薪、塗物、陶器、秋田硫黄、大山酒、米沢絹糸、織物、真綿、干鱈・干烏賊・鱈の子、塩引鮭、昆布、数の子、鯡、魚油、上方筋より木綿、綿、蝋、塩、砂糖、銕、紙類等、
出産物	漆器・陶器・鋳物・莨、簾其外小細工物、梨実等是は土地之もの相仕立、他国近在え売捌由、
漁業	鮭、鰯、鯖、八ッ目鰻等、是は信濃川幷海手にて漁取致し、他国江売捌由に御座候、

（青木美智男「二つの幕末期北国諸港調査報告書」『専修考古学』８より）

川村修就の起請文の項目を要約すれば、第一は備場防衛にあるが、合せて新潟港へ入津する船の改め、新潟港の繁栄、船運上の取立、そして治安維持であった。海防の背後に、繁栄する新潟港の経済力に期待する幕府の意図がすけて見えるだろう（『新潟県史』資料編12、近世七、六二頁）。

終わりに

そうなると、天保一一年（一八四〇）の庄内・長岡・川越城主に対する三方領知替令は、川越藩主の松平斉典が財政窮乏を理由に転封を願い出たのを捉えて、幕府の海防強化策や市場掌握のさい幕領化が不可欠な日本海における主要港を持つ譜代藩領を狙って領知替を計画したというのが一番妥当な見方ということになろう。川越藩主松平斉典は、豊かな藩領ならどこでもよく、たまたま想定以上に豊かだった庄内藩への移封が決まって「本望至極」と歓喜した。しかしもし実現の暁には、いずれ庄内藩経済の要である酒田湊が除かれることになり、喜びは半減してしまうことになっていたことになろう。

周知のように三方領知替は庄内藩領民の反対一揆によって中止に追い込まれる。天保一二年（一八四一）七月のことである。この間に大御所家斉の死や、家斉の子で川越藩主の養子となり、養父のために三方領知替えに陰ながら大きな役割を果たした斉省も死去してしまい、川越藩にとっても不利な条件も重なり、川越藩の野望は挫折した。

直接手をくだした水野忠邦は、最後まで将軍家慶の決意に反対したが、ついに押し切られた。そのため忠邦は、「元和以来一旦移封被仰付候者、其儘安堵之例者更ニ無之、全新規之御所置ニ御座候」（青木「前掲書」）と無念の思いを老中土井利位（常陸古河藩主）に伝え病気を理由に引きこもってしまった。これに対して将軍家慶は、忠邦の責任ではないと慰め、出勤を命じた。こうして忠邦は、再び老中としての仕事を再開し、まもなく自らの手で天保の改革を断行するが、その中で日本海主要港の幕領化の執念の一部を実現する。いうまでもなく長岡藩牧野氏領の新潟港の上知である。合せて酒田港の上知を企図してはいたが、再び混乱を招くことも懸念して断行することはなかった。

天保一一年の三方領知替は以上のような幕府の思惑で強行されたことを見逃してはならないであろう。

ペリー来航をめぐる日蘭関係
―オランダ通詞森山栄之助の動向より―

西澤　美穂子

はじめに

アメリカ東インド艦隊司令官マシュー・カルブレイス・ペリー Matthew Calbraith Perry の日本来航一年前に当たる一八五二年七月二一日（嘉永五年六月五日）[1]、最後の在日オランダ商館長となるヤン・ヘンドリック・ドンケル＝クルチウス Jan Hendrik Donker Curtius[2] が長崎出島に赴任してきた。オランダは、アメリカ政府からペリー艦隊遠征情報を日本へ伝達する要請を受けており、日本と欧米列強間の戦争勃発に対する危機感から、その来航以前に日蘭間で条約を締結し、日本の対外方針を改変させる計画を打ち出した。ドンケル＝クルチウスは、その計画を実行する役割を担っており、来日直後から日蘭通商条約締結に向けて、日本側をなんとか条約交渉の席に座らせようと働きかけた[3]。

しかし、ペリー来航前に日蘭間の条約が締結されることはなかった。当時を振り返り、勝海舟は「さきに阿蘭の忠告を容れ、其の立案を採用せば、我に一定の拠る所有りて彼が愚弄を免るるのみならず、案外事穏かに調停し、邦内の紛擾亦かくまでの甚しきに至らずして止まんか。(4)」と感想を述べてはいるが、以上の経緯から推測するに、やはりペリー艦隊の衝撃を受けるまでは、日本が条約交渉に踏み出すことは無理だっただろう、と考える。

ただ、日米和親条約を結ぶにあたり、ペリーは二回にわたって日本に来航しており、一八五三年七月八日（嘉永六年六月三日）の一回目の来航から翌年一八五四年二月一三日（嘉永七年一月一六日）の二回目の来航の間に、約半年の時間がある。具体的に条約交渉にはいるこの二回目の来航までには、日蘭通商条約締結とまではいかなくとも、ある程度の「一定の拠る所」、つまりペリー再来時における対応の目処をつける事は可能であろう。本稿では、対象をこの半年に絞り、ペリー再来に向けての日本側の動向を検討する。具体的には、オランダ通詞森山栄之助に注目することで、論の展開を試みたい。

森山栄之助(5)は、日米和親条約、日露和親条約、日米修好通商条約等、近代外交の出発点となる主立った条約の交渉の場で活躍したオランダ通詞である。また、一八四八年にアメリカ捕鯨船から利尻島に上陸したラナルド・マクドナルド Ranald MacDonald が長崎に禁固された時に英語も学んでおり、「エゲレス語辞書和解」の編纂も行なっている。通詞という仕事柄、森山は外国人の記録(6)に多く書き留められているが、それらから浮かび上がる森山の人物像は、分別と教養があり、常に冷静沈着というものである。通訳としての能力も飛び抜けており、露西亜応接掛の川路聖謨は「通弁殊の外達者にて、蘭書を訳すること、手紙をかくがごとし(7)」と賞賛している。日本語やオランダ語を解さない外国人の目からも、他の通詞との差は歴然としていたようであり、「(西)吉兵衛は彼（萩原又作）の話を、自己流に、簡単に、断片的に通訳し始めた。どうやら要旨ばかりを伝えるらしく、表現の方法とか、詳細なところとか、ニュアンスなどは　—すっかり骨抜きになった感じだ。この男は偏屈で頑固なのだ。私たちが気付いたところだけでも、何かオランダ語できびしいことをいわれても、日本語に訳すときは調子を柔らげたり、またはまったく無視するのだ。提督（ロシア使節プチャーチン）は不満なので、交渉の際にはこの男を除外しようと申し出たい様子であった。栄之助の方は反対に、すべてを理解して、細やかなところまで伝えようと努めている。［（　）内は西澤による］[8]と、能力だけではなく、仕事に対する姿勢も実直であったことが記されている。そして、ペリー来航前の日蘭通商条約に関するやり取りの全過程にも携わっていたのである。

第一章　ペリー来航情報とドンケル＝クルチウス

日蘭通商条約交渉への動きが途絶えた後、ドンケル＝クルチウスと日本人の関係は良好とは言えず、ドンケル＝クルチウスが交渉を急ぐあまり、一時は通詞も顔を見せなくなったことが商館長日記に記されている[9]。しかし、このような事態を大きく変えるきっかけとなったのが、ペリー来航情報だった。七月七日（六月二日）琉球に、そして七月二二日（六月一七日）浦賀に来航したという情報が、西吉兵衛と森山の二人の通詞によってドンケル＝クルチウスのもとにもたらされた[10]。また七月二九日（六月二四日）、オランダ商船が長崎に来航し、八月三日（六月二九日）にドンケル＝クルチウスはApart Nieuwsを提出している。そして、それは西吉兵衛、森山栄之助、西慶太郎、本木昌造、楢林栄七郎、名村五八郎によって四、五日の内に翻訳され、「嘉永六年和蘭別段風説書」[11]となった。その内アメリカ使節に関する記事は、以下の通りである。

（前略）右船々出帆以前、諸事成丈急速に用意いたし候、但、使節の司は、ペルレイ人名に有之、昨年九月下旬、日本海に赴き候、尤其以前日本海辺に有之候彼地海軍と出会の含に有之候、右差向候は、多分平和の趣意に可有之候、測量のため差向候者共は、当時唐国海江赴き候、但、是は船司ピンゴルト人名の指揮

に有之、右の外マルサル 人名 当時ネウヨルク 地名 に在て、唐国江赴候用意有之候、(12)

ペリーが使節として日本に赴いたこと、この遠征が友好的な意図によるものであること、そして清にもアメリカの測量船が赴いており、新たにニューヨークから清に向けて船が出帆する予定もあることが記されている。加えて、この後に「日本江向け出帆」した十二艘の軍艦リストが示され、合計三一二五人が乗船していることも記載されている。

この情報に対し、ドンケル＝クルチウスは「私は日本政府に強国アメリカのこの度の遠征がまったく友好的な意図によるものだと繰り返すことは避けたいと思います。遠征艦隊は緊急に備えて攻撃ができる装備をしているので、事故発生の確率が非常に高いからです。(13)」と述べており、この意見は、一回目のペリー来航を既に経験した幕府にとって納得のいくものであったと思われる。また、この別段風説書には、ロシア艦隊が日本に来航する情報も盛り込まれており、ますます以て日本の置かれている状況が緊迫していくことが意識されたことだろう。

さらに、八月五日（七月一日）にはペリーが退去したこと、大統領国書が手交されたこと、返書をもらいに再び来航すること等、浦賀での経緯がドンケル＝クルチウスに伝えられ、西と森山は今後予測されるペリー艦隊の動きについても尋ねている。(14)翌日八月六日（七月二日）、森山は名村五八郎と共に江戸に赴任することをドンケル＝クルチウスに報告し、またその時、英語の辞書も譲り受けた。(15)おそらく、翌日にはその辞書とドンケル＝クルチウスから仕入れたペリー艦隊情報を携えて、森山と名村は江戸へ発ったことだろう。

第二章　江戸における森山の動向

森山と名村が江戸に向かった経緯は、以下の通りである。

亜墨利加書翰和解方御用ニ而、長崎ゟ大通詞小通詞等御呼寄相成申候、当地ニ而和解出来ニ候得共、為念為御見被成候処、相違無之趣ニ而、両三日ニ而御用相済申候、右通詞御呼寄相成候者、全く和解一條ニ無之、極意者、此度　御代替等之折柄御取込、右ニ付来春渡来可致一端之期を御延し被成度、是者御備方出来迄之為ニも宜敷、彼是之御勘弁ニ而、阿部様御工夫ニ而、委細御相談相成候趣、通詞承引之由、早速かひたん江相達、彼国江急速相通し候様可取計、右通達行届不申内、来春渡来ニ相成候節ハ、かひたんゟ書面取置、右を以通詞何方迄も罷出相済可申旨請合、八月初出立仕候由、是ハ極秘と申而相咄候を承り申候、但、大通詞ハ森山栄之助、小通詞ハ名村五八郎と申者ニ御座候、両人江銀弐十枚も被下候由、(16)

二人が江戸に到着したのが八月（七月）末頃、そしてペリーが一回目の来航時に手渡したアメリカ大統領国書等の翻訳確認作業を行なうのに二、三日かかり、その作業を終えた後、九月四日（八月二日）(17)に老中阿部正弘の呼び出しを請けた。この時阿部から、一三代将軍家定への代替りの準備に忙しいため、来春のペリー艦隊渡航予定を延期させたいと相談を持ち掛けられている。翻訳確認作業とこの相談が、二人が江戸に呼び出された理由だったわけである。そして、森山達が承引したことで、オランダ商館長を通して、延期の件をアメリカ政府に伝える指令が下された。

老中の阿部と通詞の森山、名村が直接顔を合わせていたことは、特筆すべきことである。大統領国書や渡航延期の相談があったとは言え、現場の第一線に立つ通詞の意見を聞きたいという思いが、阿部にあったのではないか、と考えるからである。詳しい会話の内容は不明だが、この機に乗じて、ドンケル＝クルチウスとの経緯や、長崎の様子、これまでの外国船の応対等々、色々と森山に尋ねたことが推測される。

また、八月二一日(七月一七日)に、長崎にロシア使節エヴフィーミー・ワシーリエヴィチ・プチャーチン Efimij Vasil'evich Putjatin が来航した。情報は江戸―長崎間を早くて一〇日程で伝えられていることから、阿部と森山が会っていた頃には、長崎からの第一報が届いていた確率が高い。ロシア艦隊の応接についても森山は意見を聞かれ、阿部から何らかの承諾を、この時点で得たのではないだろうか。

こうして、銀二〇枚を森山と名村は受け取り、当日四日（二日）か翌日五日（三日）に森山は長崎へ向けて出立し、名村はそのまま江戸に残った。

第三章　長崎帰還後の森山の動向

九月二六日（八月二四日）、森山は長崎に到着した。(18) そしてドンケル＝クルチウスのもとに挨拶に赴き、ペリーが来春再来することも伝えた。また、二六日（二四日）付ロシア人通訳コンスタンチン・ニコラエヴィチ・ポシェット Konstantin Nikolaevich Pos'et 書翰(19)に翻訳者として森山の名が連ねられていることから、戻って早々にロシア人応接の担当に配属されたことがわかる。

ロシア使節プチャーチンの最初の長崎来航は、一八五三年八月二一日～一一月二三日（嘉永六年七月一七日～一〇月二三日）、二回目の来航は一八五四年一月三日～二月五日（嘉永六年一二月五日～嘉永七年一月八日）であり、条約締結を目的としていたが、国境の件で双方折り合いが付かず、交渉を一旦中断して日本を離れた。森山はロシア使節応対が一段落した一八五四年二月八日（嘉永七年一月一一日）に、再び江戸に出立したため、長崎にいた期間は四ヶ月間であった。以下、この期間の森山の動向を見るにあたり、『日本雑纂』の翻訳、日蘭会談、軍艦購入の意見、そして日露条約交渉の四つに焦点を当てる。

（一）レフィスゾーン著『日本雑纂』の翻訳

この時期日本が入手し得たペリー艦隊情報として、ヨセフ・ヘンリー・レフィスゾーン Joseph Henrij Levijssohn の『日本雑纂 Bladen over Japan』がある。レフィスゾーンは、ドンケル＝クルチウスの二代前の在日商館長であり、一八四六〜一八五〇年まで出島に滞在していた。この著書は帰国二年後の一八五二年に刊行されたものであり、各国の報告書や新聞記事等「日本に関する文書記録など史料的なものをその侭収録して、それを適宜連綴解説し[20]」た記載形式となっている。

一〇月八日（九月六日）、ドンケル＝クルチウスは、この本が「オランダ政府が合衆国に平和的協力を約束した[21]」ことにまで触れているため、それが日本人にオランダへの不信感を抱かせるのではないかと心配しつつも、長崎奉行に提出した[22]。そして翌日九日（七日）に、この書物の翻訳援助の依頼を長崎奉行から請けた。

さらに奉行はこの書は詳細にわたっているので、江戸で早急に翻訳させることは難しいと言った。出島の通詞でさえ政治関係の書物の内容を正確に把握することは容易ではない。翻訳を命じられた者を支援してほしいと私（ドンケル＝クルチウス）に懇請した。私はそれを承諾し、この小著を大通詞栄之助といっしょに通読し、まず現状下にぜひ必要だと思われる部分を指摘し、解明しようと申し出た［（　）内は西澤による][23]。

この翻訳に森山が命じられ、こうしてこの著書の中で「現状下にぜひ必要だと思われる部分」を、森山はドンケル＝クルチウスに質問しながら訳していったことだろう。その和訳が「カピタン列遜氏之日本紀」「列必遜日本紀事抄訳」等の名で知られる史料である。内容は、日本のアメリカ人漂流民の扱いに対する批判や、アメリカと中国をつなぐ太平洋航路のための石炭補給地として日本に関心が高まったこと、そして鎖国政策を国法とする日本の港を開かせるよう建白書が議会に提出された模様や、その後国の方針として使節派遣が決定した経緯等が記されている。これまでにも、森山は別段風説書等の様々な翻訳作業から多くの知識を吸収してきたのだが、『日本雑纂』を翻訳することで、ペリー来航の背景やアメリカの政治のしくみを、よりきちんと、集中して吸収できたのではないかと考える。また、問題とされた日本の漂流民の扱いに関しては、レフィスソーンも森山自身も当事者であった。森山としては、この記事に対して異議を挟みたい箇所もあったであろうが[24]、しかしその記事の正否はともかく、アメリカ側がどのような認識を持っているのかを知るには、格好の著書であった。こうして「栄之助は江戸で将軍宛のアメリカ大統領の国書を翻訳した。国書の内容はレフィスソーンの著書に載っているそれと一致している。[25]」と、他の情報と照合させることで、ペリー再来時に拠り所とする情報を確固たるものとしていったのである。

(二) 日蘭会談

一一月一（一〇月一）、三、五、六日の四日間、ドンケル＝クルチウスの意見を聞くために日蘭会談[26]が開かれた。その会談に臨むにあたり、事前に開かれた日本側関係者内の打合せの様子が、長崎奉行水野筑後守上申書に記されている。

外夷とハ乍申、只取拵候計ニ而、事実不当之儀而巳申諭候而者、迚も承伏ハ仕間敷哉と奉存、弥両様共申談為取計候方ニ可仕と、豊後初又作も決定仕候旨、於私も同断之方可然奉存候儀、右之趣ニ取計候積ニ御座候[27]、

ペリー艦隊来航の延期をオランダを介してアメリカに申し渡すという幕府の指令に見られる、その場を取り繕

うような姿勢に限界を感じ、長崎奉行水野筑後守、同大沢豊後守、支配勘定格手付萩原又作等は、そろそろ交渉をもって対応すべきだという意見に一致したことが記されている。打合せの段階で、このドンケル゠クルチウスとの会談は、これまでの日本の方針に従うべきかどうかを問うものではなく、既に規制を緩和して具体的につき合い方を検討する場として、長崎奉行は捉えていたことがわかる。

会談の各日ごとの主な議題は、以下の通りである。

一日目…前年提出した総督書翰と商館長書翰の趣旨の確認。

二日目…規制の緩和と貿易の試行について。

三日目…諸外国が望む日本への要望について。

四日目…アメリカ使節来航延期の申渡し。

この四日間を通して、主張されたドンケル゠クルチウスの意見をまとめると、まず、蒸気船により航海が頻繁となったため、アメリカは日本に石炭置場の設置を希望していること、そして彼等の要求を全て拒絶すると戦争になる恐れがあるため、日本はこれまでの方針を変える必要があること、加えて国を富ませるには貿易が有効な手段であり、試しに一港開いてみること、となる。この意見に対し長崎奉行の代理として会談に臨んだ萩原は、「国法更に改かたし」(28)と頑なに返答し続けた。石炭置場の許可をめぐって、一時対話が進展しそうな気配もあったが(29)、会談前の打合せに見られる規制緩和の方向性は全体的に感じられず、話は一向に進展しない印象を受ける。

しかし、この会談は四日間でおそらく一三、四時間はかかっており(30)、その間、萩原、西、森山はドンケル゠クルチウスをいわば拘束し、主にアメリカ使節への対応について執拗に聞きだそうとしたことになる。それはまさに「はじめに」で触れた勝の言葉にある「一定の拠る所」を模索する態度に他ならない。ペリー来航以前、通詞達がドンケル＝クルチウスとの接触を控えていた経緯からすれば、たとえ進展しなくとも、この様に時間を割いてまで話し合いの機会が持たれたことは、日本側の大きな変化を示すものと言えるだろう。また、『日本雑纂』の翻訳と併せて、これは森山自身にとって、アメリカ使節に関する情報や知識を得る重要な機会となったことだろう。

（三）軍艦購入の意見

アメリカ使節の対応について意見を求められたのは、ドンケル＝クルチウスばかりではなかった。ペリーが浦賀を去って後、幕府はアメリカ大統領国書を諸大名や旗本等に回覧し、意見を徴集したのである。[31] 打ち払い説から貿易開始説まで、意見の内容は様々だったが、その中で共通して見られたものの一つに軍艦購入があげられる。そして、この相談は早速ドンケル＝クルチウスの許に持ち込まれることになった。

一八五三年一〇月一五日（九月一三日）[32]、ドンケル＝クルチウスは軍艦に関する覚え書[33]を長崎奉行に提出し、そこから生じる様々な問題を指摘している。

（前略）且何れも寛優ニ染候而、多分者独身ニ無之候得は、妻連越候儀相願候哉も難計、又御当地滞留中、出島或は外場所へ居住相願可申尚壱年に只一度親類之安否承候事ニ候へ者、何れ難儀之次第ニ可有之候、然者過分之手当を以迎候事ニ可有之候[34]、

これは、軍艦操縦の伝習に携わる海軍士官の環境について意見した箇所だが、他にも海軍に必要な学問、軍艦の価格や支払い方法、オランダ語の必要性等を挙げ、軍艦保有で生じる改変は、大船禁止令だけには留まらないことを示唆している。まして軍艦購入は幕府からの要望であるため、幕府としても、そこから生じる改変につい

ては考えざるを得ず、交渉の後、軍艦購入以外にも、士官クラスの来日直後の身体検査の免除や商館員以外の外国人滞在許可など記された文書[35]が東インド政庁へ送達されることになった。これは日米条約交渉に入る直前に行われた外国人に対する規制緩和の事例の一つである[36]。

また日本人の軍艦への関心は、アメリカ人やロシア人をなかば呆れさせるほどのものであったが、一つ一つの備品や仕組みについて為された質問は、ただ珍しいというだけではなく、軍艦を手に入れた後、自分達が操縦することを想定してのものであっただろう。軍艦の購入は当然ペリー再来までには間に合わず、しかもこれからオランダ政府で検討されるため、この時点ではまだ手に入るかどうかすら確定していない。しかし、軍艦購入を期待できるオランダの存在は、日本の将来の展望に大きな影響を与えたものと考える。

（四）日露条約交渉

アメリカ使節ペリーよりも先に、日本は条約交渉をロシア使節プチャーチンと行なった。日露間においては国境問題も含むため、この交渉は不慣れな日本にとって、とても困難なものとなった。一八五四年一月二〇日（嘉永六年一二月二二日）、第二回日露交渉の際に、露西亜応接掛川路聖謨はカラフト島の境界線を北緯五〇度と提示した。しかし、交渉ではプチャーチンに対しこの様に話を切り出す川路も、確信を持っていたわけではない。それは、一月三一日（嘉永七年一月三日）の『古賀西使日記』の記事から読み取ることができる。

初北境之議、衆茫洋耳、予曰、必以北緯五十度為限界、革曰、論定界互市、公命所不允、五十度之言、予不能口也、且坐上人皆不知、朝中人皆不知、子一人之言、可以為據乎、予曰、足下屡説全権、今皇邦版籍如是縮、而尚拱手默、全権之任、庸乎在邪、且五十度之言、全世界公論也、若不見信、請就洋圖以説、况緯度是大略之言、與定界自別、豈有所礙耶、革尚疑弗從、従託野鎭借蘭館輿圖數枚、雖少有伸縮、竟無南于四十九度者、較見信從、(37)

この記述により、北緯五〇度を主張していたのは同じく露西亜応接掛だった古賀謹一郎であり、川路（革）自身はその意見に異を唱える側だった。ようやくその意見に川路が折れたのは、オランダから借用した地図を見てからである。(38)他にもドンケル＝クルチウスは、一月一〇日（一二月一二日）に千島列島とカラフトに関する記述を提出するよう要請されており、長崎奉行に「ゴロヴニンの著書『回想録』の第三巻とバルビの『地理要約』の中の記述について報告(39)」している。これらを翻訳した箕作阮甫の日記に以下の記述がある。

・和蘭貿易総裁ドンクルキュルチウス（註略）かいへるハ、カラフトの日本領たることハ、ゴロウニンかロット冝ゲファルレン事（即ち遭冝記事）に出たり、今此地を俄羅斯の方へ属せんと思ひ、五十度以南も、日本所領にハあらさるへしと詰るハ非なり、余か此書ハ英緇の書なりとて、読て聞せぬといへり、(40)

・此書中に、クリル諸島ハ日本の植民といへること、したゝめこれあり、(41)

・栄の助か遭冝記事の内かひたんに読せんと云ふ箇條の内、唐太島を仏蘭西人五十年前に犯せしに、我より支那へ申入られ、支那人仏蘭西を諭して、兵を解かしめ、唐太島ハ、永く我と支那との有となりぬ、といへることありと語りぬ、甚た恠しき事なれと、若し其事書中に出たらんにハ、猶更五十度以南ハ我属島たること論を待たさるへし、(42)

この記事により、古賀の日記中にある「箕武二生訳北辺地志、得廿余紙、原本昨夕蘭甲必丹所訳呈、故為重訳、我北彊混朦耳、只以洋説為据、尤推峨撰、欲以矛剌盾也、(43)」から、古賀の意見の「全世界公論」が、ドンケル＝クルチウスの提供した情報にかなり依拠したものと推察する事ができる。そして、川路も結局はその説に頼らざるを得なかったのである。

ドンケル＝クルチウスは、北方の国境問題に関する情報提供の他にも、外交儀礼のあり方や外交文書の書き方、応接に必要な家具の貸し出し、そして今後のロシア艦隊の行動予想等、日露間の条約交渉に深く関与していた。(44)ドンケル＝クルチウスは、日本人にとって、ロシア使節の対応に苦慮した時、いつでも意見を聞くことができる、重要な相談役としての役割を担っていたのである。

以上、森山は長崎帰還の四ヶ月間、アメリカ使節情報、条約交渉の技術、今後の予測や日本が取ることのできる選択肢を、ドンケル＝クルチウスから得られる環境にあったことがわかる。

一八五四年一月二四日（一二月二六日）、「江戸ゟ、又作栄之助御用済早々出立之儀申来り候(45)」と、ロシア使節の応対が一区切りつき次第、萩原と森山は上京するよう指令が届いた。この時点では、まだペリーは再来しておらず、予定では四月前後であったことから、まだ時間に余裕があった。以上の経緯から推測するに、幕府は萩原と森山を江戸に呼び戻し、長崎で得た情報や経験を参考に、ペリーの応対方針を固めるつもりでいたのではないだろうか。そもそも、このような呼び出しがあること自体、前年の阿部との会談の時点で、森山のペリー応接担当が決まっていたことを意味するのではないだろうか。つまり、ロシア使節長崎来航情報を受けて森山は慌てて長崎に戻ったと考えられるが、実はロシア使節の応対だけではなく、最初からペリー再来に向けての準備も兼ねていた、ということになる。

第四章　日米和親条約の交渉

一八五四年二月五日（嘉永七年一月八日）、ロシア艦隊が長崎を離れ、二月八日（一月一一日）、森山が長崎を出立した。アメリカ艦隊が予定を繰り上げて江戸湾に姿を見せたのが二月一三日（一月一六日）であり、森山が長崎を発ってから五日後のことだった。森山は長崎から江戸への道程半ばでペリーの再来を知り、行き先を江戸から応対現場へと変更して、三月三日（二月五日）、神奈川宿の亜墨利加応接掛林大学頭らに接見し、これまでの経緯について簡単な説明を受けたことだろう。そして、早速現場に立っている。

森山が横浜の地に着いた時は、まだ条約交渉は始まっていなかった。なぜなら、アメリカ艦隊が来航した二月一三日以来、条約交渉の場所をめぐって日本人とアメリカ人は対立しており、ようやく横浜に選定されたのが二月二五日（一月二八日）のことだったからである。横浜に決まった後、交渉を行なう建物を急いで建て、条約交渉が始まったのが三月八日（二月一〇日）のことだった。結果として、場所の選定で揉めたことにより、森山は条約交渉に間に合った事になる。横浜に場所が確定するきっかけとなったのは、二月二四日（一月二七日）にアメリカ艦隊が強硬に江戸に接近したからではあったが、森山が到着するまでの時間稼ぎという目的が、ある程度果たせたから、という見方もできなくはない。

こうして、三月三一日（三月三日）、日米和親条約は締結された。森山の活躍は、アメリカ人の記録からも読み取ることができる。

・午前中はアメリカ硬貨の標本の包装と、条約の条文調整とで過ごした。ところが午後、栄之助が現れて、この点は合意している、これは変更された、この件は受け入れていない、とやたらに異議をはさんだ。謙二郎そのほか同行者はほとんど発言しないので、条約の処理はすべて栄之助の手に委譲されているのかと想像された。栄之助はこの協議に決定権を任されているようにみえ、そして、それ相当にその任に適してもいた。[46]

・その時の日本側首席は、皇帝のオランダ語通訳、森山栄之助だった。日本人に関しては、まさに彼こそ条約の要の人物だった。アメリカ人に対する友好的な配慮、提案を明快に理解する力、翻訳して委員たちの頭に提案を正確に伝達することなど、大いに彼のおかげである。[47]

アメリカ人の目にも、森山は条約交渉に無くてはならない存在として映っており、意志を伝える「通訳」以上の仕事をこなしていたことが読み取れる。それは、これまでの通詞として培ってきた経験に加え、四ヶ月間の長崎帰還中の経験がおおいに役立った結果と言えるだろう。

「通訳」という仕事は、ただ言葉を置き換えることができれば良いというものではなく、こちらの意志はもとより、相手の言い分も把握し、さらになぜ相手がその様に発言するのか、そう考えるのかという相手側のバックグラウンドまで熟知している必要がある。条約交渉中、または打ち合わせの最中に、おそらく森山は応接掛のメンバーに、長崎での対処方法やロシア使節の応対、ドンケル＝クルチウスの意見について色々と尋ねられたことだろう。つまり応対に困った際、長崎ではドンケル＝クルチウスが日本人から問い合わせを受けていたように、横浜では森山がその役割を担ったのである。そして、森山の意見は、森山自身の意見としては残らずとも、亜墨利加応接掛林大学頭の意見に大いに取り入れられ、また老中阿部正弘の思考にまで反映されたのではないだろうか。

この様に森山が「要の人物」として活躍できた背景として、やはりドンケル＝クルチウスの存在は欠かせないだろう。ドンケル＝クルチウスは長崎から一歩も出ておらず、当然ペリーと直接顔を会わせることはなかったが、当の本人の意思はともかく、結果として森山を条約交渉のエキスパートに育てたことで、日米和親条約を締結に向かわせる大きな原動力となった。つまり、森山は日蘭関係と日米和親条約との関連を体現した存在として見なしえるのである。

おわりに

ペリー艦隊の記録を綴った『日本遠征記』には、日米和親条約によって達成されたことを、以下のようにまとめている。

わが国の政府が日本への遠征隊派遣を決定したとき、当局はこの特異な国民に独特の性質に留意しないわけではなかった。他のすべての文明国民とは異なって、日本は自発的に永続的な孤立状態を堅持してきた。ほかの世界との交通を望みもせず、求めもせず、逆にそうなるのを極力避けようとした。世界のいたるところから船舶が港を自由に訪れる国に、通商条約の条件を提案するのは比較的容易な事業である。このような国は通商自体を国家制度の一部と認めており、それを許可するという原則は慣習として公認されている。そのため、条約は、通商の特権を明示して、ある国がこのような条約を結ぼうとする場合に享受すべき条件を定めればよいのである。しかし、通商自体が禁止され、法律に違反する国家ではそうはいかない。このような国に通商の一般条件を提案できるようになるまでには、そもそも通商を認めさせるための、膨大な予備折衝をこなす必要があった。さらには、この予備段階をうまく処理したとしても、第二の、重大な点が残っており、それを議論しなければならない。すなわち、通商のための交際をどの程度まで広げるべきか？　キリスト教の習慣に慣れている国民の間では、通商関係における国家友誼の原則と範囲は以前からきちんと定義され、了解されているので、「通商条約」という言葉をいちいち説明する必要はない。その意味は万人に理解されており、その条項は広範囲にわたっていて、二国間の通商活動に伴うあらゆる事柄を包含しているのである。すべての港が開かれ、あらゆる商品が輸出入され、契約当事者間で取り決めた規定に従うだけでよい。つまり、条約の条項が調整される前に、契約の基礎が存在しているのだ。しかし、その政治体制が通商をことさら無視し、それを善事ではなく悪事として排斥している国では、すでに述べたように、条項を調整すると同時に、基礎そのものを創設する必要があったのである[48]。

前提となる共通の認識を持たない相手と条約を結ぶという事が如何に大変なことであるかを、この記述は説明している。そして、それは軍事力で不利な立場にある日本側からすれば尚更のことであった。その様な暗中模索の状況の中で、条約が締結にまで至ったということは、実は想像以上に驚くべきことなのかもしれない。そのような感覚で、もう一度本稿で述べた経緯を振り返ってみた時、アメリカの詳細な情報や知識を提供し、軍艦購入手配等、日本の感情をくみ取った方策を打ち出し、そしてそこから生じる進路の選択幅を日本に提示したドンケル＝クルチウスの存在は非常に大きい。日米和親条約を締結に至らしめた状況を、日米交渉の過程のみに帰することはできないのである。

註

（1）本稿では、日付を西暦で統一し、和暦は丸括弧で記述する。

（2）Jan Hendrik Donker Curtius（1813–1879）。ライデン大学卒業後ジャワ島に渡り、司法局判事、軍法務院判事を経て、一八四七年東インド高等法院判事に任官。一八五二年には東インド最高軍法会議裁判官に任命されるが、同年在日商館長に任命され来日する。一八五五年にはオランダ駐日特命全権領事官となり、日蘭和親条約、日蘭修好通商条約を締結する。一八六〇年に離日した後、蘭シャム通商条約を締結し帰国。藤本レイ「商館長ドンケル・クルチウス研究」『日蘭学会会誌』第一一巻第一号、V・中西道子「ヤン・ヘンドリック・ドンケル・クルティウス（その二）」『日蘭学会会誌』第一二巻第二号、金井圓「嘉永五（一八五二）年の和蘭別段風説書について」『日蘭学会会誌』第一三巻第二号、フォス美弥子編訳『幕末出島未公開文書　ドンケル＝クルチウス覚え書』新人物往来社　一九九二年「解説」を参照。

（3）この経緯に関しては、田保橋潔『増訂近代日本外国関係史』刀江書院　一九四三年（原書房一九七六年復刻）、Van der Chijs, Neerlands Streven tot Openstelling van Japan voor den Wereldhandel, Amsterdam, 1867.、小暮実徳訳『シェイス　オランダ日本開国論』新異国叢書第Ⅲ輯九　雄松堂出版　二〇〇四年、西澤美穂子「ペリー来航前後の日蘭交渉」『専修史学』三〇号を参照。

（4）『勝海舟全集一五　開国起原Ⅰ』講談社　一九七三年、七四頁。

（5）森山栄之助に関しては、金井圓「夢物語―『森山多吉郎日記』のこと―」『古文書研究』第二二号、石原千里「『エゲレス語辞書和解』とその編者たち」『英学史研究』一七号、イサベル・田中・ファン・ダーレン「阿蘭陀通詞系図（Ⅲ）―小川・森山家―」『日蘭学会会誌』第二八巻第一号を参考とした。

（6）「新たな、しかも上位の通訳が三郎助と訪れた。名を森山栄之助といい、最近、長崎から急遽二十五日で帰って来たとの話である。ほかの通訳がいらなくなるほど英語が達者で、お陰でわれわれの交渉は大助かりだ。森山はプレブル号の船長や乗組員の安否を尋ね、ロナルド・マクドナルドは元気だろうか、ほかに彼のことをご存知ないかと質問した。森山は機械を調べていたが、ついには士官室での夕食に腰を落ち着けてしまい、彼の教養の深さと育ちのよさがわれわれに好意を与えた。」洞富雄訳『ウィリアムズ　ペリー日本遠征随行記』雄

松堂書店　一九七〇年、一九六頁、など。
(7) 川路聖謨『長崎日記・下田日記』東洋文庫　平凡社　一九六八年、五〇頁。
(8) 高野明・島田陽訳『ゴンチャローフ日本渡航記』雄松堂書店　一九六九年、三一二頁。
(9) フォス前掲書六二頁。
(10) フォス前掲書三九頁。
(11) 『大日本古文書　幕末外国関係文書』（以下『幕末』と略す）第一巻六四四頁（長崎奉行書類）。
(12) 『幕末』第一巻六六一頁。原注は小文字にて記載した。
(13) フォス前掲書六二頁。
(14) 「この件について私の意見を求められた。断言できないが、艦隊が琉球列島に戻る可能性が大きい。約束の返書を貰いに、再び江戸湾に来航することは確かだと思うと答えた。」フォス前掲書四一頁。
(15) フォス前掲書四一頁。
(16) 『幕末』付録之三「嘉永安政文書集抜萃」一三頁。
(17) この日付の確定は、東京大学史料編纂所蔵『大日本維新史料稿本マイクロ版集成』KA052-0548、嘉永六年九月二十七日長崎奉行水野忠篤上申書（長崎港魯西亜船）から行った。
(18) フォス前掲書五二頁。
(19) 『幕末』第二巻　一八九頁（町奉行書類所収外国事件書、永持亨次郎筆記）。
(20) 沼田次郎「開国への一寄与　―レフェイスソーンの「日本雑纂」に就いて―」『日本歴史』第六二号。以下『日本雑纂』の説明の参考とした。
(21) フォス前掲書六四頁。
(22) 「従来幕府はオランダ人を通じて毎年任意に書籍を購入し、搬入する権利を行使してきました。オランダ人は毎年将軍に提出する書籍目録を作成してきました。幕府は注文する書物の適不適を遠い日本で決定していたわけです。しかし三年前から日本人はこれが最善の方法ではないことに気づき、新しい規則を採用しました。彼らは突然私たちから書籍や地図を押収して、役人にその目録を作らせ、その目録から将軍が要求する書籍を選びました。没収した書籍には十分な賠償金を払いました。このようなわけで、レフィスソーン氏の著書もこの目録にあげられてしまったのです。事前に知らされなかったので、私はこれを阻止することができませんでした。」フォス前掲書六四頁。

(23) フォス前掲書五五頁。

(24) レフィスソーンも「一、我誓いていふ、日本において漂民殺害せられたることなく、また籠をもつて荷運びせらるることもなし。世人の説、これに反せり。けだし、漂民を住所に送るに運具を用ゆ。これをカゴと名づく。その証人、すなわち我なり。（『勝海舟全集一五　開国起原I』講談社　一九七三年、二八頁）」と感想を述べている。

(25) フォス前掲書五六頁。

(26) 『幕末』第三巻一頁（外務省記所収大澤豊後守水野筑後守蘭領事応接枢密筆記）。

(27) 東京大学史料編纂所蔵『大日本維新史料稿本マイクロ版集成』KA052-0548、嘉永六年九月二十七日長崎奉行水野忠篤上申書（長崎港魯西亜船）。

(28) 『幕末』第三巻六頁（外務省記所収大澤豊後守水野筑後守蘭領事応接枢密筆記）。

(29) 本稿第四章第一節参照。

(30) この会談は、一日目が二時間、二日目が五時間かかったことが、フォス前掲書五九頁に記されている。そこから、議事録の記事の量から察するに、三日目は五時間、四日目は一時間半から二時間くらいかかったと推定した。

(31) 石井孝『日本開国史』吉川弘文館　一九七二年、八一頁。これらの意見の多くは、『幕末』第一巻、第二巻に収録されている。
(32) フォス前掲書五七頁。「軍艦に関する覚え書」の日付は一〇月一四日（九月一二日）であるが、提出時は翌日である。
(33) オランダ国立中央文書館所蔵日本商館文書、請求番号一六九九（東京大学史料編纂所所蔵マイクロフィルム：6998-1-132-26、焼付本：7598-98-8) Ingekomene en afgegane stukken 1853, Doorl.2. Donker Curtius aan den Gouverneur van Nagasaki, 12 Koegoeats (14 October 1853)。和訳は、『幕末』第二巻四一三頁（続通信全覧類輯、外交通紀稿本所引水野忠徳徴舶留記）。
(34) 『幕末』第二巻四一九頁（続通信全覧続輯、外交通紀稿本所引水野忠徳徴舶留記）。
(35) 『幕末』第三巻三四頁（高麗環雑記、如是我聞）。

一、身元探改之儀、士官之者は、不及其儀、尤帯刀差免、水主は、可為定例之通事、

（中略）

一、船運用方伝授之ため相残し候ものハ、出島之内別ニ住所相渡、又は役所寺院等之内江差置可申事、

(36) ドンケル＝クルチウスは「これを切っ掛けにじょじょに造船発注が出てくるでしょう。（中略）日本人はそのうちにオランダ市場との取引を願うようになり、やがて彼らの方からオランダ船舶航路の充実化を求めるようになると思います。」と、東インド総督に報告している。フォス前掲書六六頁。
(37) 「露西亜応接掛古賀謹一郎増　西使日記」『幕末』付録之一、二五八頁。
(38) フォス前掲書七四頁。
(39) 同前。
(40) 「箕作阮甫西征紀行」『幕末』付録之一、四四七頁。

(41) 同前四四七頁。
(42) 同前四五〇頁。
(43) 「露西亜応接掛古賀謹一郎増　西使日記」『幕末』付録之一、二四一頁。
(44) 「私が得られる限られた情報から推して、ロシア艦隊は江戸湾に行くであろうと答えた。その理由として、もし提督が幕府の審議の進行状況を知ろうとするならば、その地点をおいては考えられないからである。また提督が大坂のような開港が望まれる本州の港を選ぶ可能性もあると付け加えた。」フォス前掲書七八頁。
(45) 『幕末』第二巻付録「長崎奉行大澤豊後守日記」四一頁。
(46) 洞前掲訳書二五〇頁。
(47) 島田孝右・島田ゆり子訳『スポルディング　日本遠征記』雄松堂出版　二〇〇二年、一二一頁。
(48) 株式会社オフィス宮崎翻訳『ペリー艦隊日本遠征記』栄光教育文化研究所　一九九七年、三八〇頁。

青木美智男略歴

一九三六年一〇月七日
福島県東白川郡棚倉町南町五八番地、屋根職人の父青木清之丞・母文（同町古町内藤家）の次男として生まれる。
生まれながら病弱で毎年暑い夏を越せるかと心配をかけたと言われている。

一九四〇年二月一日
四歳　母文が腎臓病で死去。
以後、祖母まつと兄俊一郎に育てられ幼年期を過ごす。

一九四三年四月一日
七歳　棚倉町立国民学校に入学。
第二次世界大戦の最中、軍国少年となり、戦況に一喜一憂。まもなく兄俊一郎は海軍通信兵に志願、故郷を去る。

一九四四年七月七日
八歳　兄俊一郎サイパン島の日本軍玉砕で戦死。
年齢一七歳。
一〇歳のころ　父清之丞、母きいと再婚。
やさしい母で、一度も叱らず。一九四五年八月一五日敗戦、翌日学校で熊田先生から「一時休戦、再び戦うまで学習に励め」と訓示されたことを忘れず。しかし戦後は「六三制野球ばかりが強くなり」という川柳の通り、民主化の中で野球と、八溝山系を水源に、旧城下町の西側を流れる清流久慈川での川釣りに熱中して過ごす。

一九四九年四月一日
一二歳　棚倉町立棚倉中学校に入学。
野球部に入り、練習では甲子園出場経験者の山本仁一先生にしごかれる。その他の時間は友達の先頭に立って、夏は川釣り冬は鳥捕りなどもっぱら遊びに熱中し、宿題を忘れしばしばお目玉を食らっていた。ただ兄の戦死の衝撃もあってか社会科だけは真面目に授業を受けていた。三年生ごろから、同クラスの秀才奥野善彦さん（現在、弁護士で不良債権回収機構社長）に感化される。彼は空襲を逃れるため疎開してきた弁護士奥野彦六先生（後に東京弁護士会会長・日本弁護士会副会長を歴任）の三男。彼が上京の折り購入してきた岩波文庫を借り、シェークスピアや夏目漱石の作品を読み出すなど、しだいに文学に傾倒していった。

一九五二年四月一日

一五歳　福島県立東白川農業商業高等学校商業科に入学。

父の強い要望で、家職を継ぐことを決意し地元の実業高校を選ぶ。ここでも硬式野球部に入部。しかし校舎の周囲はすべて農場でグランドは遠方の中学校の校庭を借用。そのためほとんど練習せず試合に臨む。試合で勝った経験なし。商業関係の授業に飽きたらず、ますます文学に深入りしていき、岩波・新潮文庫の外国文学を中心に読みあさったが、ドフトエフスキーなどはさっぱりわからず、次第に日本文学へ傾斜し、このころ角川書店から刊行中の昭和文学全集などを購入して読み耽り、日本文学の面白さを知る。三年に進級したとき重い肺結核と診断され療養生活に入る。新薬投与で一命を取りとめる。三年の授業は三学期わずかに受講しただけだが、学期末試験の結果で、二〇日遅れでなんとか卒業。療養中に学習に集中できたことが大きい。この間、奥野さんが次々差し入れてくれた文学作品を読み、その内容が自分を大きく変えていくことに気づく。親友のありがたさをしみじみと知る。

一九五五年四月一日

一八歳　完全治癒のための療養生活に入る。

父は私に家職を継がせることを断念。そのため家職の手伝いもなく時間に余裕ができたので、貰う小遣いの大半を小説の購入に費やす。そんなとき、父が懇意にしていた戦災孤児の養護施設堀川愛生園の園長谷昌恒先生が、町内の青年たちを相手にした読書会を開いていることを知る。谷先生は東大理学部の出身で南原繁や矢内原忠雄という大先達に薫陶を受けたクリスチャン。容貌もすばらしかったので、町内の若い女性が大勢参加しているという噂を耳にし、それに惹かれて参加。谷先生が紹介するフランスのレジスタンス文学や日本の現代小説を読むうちに、少しずつ歴史への関心が高まる。家職には戻れないので、次に選んだのが進学である。このとき谷先生の助言で歴史学を選ぶことを決意。歴史学は若い方々が活躍できる学問状況にあると言われた。そして具体的に名前があがったのが山口啓二さん（元東京大学・名古屋大学教授）だった。山口さんは江戸時代研究のホープだ、これからも山口さんのような研究者が育つだろうと言われた。後日この話を山口さんにすると、谷先生は兄と第一高等学校の同級で、山口家のことをよく知っていたと教えてくれた。そのころ奥野家の疎開先には、早稲田大学大学院で研究中の兄の中彦さん（元国士舘大学教授、日本中世史専攻）が論文を書くためにしばしば訪れ、机上で『歴史学研究』などを熱心に読み耽っているのを垣間見た。また奥野家には、父の彦六先生が集めた日本史関係の史書が本棚にぎっしり並んでいて、そのすごさに圧倒された。

こうして谷先生の助言で、明治大学文学部史学地理学科への進学を決めた。当時明治大学には登呂遺跡の発掘で有名な後藤守一さんがおり、岩宿遺跡の発掘で注目をあびた芹沢長介さんらが活躍中で、上昇気流にあるからだと言われ、その気になる。

一九五八年四月一日

二一歳　明治大学文学部史学地理学科に入学。

父には工学部建築学科に入ったことにしてあった。当時結核はタブー視されていたので、初めから大学院進学を目指して学習した。しかし体力の関係で考古学に進むことを断念し、日本近世史を選ぶ。木村礎先生という若きホープに一目ぼれしたから。また少年期に寄生地主制の非人間性を実体験したこともあり、その前史である近世村落史に関心を持ったことも選択理由の一つ。そして木村礎編の共同研究『封建村落』（文雅堂）が高く評価されたこともあり、昼休みの古文書を読む会には大勢の学生が集まり活気に満ちていた。一年の夏休みの古文書調査の合宿で二年生の女子学生白木原恵美子さんに惹かれ交際が始まる。在学中の古文書合宿はほとんど参加し、多摩の村方文書、佐倉藩藩政文書、印旛沼周辺の村方文書の調査を通し、木村史学の真髄を知る。一方二年生の時から明治大学刑事博物館員の茎田佳寿子さん（元広島修道大学教授）に導かれ古文書整理を手伝い出羽国村山郡内の村方文書に出会う。卒論のテーマとして選び、数回山形へ足を運ぶ。指導を受けた仲間に木村忠夫さん（九州産業大学教授）と菅野圭子さん（故人）がいた。卒業論文は「幕末期の地主制と雇用労働―出羽国村山地方を中心に―」（本文四〇〇字詰一九八枚、資料編八二枚）。

一九六二年四月一日

二四歳　東北大学大学院文学研究科国史学専攻修士課程に入学。

豊田武・石井孝両先生に学ぶ。東北大学大学院に絞ったのは、東北大学に近世の出羽国村山地方をベースにした論文を次々と発表して注目されていた渡辺信夫さん（東北大学名誉教授）がおられたから。しかし国立平工業高等専門学校に赴任されておらず、安孫子麟さん（同）に指導を受け村山地方の研究に専念する。細井計さん（岩手大学名誉教授）などすぐれた同級生が多数いて大いに刺激される。またこの夏、明治大学の佐倉藩研究も終盤に入り、木村先生と飛地出羽国村山郡の調査を行ない、飛地支配の分析を担当することになり、非領国地域への関心を高める。明治大学はこのころ譜代藩内藤家文書を入手し、調査を開始した。それに協力し、陸奥岩城平藩→日向延岡藩への関心を高め、藩政史料の分析にも着手することになった。

一九六三年四月一四日

二五歳　木村礎先生御夫妻の媒酌で白木原恵美子と結婚。

東京都三鷹市下連雀高木方に間借りする。

五月一九日、歴史学研究会大会、近世部会（幕末維新期の社会経済構造）で安孫子さんらとともに報告（村山地方における領主権力の存在形態）。佐倉藩の飛地羽州村山領の研究を木村礎・杉本敏夫編『譜代藩政の展開と明治維新』に発表。一九六四年、『史学雑誌』「回顧と展望」近世を木村礎先生と二人で執筆。一九六三年度の近世社会経済史関係の論文を分担。初めて膨大な数の論文を読む機会を与えられ、近世史研究の動向を学習する重要さを知る。修士論文を出羽国村山地方の商品生産と流通に絞って執筆することを決める。しかし思うようにいかず断念。翌年に提出を延期する。

一九六五年三月三一日

二七歳　東北大学大学院文学研究科国史学専攻修士課程を修了。

東京都杉並区高円寺北一丁目　小林方の

別棟に移る。

博士課程への進学は、英語力の極端な不足と経済力不安のため断念し、研究活動の場を東京に移し研究を継続。以後、高校の非常勤講師と、先輩藤木久志さん（立教大学名誉教授）の紹介で角川書店の『日本史辞典』編集の仕事を得て生活基盤を確保し、歴史学研究会の部会活動に軸足をおいて研究に専念。角川の辞典編集終了後、『日本国語大辞典』（小学館）の編集にも参加し、日本近世史の基礎的知識を習得する機会を得る。この二つの辞典編集の経験が、あらゆる歴史事象に関心を持つきっかけとなる。

この年から歴史学研究会近世部会で佐々木潤之介さん（一橋大学名誉教授）から直接的な指導を受け、百姓一揆研究へと傾斜していき、林基さん（元専修大学教授）をはじめとする一揆関係論文を読む。このころ大口勇次郎さん（お茶の水女子大学名誉教授）・北原進さん（立正大学名誉教授）と定期的に研究会を持ち近世史研究の古典的論文を読む。また明治大学近世近代史研究会『歴史論』二号に投稿した林基さんの革命情勢論批判を犬丸義一さん（元長崎総合科学大学教授）に手きびしく批判されたのを機に、早稲田大学大学院生だった深谷克己さん（早稲田大学教授）との交流が始まる。なお翌年、第二回近世史サマー・セミナー報告を安良城盛昭さん（元東京大学助教授・沖縄大学学長・大阪府立大学教授）から素朴実証主義と批判され、同じ批判を受けた報告者北島万次さん（元共立女子大学教授）との交流が始まる。高円寺北一丁目の借家は、明治大学の後輩、歴研の仲間たちの溜まり場となり賑わう。

一九六八年五月

三一歳　神奈川県史調査員兼執筆委員に任命される。

神奈川大学経済学部非常勤講師となる。

この年一月一七日、長女美穂誕生。

神奈川県史編纂は明治一〇〇年記念事業として発足。児玉幸多・木村礎両先生ほか三人、計五人のメンバーで調査開始。もっとも若年な私が全県回りを担当。大学紛争の最中、神奈川大学で改革があり、山口徹さん（神奈川大学名誉教授）の紹介で教養科目日本文化史を担当。講義ノートつくりに腐心、一週間の早さを思い知らされる。この年明治百年を機に明治維新の評価が問題となり、維新の原動力をめぐる佐々木潤之介さんの「世直し状況論」に刺激されて、幕末の百姓一揆研究へ研究の基軸を本格的に移す。

一九六九年九月

三二歳　中央大学法学部非常勤講師となる。金原左門さん（中央大学名誉教授）の紹介で、大学紛争の疲労で倒れた専任教員の代理として一般教養の歴史と政治学科の専門科目日本経済史を担当する。東京大学出版会の渡辺勲さんの推薦で井上光貞・永原慶二編『日本史研究入門Ⅲ』の近世後期の部分の執筆を担当し、近世史研究の目的や方法を模索する機会を与えられたが、前期を担当された朝尾直弘さん（京都大学名誉教授）とのあまりの力量の差に愕然とした。

一九七二年七月

三五歳　七月二七日　長男耕誕生。

長男の誕生を機に禁煙。この年の前後から北島万次さんと歴史学研究会委員として学会活動に専念。永原慶二委員長・板垣雄三編集長の下で編集技術を覚える。また百姓一揆の全過程を詳細に分析する視点から新たな百姓一揆像の構築を模索する。一九七四年八月、佐々木潤之介編『日本民衆の歴史5　世直し』（三省堂）のⅠ「『救民』のたたかい」、Ⅱ「民衆と天保の改革」を執筆。このⅡの二「民衆のなかの文化」の化政文化に関する執筆は、以後文化史を本格的に研究するきっかけとなる。佐々木さんが赤字をほとんど入れなかった部分で、すごく自信になる。

このころ百姓一揆・村方騒動に関する分析をすすめ、理論的には人民闘争史的観点からの歴史研究の重要性を訴え、歴史学研究会を中心に活動。農民運動のみならず、美濃部革新都政を始めとして各都市に革新系の首長が続々と実現する潮流のなかで、労農を担い手とする全人民による国家への闘いを提起。しかしその後労農運動の衰退に代わって、公害問題などに立ち上がる地域住民運動の力量の高さが認識されだしたことから、幅広い市民を運動の担い手とする民衆運動論へと大きく傾斜していった。

一九七七年四月一日

三九歳　日本福祉大学社会福祉学部助教授となる。

　愛知県春日井市高森台へ居を移す。

大学の専任教員に採用が決まったので、永原慶二さんが、同じく採用が決まった北島万次さんと二人を祝ってくれた。その時、「三年間は、教授会で発言をしてはならない」と厳命されたが、教授会後の酒席で怪気炎をあげ、その元気さを見込まれ、赴任後三年にして教務部長選で当選。以後大学行政にかかわり、図書館長・就職部長・経済学部長を通算一六年間務めて多忙をきわめるが、一九七九年に最初の単著『天保騒動記』（三省堂）を出版する。この時、三省堂の今井克樹さんや小原大喜男さんから、著書刊行のテクニックを学んだ。

このころ北島万次さんを中心に近世史研究の古典を読む会が生まれ、深谷克己さん・三浦俊明さん（関西学院大学名誉教授）・松田之利さん（岐阜市立女子短期大学学長）・高埜利彦さん（学習院大学教授）らと、信州駒ヶ根の北島別荘で年二回研究会をもち、藤田五郎・古島敏雄・大塚久雄さんらの著作集を丹念に読み込んだ。もっとも不真面目な参加者の一人で、いつも北島さんにお目玉を食らっていたが、いい刺激となった。

また一九八一年一月から深谷克己さんや佐藤和彦さん（東京学芸大学名誉教授）と『一揆』全五巻を刊行し、中世の一揆、百姓一揆研究の集大成をめざした。その時の研究成果を後に『百姓一揆の時代』（校倉書房、一九九九年）として刊行した。

一九八二年四月一日

四四歳　日本福祉大学経済学部教授となる。

公務多忙のためフィールドワークが困難になり百姓一揆の実証的分析を断念。とくに八三年四月の大学の知多郡美浜町への総合移転により、きびしい状況に立たされたこと、八五年一月二八日、長野市近郊の犀川で教員一人、学生二二名の命を失うバス事故に遭遇。教務部長として責任の重大さを痛感。

このころ『一茶全集』全八巻に出会い、以後小林一茶の句から時代像を描く研究に大きく傾斜していく。この前後から名古屋大学、愛知県立大学、愛知教育大学、愛知大学、新潟大学で非常勤講師を務める。名古屋大学文学部の講義で一茶を論じ、そのノートをベースに校倉書房の洞圭一さん・山田晃弘さんのご協力で『一茶の時代』（校倉書房、一九八八年）を出版し、新たな研究方向を定める。その後まもなくして小学館大系日本の歴史⑪、『近代の予兆』の執筆を依頼され、一九八九年一月刊行。本格的な通史を一人で書く苦しさと楽しさを味わう。編集の天野博之さん、中村欣也さん、そして柳町敬直さんらに鍛えられた。

一九八八年四月一日

五〇歳　日本福祉大学に知多半島総合研究所を設立し、歴史・民俗部会の研究主任となる。

林英夫さん（立教大学名誉教授）、永原慶二さん（一橋大学名誉教授・当時日本福祉大学経済学部に赴任）を顧問に迎え、知多半島総合研究所を設立し、初代所長の足立省三さん（元中日新聞社顧問）や同僚の福岡猛志教授や事務の山本勝子さん（日本福祉大学知多半島総合研究所主幹）らと奔走。まもなく斉藤善之研究員（東北学院大学教授）・神谷智研究員（愛知大学助教授）とともに知多半島の沿岸を古文書調査、尾州廻船内海船の船主内田家で経営文書を発掘し、以後尾州廻船と知多半島の地域史研究へと研究範囲を広げる。

また福井県立博物館学芸員の山形裕之さんに導かれ、日本海沿岸南条郡河野村の北前船船主右近家の古文書整理にも着手する。村長の清水金二さん、助役右近了一さんから地域研究の大切さを学ぶ。

さらに知多半島の中心都市半田市に本社を置く株式会社中埜酢店（現在ミツカングループ）の古文書調査を依頼され、斉藤・神谷研究員とともに膨大な経営文書の整理に着手する。社長の七代目中埜又左エ門さん、同八代目又左エ門さん、社員の杉山皓造さん（元博物館「酢の里」館長）らに学び、近世の醸造業と食物史へと研究関心を拡大する。調査は現在も曲田浩和さん（日本福祉大学助教授）・高部淑子さん（同）らを中心に継続中である。

その後愛知県史編纂の専門委員（後に近世部会長）となり、尾張・三河全域の古文書調査などに参加する。

また東アジア民衆史研究会の友人とともに、韓国・中国・ベトナムを訪問し、民衆運動にかかわる研究交流を深める。

一九九七年四月一日

六〇歳　専修大学文学部人文学科史学コース（後に歴史学専攻）教授となり、現在に至る。

学部で近世史特殊講義Ｖ（日本近世史）、日本文化史

を主に講義。教職課程で教職日本史、大学院文学研究科史学専攻（後に歴史学専攻）修士課程で日本史特殊講義Ⅲ（日本近世史）講義・演習、博士後期課程で日本史特殊研究Ⅲ（日本近世史）講義・演習を担当する。また専修大学歴史学会機関誌『専修史学』の編集を担当。この間、日本福祉大学知多半島総合研究所顧問、愛知県史編纂専門委員としての仕事を継続。早稲田大学大学院文学研究科、法政大学大学院文学研究科、別府大学大学院文学研究科、関西大学大学院文学研究科で非常勤講師となる。大学院の講義・演習で東海道神奈川宿の石井本陣の日記を読む。その成果として『東海道神奈川宿本陣石井順孝日記』全三巻（ゆまに書房）を刊行。以後、ゆまに書房吉田えり子さんの御協力で、『近世非領国地域の民衆運動と郡中議定』、『文化文政期の史料と研究』を刊行する。また林英夫さんと『調べる江戸時代』、『番付で読む江戸時代』（共に柏書房）を編集して、地域史や出版史研究へ視野を広げる。さらに早稲田大学大学院での講義の際、史料として使った式亭三馬の『浮世風呂』を読み込み、小学館の柳町さんと阿部いづみさんご協力で『深読み浮世風呂』（小学館）を刊行する。

この間、専修大学・学習院大学・愛知大学院生を中心に福井県南条郡河野村（現在、南越前町）の旧大谷村の宮川・向山両家の村方文書の整理・目録作成に着手。三食の料理つくりと、早朝沿岸での魚釣りを楽しむ。春・夏・冬、若狭湾を眺めながら古文書と格闘。

二〇〇三年四月、文部科学省私立大学学術研究重点整備事業（ＯＲＣ）に「フランス革命と日本・アジアの近代化」が採択され、専修大学社会知性開発研究センター歴史学研究拠点事務長、センター長を務め、現在に至る。

青木美智男業績目録

【単　著】

『天保騒動記』　三省堂、一九七九年二月

『文化文政期の民衆と文化』　文化書房博文社、一九八五年三月

『一茶の時代』　校倉書房、一九八八年四月

『大系日本の歴史⑪　近代の予兆』　小学館、一九八九年二月（小学館ライブラリー、一九九三年六月改版発行）

『近世尾張の海村と海運』　校倉書房、一九九七年四月

『百姓一揆の時代』　校倉書房、一九九九年一月

『深読み浮世風呂』　小学館、二〇〇三年一一月

『近世非領国地域の民衆運動と郡中議定』　ゆまに書房、二〇〇四年二月

【編　著】

〔教科書〕『高校日本史』　久保哲三・宮原武夫ほか共編、実教出版株式会社、一九八〇年一月

『一揆①　一揆史入門』　入間田宣夫ほか六人と共編、東京大学出版会、一九八一年一月

『講座日本近世史6　天保期の政治と社会』　山田忠雄と共編、有斐閣、一九八一年四月

『一揆④　生活・文化・思想』　入間田宣夫ほか六人と共編、東京大学出版会、一九八一年八月

『一揆⑤　一揆と国家』　入間田宣夫ほか六人と共編、東京大学出版会、一九八一年一〇月

『講座日本近世史7　開国』　河内八郎と共編、有斐閣、一九八五年五月

『ファミリー版　世界と日本の歴史8　近代3　アジアの風雲』　保坂智・斉藤純と共編、大月書店、一九八八年七月

〔教科書〕『詳解日本史』　深谷克己ほか共編、三省堂、一九九〇年三月

『争点日本の歴史5　近世編』　保坂智と共編、新人物往来社、一九九一年四月

『講座日本近世史10　近世史への招待』　佐藤誠朗と共編、有斐閣、一九九二年三月

『謎の日本史　江戸・幕末維新』　新人物往来社、一九九二年七月

『新視点日本の歴史5　近世編』　保坂智と共編、新人物往来社、一九九三年六月
〔教科書〕『明解日本史A』　深谷克己ほかと共編、三省堂、一九九四年三月
『日本の近世17　東と西　江戸と上方』　中央公論社、一九九四年　三月
〔教科書〕『明解日本史A　改訂版』　深谷克己・木村茂光ほかと共編、三省堂、一九九八年三月
『教員になる人のための日本史』　木村茂光と共編、新人物往来社、一九九八年九月
『幕末維新と民衆社会』　阿部恒久と共編、高志書院、一九九八年一〇月
〔教科書〕『詳解日本史B　改訂版』　深谷克己・木村茂光ほかと共編、三省堂、一九九九年三月
『事典しらべる江戸時代』　林英夫と共編、柏書房、二〇〇一年一〇月
『展望　日本歴史16　近世の思想・文化』　若尾政希と共編、東京堂出版、二〇〇二年四月
『番付で読む江戸時代』　林英夫と共編、柏書房、二〇〇三年九月
『文政・天保期の史料と研究』　ゆまに書房、二〇〇五年四月
『近代社会の諸相―個・地域・国家―』　西川正雄と共監修、ゆまに書房、二〇〇五年一一月

【史料集・史料紹介】

「出羽国村山郡『郡中議定』」　山形市史編集委員会編『山形市史編集資料四』　一九六七年二月
「宝永四年富士山噴火、翌五年酒匂川大口堤決壊とその復旧をめぐる史料について―旧千津嶋村の場合―」『史談足柄』六集、一九六八年三月
「多摩郡廻田村における武州農兵に関する史料」『東村山市史　史料集4』東村山市史編纂委員会、一九六九年三月）
「旗本新見家に残された天保十二年『三方領知替』中止をめぐる史料」『神奈川県史研究』一八号、一九七二年一二月）
「慶応四年、小田原藩領における農兵取立計画資料」『史談足柄』一一集、一九七三年三月
「津久井土平治騒動をめぐる『酒造一乱記』と『県中騒

動趣留メ』について」（川鍋定男と共編）『神奈川県史研究』二一号、一九七三年九月）
「一農民のみた〝ええじゃないか〟—武州橘樹郡梶ヶ谷村田村庄左衛門の「旅中控」の紹介—」『神奈川県史研究』二六号、一九七四年一二月
『矢祭町史研究（2）源蔵・郡蔵日記—近世農民の見たまま聞いたまま—』矢祭町史編纂委員会　一九七九年九月
『矢祭町史研究（3）資料にみる昔の村・今の町』矢祭町史編纂委員会　一九八〇年九月
「箱根山麓豆州塚原新田で発見された大塩平八郎関係書状類」『日本福祉大学研究紀要』五九号、一九八四年二月
『東海道神奈川宿本陣石井日記　文政十一年〜文政十三年』（梶川武と校訂）みしま書房、一九八五年十二月
「一八世紀後半、尾張藩領の『昔』と『今』—内藤東甫『手杵』に見る七代藩主宗春が残したもの—」『知多半島の歴史と現在』八号、一九九七年三月
「『世事見聞録』の世界」『歴史と地理』五一九号、一九九八年一二月
『近世社会福祉史料・秋田感恩講文書』（庄司拓也校訂）校倉書房　二〇〇〇年二月
『東海道神奈川宿本陣石井順孝日記1　文政六年〜文政八年』（小林風・石綿豊大校訂）ゆまに書房、二〇〇一年五月
『東海道神奈川宿本陣石井順孝日記2　文政九年〜文政十二年』（小林風・石綿豊大校訂）ゆまに書房、二〇〇二年六月
『東海道神奈川宿本陣石井順孝日記3　文政十三年〜天保四年』（小林風・石綿豊大校訂）ゆまに書房、二〇〇三年五月

【共　著】
「佐倉藩羽州領の成立とその構造」「羽州領制の展開」木村礎・杉本敏夫編『譜代藩政の展開と明治維新』文雅堂銀行研究社、一九六三年一〇月
「近世の政治と経済（Ⅱ）」井上光貞・永原慶二編『日本史研究入門　Ⅲ』東京大学出版会、一九六九年八月
「慶応二年、羽州村山地方の世直し一揆」佐々木潤之介編『村方騒動と世直し　上』青木書店、一九七二年

三月
「『元文一揆』の展開と構造」　明治大学内藤家文書研究会『譜代藩の研究─譜代内藤藩の藩政と藩領─』八木書店、一九七二年八月
「幕末における農民闘争と農兵制─とくに出羽国村山地方の農兵組織の展開を中心に─」　大館右喜・森安彦編『論集　日本歴史8　幕藩体制Ⅱ』有精堂、一九七三年七月
「報告と討論・世直しの状況の諸問題─報告1・2─」（佐々木潤之介と共同執筆）　佐々木潤之介編『村方騒動と世直し　下』青木書店、一九七三年一〇月
「本百姓体制の解体をめぐって」「人民闘争の諸画期」津田秀夫編『シンポジウム日本歴史13　幕藩制の動揺』学生社、一九七四年八月
「『救民』のたたかい」「民衆と天保の改革」　佐々木潤之介編『日本民衆の歴史5　世直し』三省堂、一九七四年八月
「『文明開化』と伝統」　江村栄一・中村政則編『日本民衆の歴史6　国権と民権の相剋』三省堂、一九七四年九月
「幕藩体制研究」　歴史学研究会編『現代歴史学の成果と課題②　共同体・奴隷制・封建制』青木書店、一九七四年九月
「本庄栄治郎」「土屋喬雄」　永原慶二・鹿野政直編『日本の歴史家』日本評論社、一九七六年五月
「日本近世史研究と古文書─主に地方文書を中心に─」歴史科学協議会編『歴史科学への道　上』校倉書房、一九七六年六月
「天保期羽州村山地方の農民闘争」　北島正元編『幕藩体制国家解体過程の研究』吉川弘文館、一九七八年一月
「闘う農民・市民たち」　大石慎三郎編『日本史（五）近世2』有斐閣、一九七八年九月
「天保期、関東における一揆と打ちこわし」　百姓一揆研究会編『天保期の人民闘争と社会変革　上』校倉書房、一九八〇年一一月
「幕藩体制下における階級闘争」　林基監修・階級闘争史研究会編『階級闘争の歴史と理論─前近代社会における階級闘争─』青木書店、一九八〇年一二月
「幕末・維新期の世直し騒動」　佐藤誠朗・河内八郎編

『講座日本近世史8　幕藩制国家の崩壊』有斐閣、一九八一年三月
「大塩の乱をめぐるその後の動向」百姓一揆研究会編『天保期の人民闘争と社会変革　下』校倉書房、一九八二年二月）
「一茶と北斎」日本福祉大学文化問題談話会編『文化への視点』光和堂、一九八二年六月
「村方騒動と民衆的社会意識」『講座日本歴史6　近世2』東京大学出版会、一九八五年四月
「俳人一茶の社会意識」日本福祉大学文化問題談話会編『文化への攻勢』光和堂、一九八五年五月
「近世文芸と庶民生活」歴史科学協議会編『歴史科学入門』三省堂、一九八六年九月
「人民闘争史研究をめぐって」歴史科学協議会編『現代を生きる歴史科学③』大月書店、一九八七年八月
「近世初期伊勢湾岸村落の家族と婚姻について―寛文六年尾州知多郡師崎村『惣百姓宗門改并寺手形連判帳』の分析を通して―」渡辺信夫編『近世日本の民衆文化と政治』河出書房新社、一九九二年四月
「社会福祉」NHKデータ情報部編『ヴィジュアル百科江戸事情　第三巻　政治社会編』雄山閣出版、一九九二年五月
「田沼時代」石ノ森章太郎『マンガ日本の歴史35　田沼時代と天明の飢饉』中央公論社、一九九二年九月（中公文庫、一九九八年七月改版発行）
「文人文化の時代」石ノ森章太郎『マンガ日本の歴史36　花開く江戸の町人文化』中央公論社、一九九二年一〇月（中公文庫、一九九八年七月改版発行）
「松平定信と大黒屋光太夫」石ノ森章太郎『マンガ日本の歴史37　寛政の改革、女帝からの使者』中央公論社、一九九二年一一月（中公文庫、一九九八年八月改版発行）
「野暮が咲かせた化政文化」石ノ森章太郎『マンガ日本の歴史38　野暮が咲かせた化政文化』中央公論社、一九九二年一二月（中公文庫、一九九八年八月改版発行）
「漂白の俳人　小林一茶」『見る・読む・わかる日本の歴史③　近世』朝日新聞社、一九九二年一二月
「天保の飢饉」石ノ森章太郎『マンガ日本の歴史39　飢饉と兵乱と』中央公論社　一九九三年一月（中公

文庫、一九九八年九月改版発行）
「落首に詠まれた忠邦像」石ノ森章太郎『マンガ日本の歴史40　内憂外患と天保の改革』中央公論社、一九九三年二月（中公文庫、一九九八年九月改版発行）
「ペリー来航と徳川幕府」石ノ森章太郎『マンガ日本の歴史41　激動のアジア、日本の開国』中央公論社、一九九三年三月（中公文庫、一九九八年一〇月改版発行）
「村のなかの幕末・維新」石ノ森章太郎『マンガ日本の歴史42　倒幕、世直し、御一新』中央公論社、一九九三年四月（中公文庫、一九九八年一〇月改版発行）
「明治初年の維新観」石ノ森章太郎『マンガ日本の歴史43　ざんぎり頭で文明開化』中央公論社、一九九三年五月（中公文庫、一九九八年一一月改版発行）
「自由民権運動と漫画文化」石ノ森章太郎『マンガ日本の歴史44　民権か国権か』中央公論社、一九九三年六月（中公文庫、一九九八年一一月改版発行）
「浮世絵の美」「江戸っ子の登場」「本屋と貸本屋の時代」『日本歴史館』小学館、一九九三年一二月

「北前船と北国文化」福井県河野村編『第二回「西廻り」航路フォーラム』、一九九五年三月
「地域文化の生成」岩波講座『日本通史　一五巻　近世5』岩波書店、一九九五年五月
「『暮らしのなかの文雅』を大切にする生き方」『AERAMOOK10　歴史学がわかる。』朝日新聞社、一九九五年一〇月
「西の押さえ名古屋城築城」「〝名古屋学〟を築いた義直・元賛・信景・秀頴」「文化都市名古屋に応えた本屋と巨大貸本屋の繁栄」「世界をつなぐ漂流民―重吉とにっぽん音吉―」「名古屋俳壇の雄―横井也有と加藤暁台―」林秀夫監修『江戸時代　人づくり風土記23　愛知』一九九五年一一月
「雪国の文化と鈴木牧之」井ケ田良治他編『歴史の道・再発見　第三巻　家持から野麦峠まで』フォーラム・A、一九九六年七月
「岩田健『民衆文化の成熟』コメント」歴史教育者協議会編『前近代史の新しい学び方』青木書店、一九九六年八月）
「近世の生活文化を見る目」歴史科学協議会編『卒業

論文を書く』山川出版社、一九九七年五月

「酢・酒と日本の食文化」 日本福祉大学知多半島総合研究所・博物館「酢の里」共編『中埜家文書にみる酢造りの歴史と文化 ①』中央公論社、一九九八年一一月

「シンポジウム「北前船をめぐる歴史像の再検討」コメントⅡ」 福井県河野村『北前船からみた河野村と敦賀湊―第四回「西廻り」航路フォーラムの記録―』河野村、一九九九年八月

「暮らしと文化―化政文化研究の新しい動き―」『別冊歴史読本 日本史研究最前線』新人物往来社、二〇〇〇年六月

「近世民衆運動研究と関係資料集」 深谷克己編『民衆運動史5 世界史のなかの民衆運動』青木書店、二〇〇〇年八月

「遠山金四郎景元」『AERAMOOK 日本史がわかる。』朝日新聞社、二〇〇〇年一二月

「教科書としての配慮に欠ける叙述」『別冊歴史読本 歴史教科書大論争』新人物往来社、二〇〇一年一〇月

「新しい北前船の歴史像を求めて」 福井県河野村編『地域から見た日本海海運―第五回「西廻り」航路フォーラムの記録―』河野村、二〇〇一年一一月

「近世初期、オランダ連合東インド会社平戸商館の貿易陶磁と幕藩領主」 櫻井清彦・菊池誠一編『近世日越交流史―日本町・陶磁器―』柏書房、二〇〇二年五月

「江戸時代の教育―静かな三〇〇年」 小手指公民館歴史講座講義録『ふり返ってみる教育の4世紀―人は何を学び伝えてきたのか―』所沢市小手指公民館、二〇〇二年六月

「経済思想の台頭」「安藤昌益」「百姓一揆の思想」「世直しとええじゃないか」 竹内誠編『ビジュアル・ワイド江戸時代館』小学館、二〇〇二年一二月

「近世庶民文芸にあらわれた女性のデモクラシー」 ピエール・スイリ、西川正雄、近江吉明編『歴史におけるデモクラシーと集会』専修大学出版局、二〇〇三年一月

「地域の自覚―往来物と名所図会―」 井上勲編『日本の時代史29 日本史の環境』吉川弘文館、二〇〇四年一〇月

「見立番付」 鵜飼政志他編『歴史をよむ』東京大学出

版会、二〇〇四年一一月
「一～六回の『西廻り航路』フォーラムを振り返って―北前船研究に河野村が果たした役割―」　福井県河野村編『北前船から見た地域史像―第六回「西廻り」航路フォーラムの記録―』河野村、二〇〇四年一二月
「大塩平八郎の謎15」『改訂新版　日本史の謎』世界文化社、二〇〇五年一月
「北前船の時代と天領佐渡の文化」『第二〇回全国天領ゼミナール記録集』二〇〇五年八月
「環伊勢湾の文化風土」　日本福祉大学知多半島総合研究所『シンポジウム記録　環伊勢湾産業観光のルーツをたずねて』二〇〇五年一二月
「野暮が咲かせた江戸の文化」　平塚市ふるさと歴史シンポジウム実行委員会編『江戸の娯楽と交流の道』二〇〇六年三月
「専売品と特産物」「北前船の活躍」「食文化の楽しみ」「不満の爆発」　山本博文編『ビジュアル NIPPON　江戸時代』小学館、二〇〇六年一一月

【論文・書評・その他】
「松川事件の背景―占領政策と労働運動―」『駿河台日本史』九号、一九五九年一二月
「近世に於ける災害の史的考察」（菅野圭子・白木原恵美子と共同執筆）『駿河台日本史』一〇号、一九六〇年一二月
「非領国地域における領主権力の存在形態―出羽国村山地方の場合―」『歴史学研究』二八一号、一九六三年一〇月
「佐倉藩羽州領の廻米をめぐる諸問題―幕末期、最上川水運と酒田米穀市場の関連から―」『歴史』二七号、一九六四年二月
「一九六三年の歴史学会―回顧と展望―　近世社会経済分野」『史学雑誌』七三編五号、一九六四年五月
「羽州村山地方における幕領諸藩領の展開」『駿台史学』一六号、一九六五年三月
「最近の百姓一揆研究から―林基『宝暦～天明期の社会情勢』の問題点―」『歴史論』二号、一九六五年一〇月
「『豪農論』の現段階での意義―一九五五年以降の日本

近世史（中後期）研究の整理から―」『歴史学研究』三一二号、一九六六年五月
「日本近世史研究の当面する課題―一九六六年度近世史サマー・セミナー報告―」『歴史学研究』三一八号、一九六六年一一月
「岩城平藩『元文一揆』の前提―元禄・享保期の地主及び中農層の経営分析から―」『地方史研究』八八号、一九六七年三月
「『世直し状況』の経済構造と階級闘争の特質―出羽国村山地方の分析を中心として―」『歴史学研究』三二六号、一九六七年七月
「幕末における農民闘争と農兵制―とくに出羽国村山地方の農兵組織の展開を中心に―」『日本史研究』九七号、一九六八年四月
「はじめに―近世・近代史部会　維新変革と階級闘争（農民闘争）―」『歴史学研究』三三六号、一九六八年五月
「慶応期の階級闘争をめぐる問題点」『歴史学研究』三三六号、一九六八年五月
「近世初期岩城平藩における新田開発」（土井浩と共同執筆）『駿台史学』二三号、一九六八年九月
「近世後期、相模国内における江川代官領の変遷」（小松郁夫と共同執筆）『神奈川県史研究』一号、一九六八年一〇月
「『小百姓』―わが近代化の担い手」『企業庁だより』四六号、神奈川県企業庁、一九六九年一月
「近世前期、相模国足柄上郡千津嶋村農民の家族構成」『史談足柄』七集、一九六九年三月
「相州西郡千津嶋村吉利支丹改帳」『企業庁だより』四八号、神奈川県企業庁、一九六九年五月
「相模国の大名領」『企業庁だより』四九号、神奈川県企業庁、一九六九年七月
「義民下田隼人の伝承」『企業庁だより』五〇号、神奈川県企業庁、一九六九年八月
「維新変革と幕藩制―その構造的特質の解明から―」『歴史学研究』三五二号、一九六九年九月
「酒匂川と小百姓」『企業庁だより』五一号、神奈川県企業庁、一九六九年一一月
〔書評〕「深谷克己著『寛政期の藤堂藩』」『歴史学研究』三五六号、一九七〇年一月

「酒匂川の洪水と闘う小百姓」『企業庁だより』五二号、神奈川県企業庁、一九七〇年一月

「年貢のはなし」『企業庁だより』五三号、神奈川県企業庁、一九七〇年三月

「日本近世史研究の一視点」『歴史評論』二三六号、一九七〇年四月

「『むら』となぬし」『企業庁だより』五四号、神奈川県企業庁、一九七〇年五月

「『維新変革の再検討』の新たな前進のために」『歴史学研究』三六〇号、一九七〇年五月

「酒匂川と田中丘隅」『企業庁だより』五五号、神奈川県企業庁、一九七〇年七月

「酒匂川と大福帳」『企業庁だより』五六号、神奈川県企業庁、一九七〇年九月

「酒匂川と二宮金次郎」『企業庁だより』五七号、神奈川県企業庁、一九七〇年一一月

「酒匂川利用をめぐる記録について」『企業庁だより』五八号、神奈川県企業庁、一九七一年一月

「共通論題『幕藩制の崩壊と関東』の報告と討論を聞いて考えたこと」『地方史研究』一一一（二）、一九七一年四月

「封建的危機と民族的危機について」『歴史学研究』三七二号、一九七一年五月

「幕藩制の危機と世直し状況」『歴史学研究別冊特集　世界史認識と人民闘争史研究の課題』一九七一年一〇月

「幕末における、ある村芝居興行と世直しについて」『歴史学研究』三七八号、一九七一年一一月

「高等学校日本史教科書における沖縄の取扱いについて（一）」『歴史学研究』三八〇号、一九七二年一月

「高等学校日本史教科書における沖縄の取扱いについて（二）」『歴史学研究』三八一号、一九七二年二月

〔書評〕「庄司吉之助著『世直し一揆の研究』」『歴史評論』二六〇号、一九七二年三月

「南関東における『ええじゃないか』」（三浦俊明と共同執筆）『歴史学研究』三八五号、一九七二年六月

「六〇年代維新史研究と幕藩体制論」『歴史評論』二六六号、一九七二年八月

「天保一三年羽州村山郡幕領における『私領渡し』反対運動」『地方史研究』一二五号、一九七三年一〇月

「慶応三年秋箱根・小田原地方における『お札降り』について」『史談足柄』一二集、一九七四年三月
「歴史を学ぶ者の任務」国学院大学史学会『史友』六三号、一九七四年五月
「科学的な近世史料学の確立を」『歴史評論』二八九号、一九七四年五月
「日本封建制解体期の階級闘争」『階級闘争史研究会月報』六・七号合併、一九七六年一月
「一般教養歴史学担当の立場から」『日本の科学者』一一（四）、一九七六年四月
〔書評〕「小学館版『日本の歴史』（近世）を読んで」『歴史評論』三一四号、一九七六年六月
「第二八回歴教協大会に参加して―とくに大学分科会の様子について―」『歴史学研究』四三七号、一九七六年一〇月
「御一新を求めて―北原進・芳賀登との座談会―」『歴史公論』五号、一九七七年二月
「大塩の乱と関東農村」『大塩研究』四号、一九七七年一〇月
〔書評〕「庄司吉之助著『史料東北諸藩百姓一揆の研究』」『歴史学研究』三六五号、一九七七年一〇月
〔書評〕「加藤康昭著『日本盲人社会史』」『季刊　障害者問題研究』一六号、一九七八年一〇月
「『民衆』概念の歴史的変遷について」日本福祉大学社会科学研究所『研究所報』九号、一九七八年一二月
「江戸期農民の意識と農村指導者」『歴史評論』三四四号、一九七八年一二月
「村の自治―その自衛と共働―」『ジュリスト増刊総合特集　地方自治の可能性』一九号、一九八〇年七月
「近世史料学へのアプローチ―とくに日本近世村方文書の特色と保存の意義―」日本福祉大学社会科学研究所『研究所報』一七号、一九八〇年一二月
「江戸時代の地方役人」『ジュリスト増刊総合特集　地方の新時代と公務員』二二号、一九八一年四月
「村芝居と世直し」『伝統と現代』七四号、一九八二年一・三月合併号
「『などということもあって』という日本史教科書の文章」『日本の科学者』一七（二）、一九八二年二月
〔書評〕「深谷克己著『南部百姓命助の生涯』」『朝日ジャーナル』二五巻二一号、一九八三年五月

「地域史の立場から羽州村山郡の『郡中議定』の検討を」『地方史研究』一八四号、一九八三年八月
「史料としての近世文芸」『歴史評論』四〇九号、一九八四年五月
「一編集協力者の目から見た教科書問題」『歴史評論』四一四号、一九八四年一〇月
「一茶の時代」『朝日新聞』名古屋版夕刊①〜⑤、一九八六年八月〜九月一三日
「『日本文化論』批判の視点と課題」『歴史評論』四三七号、一九八六年九月
「小林一茶の『遊民』意識に関する経済思想史的考察」『日本福祉大学研究紀要』七一号（一）、一九八七年三月
「日本史教材としての近世俳句―小林一茶の俳句を中心に―」『三省堂高校社会科教育ぶっくれっと』八号、一九八七年四月
「小林一茶の国学的自国意識と世直し願望」『日本福祉大学研究紀要』七二号、一九八七年六月
「一俳人の詠んだ江戸下層民と出稼ぎ人の哀歓―小林一茶の句集から―」『日本福祉大学研究紀要』七四号（三）、一九八七年一二月
「近世社会の生活空間と民衆文化」『三省堂高校社会科教育ぶつくれつと』一五号、一九八九年六月
「一茶の句の中の『江戸ッ子』」『長野』一四六号、一九八九年七月
「史料にみる尾張国知多郡廻船惣庄屋中村家の盛衰」『知多半島の歴史と現在』一号、一九八九年一〇月
〔書評〕「藤田覚著『天保の改革』」『歴史評論』四七五号、一九八九年一一月
「一九八九年度歴史学研究会大会報告批判―近世史部会―」『歴史学研究』六〇一号、一九八九年一二月
「大坂市場を揺るがした『内海船』について」『日本歴史』五〇〇号、一九九〇年一月
「近世の文字社会と村落での文字教育をめぐって―『長野県史』通史編近世と網野善彦氏の近業に刺激されて―」『信濃』四二巻二号、一九九〇年二月
「通訳としての漂流民」『歴史評論』四八一号、一九九〇年五月
「寛文六年尾州知多郡師崎村宗門改帳作成の背景―寛文年間尾張藩領隠れキリシタン発覚事件とのかかわり

—」『知多半島の歴史と現在』二号、一九九〇年九月

「大阪市場を脅かした『内海船』の組織と運営—尾州知多廻船仲間『戎講』の成立と展開に関する素描—」『日本福祉大学経済論集』創刊号、一九九〇年一一月

「ペリー来航予告をめぐる幕府の対応について」『日本福祉大学経済論集』二号、一九九一年一月

「明治三年、尾張藩蒸気船購入資金知多郡両浦船持より調達一件史料について」『知多半島の歴史と現在』三号、一九九一年一〇年

「近世初期伊勢湾沿岸村落の家族と婚姻に関する新史料の紹介と分析結果について—寛文六（一六六六）年尾州知多郡師崎村「惣百姓宗門改并寺手形連判帳」の分析を通して—」『日本福祉大学経済論集』四号、一九九二年一月

「世直しを願う一茶」『日本古書通信』七六三号、一九九三年二月

「大塩平八郎」『歴史読本臨時増刊　日本史を変えた人物二〇〇人』一九九三年八月

〔書評〕「石尾芳久著『海南政典・海南律令の研究』・『海南政典の研究』」『書評』一〇三号、一九九三年一一月

「マンガ家と日本史研究者の接点」『歴史評論』五三〇号、一九九四年六月

「大塩平八郎論—蜂起に隠されていた新事実について—」『社会事業史研究』二二号、一九九四年一〇月

「江戸の文化をどうとらえるか」『歴史評論』五三六号、一九九四年一二月

「草鹿外吉の二つの小説について」『日本福祉大学研究紀要』九一号、一九九四年一二月

「近世の尾州知多半島沿岸村落と伊勢・三河湾沿岸諸都市—伊勢湾内市場圏形成に関する素描—」『知多半島の歴史と現在』六号、一九九五年三月

「一八世紀後半の尾張藩領内」ＮＨＫ学園『れきし』五〇号、一九九五年六月

「天保期の百姓一揆と打ちこわし」アジア民衆史研究会編『東アジアの近代移行と民衆』一集、一九九五年七月

「近世知多半島の『雨池』と村落景観—民話と歴史学の接点から—」『知多半島の歴史と現在』七号、一九九六年三月

「ごんぎつねと愛知万博」『歴史地理教育』五六八号、一九九七年一〇月
「近世後期の文学作品から生活文化を見る」『信濃』第五〇巻第二号、一九九八年二月
「『愛知県史』（第二巻）「藩政時代」の尾張・三河像」『愛知県史研究』二号、一九九八年三月
「第二回目の全体的な感想―大会報告特集・歴史の方法としての地域（2）、第三二回大会報告をきいて―」『歴史評論』五八七号、一九九九年三月
「近世尾張国知多郡の『雨池』保安林―『砂留林（山）』の設定と森林景観」『知多半島の歴史と現在』一〇号、一九九九年七月
「近世後期、下層町人女性の教養と知性―式亭三馬『浮世風呂』を素材に―」『専修史学』三一号、二〇〇〇年三月）
「尾張藩領の砂防林」『日本歴史』六二四号、二〇〇〇年五月
〔書評〕「歴史教育者協議会編・斉藤純監修『図説　日本の百姓一揆』」『歴史地理教育』六〇八号、二〇〇〇年五月
「近世後期、読者としての江戸下層社会の女性―式亭三馬『浮世風呂』を素材に―」『歴史評論』六〇五号、二〇〇〇年九月
「二つの幕末期北国諸港調査報告書―北国諸港と地域市場、近世港湾都市発掘の手がかりとして―」『専修考古学』八号、二〇〇〇年一一月
「幕府文政改革前後の東海道神奈川宿と関東取締出役―『東海道神奈川宿本陣石井順孝日記』にみる八州廻りの実像―」『専修大学人文科学年報』三一号、二〇〇一年三月
「関東近世史研究会二〇〇〇年大会　高尾報告コメント」『関東近世史研究』五〇号、二〇〇一年一〇月
「東海道神奈川宿と横浜開港―地域史的視点で見る幕末日米交渉史―」『専修大学人文科学年報』三二号、二〇〇二年三月
「二〇〇二年度歴史学研究会大会報告批判―近世史部会―」『歴史学研究』七七〇号、二〇〇二年一二月
「近世尾州知多郡の自然景観と「雨池」民話の生成―新美南吉『ごんぎつね』誕生の背景を探る―」『知多半島の歴史と現在』一二号、二〇〇三年三月

「北前船の船乗りは優れた能力の持ち主で文化人だった」『北前船・河野』五号、二〇〇三年八月
「『北越』にこだわる鈴木牧之」『日本歴史』六六八号、二〇〇四年一月
「フランス革命情報と日本」『フランス革命と日本・アジアの近代化』一号、二〇〇四年二月
「稲葉・伊藤報告を聞いて―第二日目『伝統』の歴史的根拠―」『歴史評論』六四七号、二〇〇四年三月
「慶応三年、佐渡奉行の佐渡諸港概況報告書―地域的市場としての佐渡諸港と新潟開港―」『専修考古学』一〇号、二〇〇四年一二月
「網野善彦さんを偲んで」『北前船・河野』六号　二〇〇四年四月
「永原慶二さんを偲んで」『北前船・河野』七号、二〇〇四年一二月
「佐々木潤之介さんの日本近世史研究」『歴史学研究』七九八号、二〇〇五年二月
「近世矢作川河口地域の人々のいとなみ」『愛知県史研究』九号、二〇〇五年三月
「永原慶二さんを偲ぶ」『比較家族史研究』一九号、二〇〇五年三月
「俳句・戯作などから読み取る時代像」『新しい歴史学のために』二五八号、二〇〇五年八月
「佐々木潤之介著『大名と百姓』解説」中公文庫『日本の歴史』一五、二〇〇五年一〇月改版発行
「慶応三年、外国奉行の北国諸港調査報告書―開港場建設をめぐる能登国七尾港について―」『専修考古学』一一号、二〇〇五年一二月
「二〇〇五年東海史学会大会講演　神奈川宿と横浜開港―地域史的視点で見る幕末日米外交史―」『東海史学』四〇号、二〇〇六年三月
「平塚からみえる近世社会」『平塚市博物館研究報告　自然と文化』二九号、二〇〇六年三月
「小林一茶の社会性と海外認識」『アジア民衆史研究』一一号、二〇〇六年五月
「来年は富士山大爆発三〇〇年」『古文書かわら版』三号、二〇〇六年七月
〔インタビュー〕近世史部会「林英夫さんが歩んだ日本近世史研究の軌跡」『愛知県史研究』一〇号、二〇〇六年三月

〔書評〕「河野徳吉著『尾張藩紙漉文化史―御用紙漉・辰巳家を中心に―』」『日本歴史』七〇一号、二〇〇六年一〇月

以上のほかに、角川書店版『日本史辞典』、小学館『日本国語大辞典』の編集、『神奈川県史』資料編、近世編、同通史編、『新潟県史』資料編近代一の編集及び分担執筆、『愛知県史』資料編近世の編集に参加。

（二〇〇六年一一月三日現在）

（註）本略歴・業績目録は、最終講義のさい配布した、専修大学大学院青木美智男ゼミナール・新井勝紘ゼミナール・専修大学歴史学会編「青木美智男教授略歴・業績目録」を転載させていただいた。

おわりに

私が専修大学に赴任したのは、一〇年前のことである。長い間、社会福祉学部や経済学部で学生たちと一緒に過ごしてきた私は、六〇歳になったら自分が学んだ文学部で教えてみたいと思っていたので、専修からのお招きを喜んでお受けした。これで本格的に大学院生と格闘できると思い、胸が弾んだことを覚えている。

最初の授業で、すごくいい学生たちだなあ、というのが第一印象だった。そしてこのことは一〇年後のいまも変わらない。私は、大学院文学研究科に史学専攻が出来て日の浅いこともあって、彼らを一人前の研究者にどう育てていくのか、まだ迷っておられた同僚の方々に、院生たちの質の良さを二年間（修士課程）、三年間（博士後期課程）でさらに高め、一人前にするために必要な最低の条件を整備すべきだと訴えた。同じことを前年赴任していた中国古代史の飯尾秀幸助教授（現、教授）が提案していたので、意外にスムーズに受け入れていただいた。第一に学内学会を院生中心の組織に変える。次に機関誌『専修史学』を院生の研究発表の場とする。さらに学内学会の大会を院生の研究報告の場とする。当たり前のことをしっかりやろうということだった。そしてその実務を請負うことを決意した。また図書館の開館時間の延長、日曜開館、書店の充実、何度も教授会で訴え、少しずつだが実を結んできた。

前任者の辻達也先生が教えられた院生たちを受け継いだ。たいへん基礎がしっかりしていたので、あとは後発でしかも私学の大学院生が持つ不利な条件を突破するために、何をやるべきかを考えた。優れた研究論文を書くことも大事だが、史料をきちっと読め、そして成果を公表していく努力が必要だと考え、赴任後数年の間は、東海道神奈川宿の石井本陣の日記（神奈川県立公文書館蔵）に取り組んだ。それは人文科学研究所の助成もあって、『東海道神奈川宿本陣石井順孝日記』全三巻（ゆまに書房）となって刊行された。ついで石井本陣に残っていた江戸の小商人の手控えと藤田東湖の手記「浪華騒擾紀事」を読み、『文政・天保期の史料と研究』（同）を世に出した。

そして史料調査である。幸い北前船の経営文書調査でお世話になった福井県南条郡河野村（現南越前町）から、わずかな平地しかない海と山の村落大谷部落の村方文書の整理を依頼された。若狭湾の見える高台で春・夏・冬の休暇を利用した古文書調査を、院生たちと数年続けてきた。そこで他大学の院生たちとの交流ももった。彼らを三食私の手作りの料理で我慢させたが、河野に生きる人々の温かい援助と励ましもあって、古文書調査の重要さを体験できたのではないかと思っている。ただなんとなく活字の史料で論文を書くのとは違う。こうした作業の上に研究があること実感して欲しかったのである。

頭の中でごちゃごちゃ考えて悩むより、まずパソコンの前に座り、史料を入力しろと、そうすれば論文なんて三日もあれば出来る、という持論をゼミでも調査でも、飲み屋でも口癖のように言ってきた。しかしそんなに思うようにいかない。何が駄目か。未来に展望が持てないからだ。どんなに頑張っても研究職などに就職できないと思っているから、研究に力が入らない。そこで博士後期課程に入ったら、博士論文を提出できる研究条件を整備しよう、博士号を取得したら大学に留まり、一定期間研究に専念できるような制度を導入してほしいと考えて大学に働きかけた。幸い文部科学省の私立大学学術研究整備事業（ＯＲＣ）に私たちの企画（フランス革命と日本・アジアの近代化）が採用され、弾みがついた。こうして任期制ながら研究助手制度が整備され、昨年から博士号取得者が続々と誕生するようになった。そんな雰囲気が院生内部に生まれれば、もう安心である。

私は、院生がやりたいということに原則として口を挟まない。院生たちは卒業論文を書いて以来、自分で研究するテーマを持っている、それを尊重する。それが意味があるかないかは自分が判断することだからである。だから課程博士論文の作成を指導するのは、いくつ頭があっても足りないくらい多様なテーマを持つ院生たちと格闘しなければならない。それが個性豊かな研究者を育てるための最低の条件だといわれても大変なことである。自分の能力でどうしても出来ない場合は、単位互換制を利用して他大学院の先生方にお願いする。

こうして私の回りには数人の博士号取得者や院生が残った。いずれも酒の席でどなりまくられた連中ばかりである。今回本書に収録した論文は、そんな仲間が発表した論文である。いずれの論文も、ゼミで何度も報告しあい、一字一句検討しあった思い出深いものばかりである。

深谷信子さんは、社会人であり、茶人である。千利休を研究しようと入ってきたが、私の文化史的力量の限界と利休研究の困難さを説いて小堀遠州にテーマを変えてもらった。そして『小堀遠州の研究』という壮大な博士論文を書き上げた。本論文はその一部である。遠州は周知のように近世初期、幕府の上方支配の重要な幕僚の一人であり、同時に利休―織部―遠州と言われるように著名な茶人でもある。彼の催す茶会をすべて分析し、政治・茶の一体の世界の内部に踏み込んで遠州流の茶風がどのようにして完成していくかということを論証したすぐれた仕事である。

小林風さんは、かねてから江戸と周辺農村との関係、とくに江戸の町民たちが排泄する人糞を肥料（下肥）とする周辺村落に強い関心を持ってきた。そしてこれまで関係論文を発表し続けてきて集大成し、博士論文として提出した（『近世後期、都市・周辺地域間流通の研究』）。江戸の人口が増大すれば、当然生鮮食料品の供給が問題となり、生産者側の肥料消費量も増大する。当然下肥値段の高騰をもたらす。しかしそれは生産者の死活問題に発展し、値下げ運動が起こる。本論文は寛政の改革期に起こった大規模な値下げ運動史料を通して、運動の本質に迫ろうとしたもので、博士論文のメーンとなる部分である。

宮﨑裕希さんは、卒業論文から近世の飢饉に関心を持ち、修士論文でも天保の大飢饉を扱った。宮﨑さんは、大飢饉は突発的に起こるのではなく、長年の疲労蓄積がベースにあって大飢饉を将来することを出羽村山地方を中心に論証し、近世飢饉論へ新たな提言をした。本論文はその修士論文の核心的部分である（『専修史学』三四号）。

内田鉄平さんは、卒業論文以来、近世の村社会の変容に関心を持ち、それを一村の近世文書を克明に分析して、変容へのさまざまな要素を発見し、それを積み重ねて具体化する方法をとって博士論文とした（『近世村社会の変容』）。本論文は、宗門改帳の記載の変化に注目する。とくに女性が戸主として登場することに着目し、女性の政治的地位の変化が、村社会の人間関係を変容させていく過程を具体的に証明してみせた。

西澤美穂子さんは、修士論文で幕末の日露関係を研究したが、博士後期課程に入学後は、日蘭関係をベースにした幕府の外交史へとシフトを大きく変え、立教大学大学院で荒野泰典教授に指導を受けた。彼女に一貫しているのは、列強との交渉がなぜ平和に進められたのか、そんな政治的力量を幕府が持っていたのか、という疑問を解くことにあった。そしてオランダ商館の役割に注目し、それを列強との交渉過程を丹念に分析して解明し、博士論文とした（『幕末の日蘭関係』）。本論文はその中心的テーマである日米和親条約交渉に焦点を当てて論じたものである。

青木論文は、二〇〇五年一二月に山形県鶴岡市の中央公民館主催の文化講演会に招かれたさいに報告したものを再録したものである。三方領知替を武州川越藩の立場から論じたものである。

本書が、私が編集する専修大学での最後の論集である。そこで巻末に最終講義のさいお配りした私の略歴と業績目録を掲載させていただいた。なんとか無事に務めをまっとうできたのも荒木敏夫教授、矢野建一教授、新井勝紘教授など同僚の皆さんたちのご支援があってのことと思っている。また日高義博学長や富山尚徳専務理事をはじめ大学経営者の皆さんには、私の思いをご理解賜り励ましをいただいた。そのお蔭でここまで来れたと思っている。心からお礼を申し上げたい。

今回も吉田えり子さんにお世話になった。最後になりますが、若い研究者の研究発表の場を確保するのに苦労している昨今、こうした事情を汲み取り出版と編集の労をとっていただいたことに感謝する次第です。

二〇〇七年二月一五日

青木　美智男

執筆者紹介（五十音順）

内田　鉄平　うちだ・てっぺい
1976年生まれ。専修大学大学院文学研究科歴史学専攻博士後期課程修了。博士（歴史学）。現在、専修大学社会知性開発研究センター／歴史学研究センター任期制助手。
［主要論文］「近世後期、村組と村社会の変容」（『専修史学』第39号、2005年）、「近世後期における旅行と往来手形」（西川正雄・青木美智男監修『近代社会の諸相―個・地域・国家』ゆまに書房、2005年）ほか。

小林　風　こばやし・しなど
1974年生まれ。専修大学大学院文学研究科博士後期課程在学。
［主要論文］「江戸のリサイクル―下肥値下げ運動」（林英夫・青木美智男編集代表『事典　しらべる江戸時代』柏書房、2001年）、「近世後期江戸周辺地域における下肥流通の変容―天保・弘化期の下掃除代引下げ願と議定を中心に―」（『専修史学』第38号、2005年）ほか。

西澤　美穂子　にしざわ・みほこ
1972年生まれ。専修大学大学院文学研究科史学専攻博士課程修了。博士（歴史学）。現在専修大学文学部非常勤講師。
［主要論文］「ペリー来航前後の日蘭交渉―オランダ商館長ドンケル＝クルチウスの活動を中心に―」（『専修史学』第30号、1999年）、「長崎における石炭供給とクリミア戦争」（西川正雄・青木美智男監修『近代社会の諸相―個・地域・国家―』ゆまに書房、2005年）ほか。

深谷　信子　ふかや・のぶこ
1942年生まれ。専修大学大学院文学研究科博士後期課程在学。
［主要論文］「寛永三年八月二九日の遠州茶会をめぐって―大御所筆頭年寄土井利勝を招いた背景を中心に―」（『専修史学』第40号、2006年３月）、「遠州茶会と宇治茶師」（『専修史学』第42号、2007年３月掲載予定）。

宮﨑　裕希　みやざき・ゆうき
1975年生まれ。専修大学大学院文学研究科修士課程修了。現在、専修大学大学院文学研究科博士後期課程在学。
［主要論文］「羽州村山郡における天保飢饉の再検討―羽州村山郡山口村を題材に―」（『専修史学』第34号、2003年）。

日本近世社会の形成と変容の諸相

2007年３月２日　印刷
2007年３月10日　発行

編　集　　青木美智男
発行者　　荒井秀夫
発行所　　株式会社　ゆまに書房
〒101-0047　東京都千代田区内神田2-7-6
電話　03-5296-0491　FAX　03-5296-0493
印刷・製本　藤原印刷株式会社

ISBN978-4-8433-2354-0　C3021
定価：本体3,200円＋税